Aldo Broda

ADMINISTRACIÓN
Principios gerenciales para líderes cristianos

*Contiene un estudio programado por la
Facultad Latinoamericana de Estudios Teológicos*

ADMINISTRACIÓN
Principios gerenciales para líderes cristianos

© 2001 Logoi, Inc.
14540 S.W. 136 Street, Suite 200
Miami, Florida 33186

Autor: Aldo Broda
Diseño textual: Logoi, Inc.
Portada: Meredith Bozek

Todos los derechos reservados.
Prohibida la reproducción total o parcial
de esta obra por cualquuier medio
sin la debida autorización escrita de los editores

Producto: 491077
Categoría: Administración/Iglesia
ISBN: 0-7899-0982-0
Impreso en Colombia

*Dedico este libro a mis queridas hijas
Susana, Silvia y Graciela,
con quienes junto a mi amada esposa Dora,
pudimos disfrutar en el hogar
la vivencia de una mayordomía total.*

CONTENIDO

Prólogo del autor 7
1. Conceptos generales sobre administración. 11
2. La iglesia, administradora del plan de Dios 27
3. El plan de Dios requiere pastores y líderes capacitados en administración 47
4. El plan de Dios requiere tareas administrativas de la iglesia 67
5. El plan de Dios requiere una adecuada administración de los recursos espirituales de sus miembros 91
6. El plan de Dios requeire de uan correcta admisnitración de los recursos económicos del creyente 109
7. El plan de Dios requiere que la iglesia capacite a sus miembros 135
8. El plan de Dios requiere que el presupuesto de la iglesia sea representativo de una buena administración 157

Epílogo 174
Apéndice al Capítulo 4 177
Bibliografía 189
Guía de Estudio 191

PRÓLOGO DEL AUTOR

La administración de los inmensos recursos de que dispone la obra del Señor en las congregaciones ha sido una permanente preocupación en mi vida. Como administrador de casas publicadoras y promotor de mayordomía cristiana he tenido la oportunidad de visitar muchos países hispanos y en la mayoría de las iglesias observo una falta de atención a la correcta administración de esos recursos.

Desde muy joven me cautivaron la administración y la mayordomía. He dedicado muchas horas al estudio y a la enseñanza de estas materias tan fundamentales para la vida del creyente y de la iglesia. Pienso que hay una cantidad de dones y talentos que están dormitando en las congregaciones y que Dios los necesita para que la iglesia pueda cumplir su cometido.

En todo este tiempo —más de cincuenta años— he visto que los serios problemas que existen en la administración de los recursos de las congregaciones, son algunas veces consecuencia de negligencia y otras por el conocimiento inadecuado de la administración. Deseo destacar algunos de los detalles observados:

• Algunas congregaciones se despreocupan del manejo administrativo, pensando que no es un tema espiritual, sino más bien cuestión de «negocios».
• Muchos miembros no tienen mayor preocupación por las finanzas. No han sido enseñados sobre el importante tema de la mayordomía.

- Ciertos líderes tienen poco interés en lograr una correcta administración, piensan que los miembros no deben tener una participación muy activa en el control de la iglesia.
- Hay pastores y líderes que ignoran la importancia de la correcta administración y la fidelidad en la mayordomía. Son reacios a descubrir el nivel espiritual de sus miembros expresado a través del cumplimiento de su administración económica. Ignoran que la ofrenda es el «termómetro» de la vida espiritual del creyente.
- Otros pastores en cambio, y muy especialmente en los últimos tiempos, exageran demasiado su énfasis en el dinero y no siempre saben administrarlo con la prudencia que corresponde, trayendo problemas a la vida de las demás iglesias por su inadecuado testimonio.
- Las personas responsables de la administración no siempre son las más capacitadas para la tarea. Tampoco hay preocupación por parte de los líderes de las congregaciones para prepararlos adecuadamente.
- Muchas veces la transparencia en el manejo de la economía deja mucho que desear y los miembros pierden el interés en cooperar.
- En muy pocos casos lo económico y su administración es percibido por los creyentes como parte espiritual importante. La mayoría lo ve como una cuestión de cubrir gastos solamente.
- En otros casos las iglesias han progresado y se han organizado correctamente en la faz administrativa y merecen nuestra felicitación. Otras, en cambio, requieren soluciones prácticas e inmediatas.

Nos preguntamos: ¿Cuál es la verdad bíblica acerca de la administración? y ¿Cuál la solución al tema que comentamos? Trataremos de dar respuesta a estos interrogantes en el

Prólogo

desarrollo del libro. Invitamos al lector a acompañarnos en los análisis que presentamos.

Capítulo Uno
Conceptos generales sobre administración

«...*Para que seáis irreprensibles y sencillos, hijos de Dios sin mancha en medio de una generación maligna y perversa, en medio de la cual resplandecéis como luminares en el mundo...*»
(Filipenses 2.15)

«...*Acordándonos sin cesar delante del Dios y Padre nuestro de la obra de vuestra fe, del trabajo de vuestro amor y vuestra constancia en la esperanza en nuestro Señor Jesucristo.*»
(1 Tesalonicenses 1.3)

Meta

El alumno obtendrá un conocimiento general de la tarea de administrar una iglesia o empresa cristiana.

Objetivos

1. El estudiante aprenderá algunos conceptos básicos concernientes a la administración general, así como también principios bíblicos para la misma.
2. El estudiante apreciará la importancia de la buena administración como faceta esencial de la obediencia a Dios.

3. El estudiante evaluará su estilo de administrar, reflexionará sobre el mismo y comenzará a cambiar por lo menos en un área específica.

En este capítulo analizaremos el verdadero significado de la «administración» y veremos algunos conceptos generales. Consideraremos dos aspectos importantes:

1. Principios de administración
2. Principios cristianos de administración

Antes, sin embargo, permítanme que les relate por qué me convertí en administrador de empresas cristianas. En mi adolescencia viví una experiencia que marcó para siempre mi trayectoria como hijo de Dios. Mi padre era pastor en una iglesia del interior de Argentina, de manera que mis hermanos y yo recibíamos en el hogar los reflejos de lo que ocurría en la congregación.

Eran los años del comienzo de la obra evangélica en el país y la situación económica de la población no era muy floreciente. La iglesia estaba formada por miembros de clase media hacia abajo, sin mayores posibilidades de mejorar mucho su situación. Las ofrendas, como consecuencia, eran fiel reflejo de esa condición.

Comencé en esa época a sentir una preocupación que se fue acrecentando con el transcurrir del tiempo: ¿Cómo lograríamos hacer un impacto con el evangelio en nuestro país con tan escasos recursos? ¿Deberíamos depender siempre de las ofrendas provenientes de países donde la obra estuviera más desarrollada? ¿Cómo lograron ellos desarrollarse y llegar a tener congregaciones grandes y fuertes económicamente? ¿Estarían las bendiciones del Señor supeditadas a algunos países solamente? Las preguntas se iban deshilvanando unas tras otras en mi mente, sin encontrar respuesta adecuada.

«¡Dios debe tener una respuesta!», me cuestionaba, y en ese interés por hallar solución a mis inquietudes busqué en la Biblia contestación a mis interrogantes. ¡Qué sorpresa me llevé! Dios hablaba en su Palabra de un pueblo ¡grande! ¡fuerte! ¡victorioso! ¡avasallador! ¡rico! Todo eso contrastaba con la realidad que yo vivía. ¡Éramos triunfantes por la fe en Jesucristo! Pero nos considerábamos un pueblo pequeño y pobre, sin fuerzas económicas para luchar.

Encontré en su Palabra que las bendiciones de Dios no estaban limitadas a cierto pueblo, sino a todo aquel que hace la voluntad del Padre. *«Y poderoso es Dios para hacer que abunde en vosotros toda gracia, a fin de que, teniendo siempre en todas las cosas todo lo suficiente, abundéis para toda buena obra...» (2 Corintios 9.8).* Y que todo aquel que confía en Él y obra como Dios ordena en su Palabra recibe bendición y prosperidad. *«El que no escatimó ni a su propio Hijo, sino que lo entregó para todos nosotros, ¿cómo no nos dará también con él todas las cosas?» (Romanos 8.32).*

¡Era cuestión de decidirse! Dios pedía que lo probáramos. No era asunto de esperar a llegar a ser ricos para ofrendar, sino de saber confiar en Él para que nos proveyera. No era cuestión de cantidad sino de calidad y debíamos comenzar con lo que teníamos en la mano: *«Traed todos los diezmos al alfolí y haya alimento en mi casa; y probadme ahora en esto, dice Jehová de los ejércitos, si no os abriré las ventanas de los cielos y derramaré sobre vosotros bendición hasta que sobreabunde» (Malaquías 3.10).*

¡Dios es enorme! y quería que nos ¡contagiáramos con esas grandes cosas! Que tomáramos la iniciativa por fe, como *«Aquel que es poderoso para hacer todas las cosas mucho más abundantemente de lo que pedimos o entendemos, según el poder que actúa en nosotros, a él sea gloria en la iglesia en Cristo Jesús por todas las edades, por los siglos de los siglos. Amén» (Efesios 3.20).*

Con esta nueva visión de la vida cristiana comencé a dialogar con Dios de una manera positiva, sintiéndome siempre «ganador», no por mis capacidades, sino por su presencia en mi vida. ¡Pensando siempre en cosas grandes para su obra! ¡Así como Él es!
Comprendí entonces algunas razones fundamentales que se convirtieron en pilares de mi vida:

1. Dios es dueño de mí, no me pertenezco, y por lo tanto mi vida debe estar estructurada de acuerdo a su voluntad y no a la mía. *«¿O ignoráis ... que no sois vuestros? Porque habéis sido comprados por precio; glorificad, pues, a Dios en vuestro cuerpo y en vuestro espíritu, los cuales son de Dios» (1 Corintios 6.19c,20).*
2. Comprendí que esa pertenencia es total, por lo tanto Dios es también dueño de mis bienes. Le pertenecen a Él, lo que soy, lo que sé y lo que tengo. Y eso debo disponerlo para su obra a fin de que la iglesia pueda cumplir con la Gran Comisión. Yo no daba nada de lo mío, pues todo viene de Él, como dice el cronista: *«Todo es tuyo, y de lo recibido de tu mano te damos» (1 Crónicas 29.14).*
3. Si anhelaba bendiciones, en cualquier aspecto, debía estar a cuentas con Dios. No podía pedirlas si antes no le demostraba que confiaba en Él. *«Venid luego, dice Jehová y estemos a cuenta ... si quisiereis y oyereis, comeréis el bien de la tierra» (Isaías 1.18a,19).*
4. Debía ser un fiel mayordomo de lo que era, sabía y tenía, por lo que tendría que demostrarle que era capaz

de administrar eso de acuerdo a sus mandamientos y ordenanzas. «*Y dijo el Señor: ¿Quién es el mayordomo fiel y prudente al cual su señor pondrá sobre su casa, para que a tiempo le dé su ración? Bienaventurado aquel siervo al cual, cuando su señor venga, le halle haciendo así. En verdad os digo que le pondrá sobre todos sus bienes*» *(Lucas 12.42-44).* Como enseñó el apóstol Pablo: «*...téngannos los hombres por servidores de Cristo... Ahora bien, se requiere de los administradores, que cada uno sea hallado fiel*» *(1 Corintios 4.1a,2).*

5. Dios estaba dispuesto a aumentar mis capacidades, mis conocimientos y mis bienes, en proporción directa a como yo dispusiese de ellos para su obra. «*Porque al que tiene, le será dado, y tendrá más...*» *(Mateo 25.29a).*
6. Había seguridad y protección para todo el que cumpliera los mandamientos y ordenanzas de Dios, por lo cual no debía tener temor de asumir la responsabilidad que se me confiaba. «*Honra a Jehová con tus bienes, y con las primicias de todos tus frutos; y serán llenos tus graneros con abundancia, y tus lagares rebosarán de mosto*» *(Proverbios 3.9-10).*
7. Comprendí que para conocer la voluntad de Dios para con mi vida, Él debía tener la seguridad de que yo la cumpliría. «*Y el Dios de paz que resucitó de los muertos a nuestro Señor Jesucristo, el gran pastor de las ovejas, por la sangre del pacto eterno, os haga aptos en toda buena obra para que hagáis su voluntad, haciendo él en vosotros lo que es agradable delante de él por Jesucristo; al cual sea la gloria por los siglos de los siglos. Amén*» *(Hebreos 13.20,21).*

Comencé entonces con mucho temor y temblor, demandando sabiduría de lo alto para todo lo que deseaba hacer para el Señor. Al principio fueron sueños —para algunos sueños de loco—, pero el Señor fue fiel y prosperó mi vida de una manera notable en todos sus órdenes. Vi multiplicados mis conocimientos, capacidades, dones y bienes.

Han pasado ya casi 50 años desde aquel comienzo. Dios me usó para muchas cosas, pero en lo que me sentí más cómodo y bendecido por Él, fue en el campo de la mayordomía y en la administración de las empresas del Señor, considerándome siempre un mayordomo de Dios.

Enseñando en las iglesias y compartiendo cursos con líderes y pastores, pude comprobar que tanto la enseñanza para una adecuada administración de la vida, como la capacitación para la correcta gestión de nuestras congregaciones, son dos materias pendientes aún. Se ha avanzado bastante, pero falta mucho todavía. En base a la experiencia adquirida en todo este tiempo, deseo a través de esta obra ayudar a los cristianos a comprender la necesidad de que debemos administrar con toda sabiduría y eficiencia, *«procurando hacer las cosas honradamente, no solo delante del Señor sino también delante de los hombres...» (2 Corintios 8.21).*

Todo aspecto de la vida requiere administración. Con cada actividad que el ser humano realiza pone en juego su capacidad para administrar. Aun el que no hace nada es administrador. En este caso, administra mal su vida y su tiempo. Pero todos administramos y por lo tanto tenemos que aprender a ser buenos administradores, a fin de que nuestra tarea sea exitosa.

Principios de administración

«Administración es la necesaria actividad de los ejecutivos en una organización, cumpliendo órdenes, desarrollando y posibilitando la realización de esfuerzos de un grupo de personas, por medio de quienes se lleva a cabo cierto propósito definido».[1]

«La administración permite exhibir un fragmento de la creatividad humana... la administración es un arte...»[2]

Ordway Teed afirma que la «administración es un arte» y eso es cierto. Así como los pintores usan sus pinceles y sus pinturas para crear un cuadro, los administradores, cual artistas, convierten sus números y cuentas en figuras con las que logran a través de sus cálculos y resultados la expresión de su capacidad administrativa. Sus informes, sus planeamientos, sus programas de trabajo y desarrollo, todo cuanto pasa por sus manos es manejado con capacidad artística para crear y desarrollar el propósito de la empresa. La administración se afianza a través de la naturaleza humana del administrador en acción.

Una empresa u organización es la combinación de personas, equipo, comodidades, materiales y herramientas ensambladas en una sistemática y efectiva coordinación, con el propósito de lograr ciertos y definidos objetivos.

Tenemos, por lo tanto: empresa y objetivos, como parte específica de la organización. Cuando esos objetivos son llevados a cabo con sabiduría y eficiencia a través de un orden administrativo correcto, la empresa se convierte en un colaborador importante para la sociedad en la cual vivimos. Pero, si la administración es desordenada, arbitraria y corrupta, sus

---

1 Ordway Teed, *The art of administration*, McGraw-Hill Book Company, Inc.
2 Ibid.

frutos pueden ser muy perjudiciales para esa misma sociedad. De allí la necesidad de realizar la administración en perfecto orden y corrección. Tenemos entonces la empresa, sus objetivos y la administración.

Surge luego el administrador, la persona encargada de llevar adelante los objetivos que la empresa se traza. A través de los años aprendemos que muchas veces el éxito de la empresa se logra gracias al buen administrador que la dirige. Hombres y mujeres que han sabido interpretar correctamente el rol que la sociedad les demanda y actúan en forma eficiente y responsable, logrando el cumplimiento de los objetivos que la empresa desea alcanzar.

Cuando el administrador se identifica plenamente con la empresa se erige en educador, orientando y capacitando a su personal y aprovechando a cada empleado según su capacidad para lograr que brinde cada día más y mejor servicio a la empresa que le tiene contratado. Humaniza a la empresa y la saca del ámbito del materialismo para hacerla cumplir una función social. Es entonces cuando contamos con la empresa, sus objetivos, la administración y el administrador.

El administrador orientado por los objetivos de la empresa, desarrolla metas y planes de acción para su cumplimiento. Entonces tenemos a la empresa, los objetivos, la administración, el administrador y las metas y planes de acción.

Por último interviene lo que le da valor a la empresa y que en los últimos tiempos, salvo raras excepciones se ha desvirtuado: la gente. Un buen administrador debe conocer el «derecho del personal»:

1. A ser tratado como un individuo y respetado como persona.
2. A tener voz en sus propios asuntos, incluyendo su derecho a contribuir con lo mejor de sus conocimientos

para la solución de los problemas que son comunes.
3. A gozar de un reconocimiento por su contribución a la causa común de la empresa.
4. A desarrollar y hacer uso de sus mejores capacidades para beneficio de la organización.
5. A gozar como todo ser humano de equidad y justicia en sus relaciones con sus superiores.

Cuando el administrador logra esta identificación plena entre empresa, objetivos y personal alcanzará los mejores éxitos pues se verá apoyado por aquellos con quienes comparte la tarea todos los días, los que a la vez le ayudarán a lograr los objetivos que la empresa se ha trazado, a través de un apoyo efectivo y práctico.

Tenemos entonces:
La empresa,
Los objetivos,
La administración,
El administrador,
Las metas,
Los planes de acción,
La gente, el capital humano,
Unidos para lograr el éxito de la organización.

Recién entonces estaremos en condiciones de pensar en el capital económico para que la empresa funcione, pues habremos superado su función social; por lo que ahora nos dedicaremos a realizar las operaciones que nos permitan obtener las utilidades (sin usura) que la empresa se ha fijado.

Muchos dirán no, al revés, primero es el capital económico, luego todo lo demás. ¿La gente? La gente no nos interesa, la conseguimos fácilmente, con la escasez de trabajo actual no habrá problemas. Cuanto más baja sea nuestra remuneración al capital humano estaremos en mejores condiciones de competir y de reconocer intereses más elevados a los préstamos del capital económico. Este es el pensar de las personas con deseos de usura que menosprecian la necesidad y el bienestar de su capital humano. La administración es un arte... pero también es una ciencia. Se requiere que los administradores no solo sean hábiles en el manejo de los asuntos contable-administrativos, sino que también humanicen su forma de trabajo para que la empresa pueda cumplir su función social en el mundo en el que nos movemos. Que deje de ser solo un ente mercantil para convertirse en un ámbito de trabajo y progreso para los seres humanos que la integran.

«Es lamentable que muchos administradores solo consideren a las personas de la organización como objetos que se deben emplear para terminar el trabajo que se está haciendo. No se dan cuenta de que las personas constituyen el recurso más valioso de la organización. Eso es debido, en parte, a que muchos administradores se consideran a sí mismos como única fuente de ideas, y es fácil que algunos de ellos presten más atención a los edificios, los presupuestos y los materiales, que a las personas, a pesar de que las ideas para lograr todo eso proviene de las personas».[3]

«La organización que se preocupa en utilizar el poder creador de sus empleados encontrará soluciones factibles a sus problemas. Hallará nuevas y mejores maneras de llevar a cabo sus tareas. La productividad de la organización se verá aumentada como resultado de ella. Las personas necesitan que se les dé una oportunidad para utilizar su impulso creador y si se les brinda la ocasión para ser innovadores pondrán sus habilidades y destrezas al servicio de la empresa. Es lamen-

3 Myron Rush, *Administración, un enfoque bíblico*, Editorial Unilit, Miami.

table que las tradiciones de una organización se opongan al uso efectivo del poder creador. El administrador debe tener presente el hecho de que ese poder creativo, a diferencia de otros recursos de la organización, si no se utiliza se pierde. Los administradores que no emplean el poder creador de sus empleados acaban por perder a esas personas».[4]

Principios cristianos de administración

Cada iglesia y/u organismo del cuerpo de Cristo es una empresa y cuando la administramos como obra del Señor, los principios que deben regir nuestra gestión difieren de los que corresponden a una empresa secular.

No estamos diciendo que renunciamos a los principios básicos de la administración empresarial, al contrario, ellos deben ser respetados si queremos tener éxito en nuestros negocios. Tampoco creemos que por ser una empresa con carácter misionero, debemos confiar solamente en que el «Señor nos ayudará».

Lo que queremos señalar es que para cumplir con el ministerio que nos proponemos, debemos administrar nuestra empresa como un negocio. En esto no podemos improvisar. Hay leyes, matemáticas y económicas, que no debemos ignorar. Al contrario, sostenemos que toda empresa evangélica, grande o pequeña, debe movilizarse dentro del marco de las leyes que rigen un país. ¿Se imaginan una empresa evangélica violando las leyes?

Lo que sí queremos destacar es que, como creyentes, debemos convencernos de que para tener éxito en nuestras em-

·4. Ibid.

presas, aparte de los principios administrativos de orden general, contamos con una ayuda adicional muy valiosa: la presencia de Dios. Para que ello sea realidad debemos estar seguros de que estamos en su voluntad y de que nuestra empresa ayudará a que la obra de Dios crezca.

Durante todo mi tiempo administrando empresas cristianas, he podido experimentar la importancia de esta presencia y la necesidad de tener en cuenta esa condición extra de la que gozamos los creyentes. Cuando no tomaba eso en cuenta, lo veía en la marcha de nuestros negocios.

En este sentido es bueno señalar lo que Myron Rush indica cuando habla de la filosofía bíblica de la administración. Destaca la importancia que el enfoque bíblico tiene y, además, que a los principios seculares deben agregarse los bíblicos.[5]

El administrador cristiano debe diferenciarse del secular. La razón es porque Dios está con el creyente y eso debe verse en la empresa.

Cuando pensamos que ser cristiano es solamente participar activamente en la iglesia y no en el mundo, estamos interpretando mal el concepto divino. Dios quiere que seamos fieles tanto en uno como en otro campo y que mostremos al mundo que tenemos «algo más» que los otros, y eso es «Dios con nosotros», «*...para que seáis irreprensibles y sencillos, hijos de Dios sin mancha en medio de una generación maligna y perversa, en medio de la cual resplandecéis como luminares en el mundo...*» *(Filipenses 2.15).*

Cuando actuamos únicamente con los principios seculares, las crisis se agravan, solo nos quedan los recursos humanos; pero, cuando agregamos los principios bíblicos, las co-

---

5 Ibid.

sas cambian: «Dios está con nosotros». Lógicamente para que actúe debemos estar unidos a Él y realizar nuestra administración no solo con nuestra capacidad y conocimientos, sino pidiéndole el auxilio del poder de su Espíritu, recordando que con o sin crisis Dios es el mismo.

Ilustra esta forma de pensar lo acontecido al pueblo de Israel cuando se enfrentaron por primera vez a la tierra prometida. Moisés envió doce hombres como espías a reconocer la tierra y considerar las posibilidades de atacarlos y vencerlos. A su regreso, diez de ellas contaron la verdad. Dijeron: «¡Es tierra de gigantes! No podemos vencerlos». Y era cierto. Israel no tenía fuerzas suficientes para oponerse al pueblo de Anac. Los otros dos también dijeron lo mismo, aseveraron con sus palabras lo que los otros diez informaron, pero tuvieron en cuenta un detalle muy importante: ¡Nosotros contamos con Dios! ¡Él nos ayudará a ganar la batalla!

Tristemente el pueblo de Israel siguió observando la situación con sus propios ojos. A Moisés le faltó fuerza para imponerse y no atacaron, obraron como un pueblo sin Dios. Entonces vino la reacción del Todopoderoso y los castigó con una severa medida. «*Ninguno de ustedes verá la tierra prometida ni podrá entrar en ella, salvo los dos que dijeron que debían confiar en Dios, Josué y Caleb*». *¡Cuarenta años transitando por el desierto! (Números 13 y 14).*

Hoy decimos: ¡Qué falta de visión la de los israelitas! ¡Cómo no se acordaron de la forma en que Dios los había acompañado con poder hasta ese momento!, y es cierto, fue un tremendo error. ¿Pero no es acaso la misma situación nuestra cuando planeamos algo y nos olvidamos de Dios? Si Él castigó severamente a ese pueblo suyo, ¿no hará lo mismo con nosotros si ignoramos su poder y asistencia?

Debemos aprender la lección, si queremos tener éxito en

la administración de nuestras empresas en todo tiempo y aun en época de crisis debemos respetar el principio divino de la administración. No es matemática de economistas, sino de hombres de fe en Dios. No sabiduría de hombres, sino sabiduría divina. Si administramos apoyados en la Roca Eterna tendremos una ayuda muy importante para enfrentar cualquier problema.

En la Biblia tenemos muchos ejemplos de la manera en que Dios toma a un hombre y lo guía por diversos caminos hasta lograr el plan que se ha trazado. Uno de los que más me impactó desde pequeño es la vida de José, el hijo de Jacob.

Al leer su historia observamos que Dios lo guió de una manera extraña, y por momentos hasta incomprensible, tanto que es imposible que la persona se dé cuenta de que Dios está trabajando con él para lograr grandes cosas. Sin embargo, Dios tenía un plan y lo realizó. ¿Qué necesitó Dios para lograrlo? La fidelidad de José. Él estaba en las manos de Dios y sabía que aunque hubiera pruebas tremendas, su Dios estaría con él.

Veamos algunos logros que obtuvo Dios utilizando a José:

1. Preservó la vida de Jacob, sus hijos, su gente y su ganado.
2. Por la gracia de Dios fue instrumento para que el pueblo de Egipto superara los 7 años de «vacas flacas».
3. Dios le dio sabiduría a José para que se destacara como revelador de sueños primero y como destacado administrador después, frente a Faraón.
4. Tan perfecto fue su plan que permitió que por generaciones los pueblos pudiesen ser administrados con ese sistema: 20% de los ingresos para el estado y el resto para el pueblo.

Si nuestros gobiernos pudieran eliminar la corrupción y

Conceptos generales sobre administración

los gastos extra por defensa, ese sistema funcionaría perfectamente en nuestros días.

A veces los planes de Dios son difíciles de entender en su comienzo. ¿Quién hubiera imaginado un final victorioso cuando sus hermanos vendieron a José a unos mercaderes? Mucho menos cuando fue preso por defender sus principios morales ante el desafío de la mujer de Potifar. ¿Alguien hubiera arriesgado algo por José? Seguramente nadie. Pero Dios estaba cumpliendo su plan, quizás incomprensible e invisible para los hombres, pero seguro para Él (Génesis 37—48).

Debemos aprender la lección que nos deja esta interesante historia. Cuando administramos nuestra vida debemos estar seguros de seguir la voluntad de Dios. Si así es, entonces no tengamos ningún temor, pues el resto lo maneja Él. Aunque tengamos que transitar por caminos que nos resulten incomprensibles, siempre llegaremos a buen puerto.

A un José humillado, despreciado y rechazado, Dios lo convirtió en un José triunfante, victorioso, y lo ubicó en el trono de los faraones. Dios obra en bendición si estamos en su voluntad. Él muestra su voluntad para con nosotros cuando está seguro de que la cumpliremos.

Conclusiones

1. Dios es mi dueño.
2. Todo lo que soy, sé y tengo le pertenece.
3. Las bendiciones que Dios puede enviarme están sujetas a como cumpla mi mayordomía cristiana.
4. Dios siempre es fiel a su promesa.
5. Todos somos administradores.
6. Conceptos de administración.

7. Principios cristianos de administración.
8. Debemos ser ejemplo al mundo en la administración de empresas y de nuestra propia vida.
9. La fidelidad de José debe ser imitada en nuestra vida. Debemos aprender esa lección.

Capítulo dos
La iglesia, administradora del plan de Dios

«Y el Señor añadía cada día a la iglesia los que habían de ser salvos.»

(Hechos 2.47b)

«...para que la multiforme sabiduría de Dios sea ahora dada a conocer por medio de la iglesia a los principados y potestades en los lugares celestiales, conforme al propósito eterno que hizo en Cristo Jesús nuestro Señor, en quien tenemos seguridad y acceso con confianza por medio de la fe en él»

(Efesios 3.10-12)

Meta

El alumno aprenderá cuál es el propósito de la iglesia y su misión (con sus subpropósitos).

Objetivos

1. El estudiante estudiará acerca de cuál es el propósito global de la iglesia, su misión y los diferentes subpropósitos que contribuyen a que se cumpla lo anteriormente señalado.

2. El estudiante se sentirá motivado a cumplir su papel en la realización del plan de Dios para la iglesia.
3. El alumno, bajo la dirección del liderazgo de la iglesia, comenzará a cumplir una tarea específica en la iglesia local o mejorará la forma en que está realizando lo que hace actualmente.

Las citas que menciono a continuación me hacen sentir satisfecho con la posición de sus autores. En muchos aspectos hallo en ellas cierta afinidad de criterio con lo que pienso en cuanto a la administración de las empresas del Señor.

«Si la empresa cristiana desea realizar las tareas que Dios le traza, sus dirigentes deberán aplicar los principios de administración basados en la Palabra de Dios, en vez de los que promueve y practica el mundo secular. Esto significa que deben fijar su atención en la Palabra de Dios al buscar respuestas acerca de cómo se debe llevar a cabo y administrar esa labor».[1]

«En el pasado, la comunidad cristiana no se preocupó en mantener un equilibrio entre el liderazgo "espiritual" y el "administrativo". Todos concuerdan en reconocer la importancia y necesidad de un liderazgo "espiritual". Sin embargo, hace poco que las organizaciones cristianas dedican su atención a la necesidad de un liderazgo «administrativo».[2]

A continuación presento algunas posiciones expuestas en una ponencia que expuse por primera vez en un encuentro de publicadores y libreros en Huampaní, Perú, en 1967, cuyo título es «El trabajo, la empresa y el ejecutivo, desde la perspectiva bíblica»:

---

1 Myron Rush, *Administración un enfoque bíblico*, Editorial Unilit, Miami.
2 Ibid.

La Iglesia, administradora del plan de Dios

Los principios básicos que rigen para la empresa y los negocios seculares, deben regir también para la empresa evangélica. Si no administramos con seriedad los negocios del Señor, estamos cometiendo un grave pecado. Sobre esto ha habido mucha confusión en tiempos pasados. Es hora de reaccionar. La empresa evangélica no es distinta de la secular, aunque es superior. Lo es por el propósito que la anima y porque la dirige el Rey de reyes y el Señor de señores. Esta especialísima circunstancia hace necesario que tengamos más cuidado aun en su administración. No cabe en la empresa evangélica la improvisación. Hay una característica que la distingue de cualquier otra. En ella se amalgama lo divino con lo humano para la realización del motivo principal de la empresa: Anunciar el plan de Dios para la humanidad.

Veamos por qué:

1. Dios creó motivos para la existencia de la empresa evangélica.
2. Dios llamó al hombre redimido para la realización de esos motivos.

Por lo tanto la empresa evangélica se compone de:

A. El propósito eterno de Dios: Anunciar el plan de salvación; razón de la existencia de la empresa.

B. El hombre a quien Dios utiliza es anunciador del plan de Dios, realizador de los propósitos de la empresa.

No puede haber exclusión ni sustitución de estos dos aspectos, los cuales se complementan armónicamente mediante el sello inconfundible del Espíritu Santo.

No habría progresos en una empresa de esta naturaleza

si no contáramos con el hombre a quien Dios utiliza, y a la misma vez la existencia del hombre para la empresa evangélica no tendría razón de ser si este no comunica el evangelio. Mucho menos utilizaría Dios al hombre, si la meta de este no fuese realizar los propósitos eternos de Él. Por lo tanto, el motivo de la empresa evangélica es: Comunicar el evangelio para salvar al hombre. El propósito definido: Ganar almas para Cristo.[3]

Queda claro en el Nuevo Testamento que la iglesia es la administradora del plan de Dios para la humanidad. Por tanto, como empresa, debe organizarse para que pueda llevar adelante el mensaje que le ha sido encomendado por el Creador, respetando sus leyes.

El mundo al que nos enfrentamos está lleno de pecados y de vicios, y para vencerlo es necesario que la iglesia viva, se desarrolle y actúe en concordancia con el plan que Dios estableció. De otra manera, jamás podremos dar al mundo un testimonio que pueda convencerlo. Nuestra vida y la forma como la vivimos deben ser el mejor ejemplo a imitar por aquellos que piensan encontrar a Jesús a través del espejo de nuestra existencia. La demora en ganar al mundo para Cristo es porque no estamos dando el testimonio adecuado y nuestro ejemplo no convence.

En la organización de las iglesias y, por ende, en los respectivos organismos que derivan de su ministerio, hemos tropezado con varios problemas de interpretación. Esto es lo que quieren destacar los autores de las citas antes mencionadas. Debemos administrar las empresas evangélicas sin olvidar que el jefe es Jesucristo. A Él debemos acudir, no solo para

---

[3] Myron Rush, *Cómo ser cristiano y hombre de negocio*, Mundo Hispano.

pedirle ayuda, sino para permitirle que nos guíe en la dirección de la empresa. Hay una gran diferencia entre administrar una empresa secular y una cristiana.

Tampoco convence la iglesia mal administrada, en la que en vez de buscar al perdido y hablarle de Cristo, perdemos el tiempo hablando de los problemas internos y de las disputas que como humanos creamos constantemente en nuestro afán por destacarnos: *«Pero si os mordéis y os coméis unos a otros, mirad que también no os consumáis unos a otros. Digo, pues: Andad en el Espíritu, y no satisfagáis los deseos de la carne» (Gálatas 5.15,16).*

Durante el tiempo que he administrado organizaciones relacionadas con la obra del Señor he tenido que defender muchas veces este criterio, aunque no siempre es comprendido por muchos. Una cosa es manejar una empresa secular, cuyos principales intereses son defender los bienes de sus accionistas, y otra es administrar un negocio cuyo propósito es defender los intereses de Dios en el mundo.

Mientras una se vale de los programas y métodos preparados por personas, el otro debe valerse por los valores morales y espirituales que Dios ha establecido. Una es la ley de los hombres, otro es la ley de Dios. Es cierto que debemos respetar los aspectos legales y normales de una administración, pero mientras una no tiene más recursos que las reglas y leyes humanas de comercialización, el otro cuenta además con la providencia de Dios y su guía para el cumplimiento de las tareas por Él encomendadas.

«En el momento actual, la mayoría de los dirigentes de las organizaciones cristianas reciben su adiestramiento de manos de organizaciones seculares y comerciales. Esto significa que muchos de los líderes cristianos intentan llevar a cabo la obra de Dios empleando una filosofía secular que ha sido condenada por Él».[4]

Muchas empresas cristianas fracasan por dos razones principales:

1. No prestar demasiada atención a la administración responsable de sus operaciones pensando que estas son cuestiones espirituales.
2. Contar con una administración responsable, y olvidar que la empresa es de Dios y que Él también debe participar en las operaciones.

Tenemos que señalar, además, que aun cuando muchas empresas seculares tienen éxito económico fallan ante la sociedad por no aplicar los conceptos cristianos administrativos. Cuesta mucho trabajo convencer a algunos administradores de esta diferencia de principios que debe regir en la administración cristiana de sus empresas.

«La mayoría de los tratados de administración, los catedráticos universitarios, así como los asesores y administradores, definen la administración como una manera de hacer el trabajo por medio de otros. Este es un concepto popular y muy atractivo para la naturaleza humana inclinada al pecado, ya que les concede a los administradores el derecho a manejar y explotar a los que están bajo sus órdenes. Es trágico que muchas organizaciones cristianas hayan aceptado esta filosofía comercial mundana como norma, e intenten cumplir su misión divina empleando una corriente administrativa diametralmente opuesta a los principios bíblicos».[5]

En el pasaje de Mateo 20.20-28, observamos el contraste

---

4 Myron Rush, *Administración, un enfoque bíblico*, Editorial Unilit, Miami.
5 Ibid.

entre el pensamiento filosófico del mundo acerca de la administración y el de Jesucristo: Los hijos de Zebedeo, a pedido de su madre, deseaban los mejores lugares en el reino. El resto de los discípulos reaccionaron contrariados, y Jesús les respondió:

> «Sabéis que los gobernantes de las naciones se enseñorean de ellas, y los que son grandes ejercen sobre ellas potestad. Más entre vosotros no será así, sino que el que quiera hacerse grande entre vosotros será vuestro servidor, y el que quiera ser el primero entre vosotros será vuestro siervo; como el Hijo del Hombre no vino para ser servido, sino para servir, y para dar su vida en rescate por muchos» (Mateo 20.25-28).

Los administradores del sistema secular emplean a menudo su autoridad y poder para enseñorearse sobre los que se encuentran bajo sus órdenes, aunque hay honrosas excepciones. Jesucristo, sin embargo, dijo que el cristiano no debía comportarse de esa manera. El administrador cristiano está obligado a servir a sus empleados ayudándoles a ser lo más eficaces posible, y cuanto más elevada sea su posición en la organización, mayor será su obligación de servir.

En una oportunidad en que me desempeñaba como administrador de una empresa cristiana mis superiores, para asegurarse de que todo marchaba bien, solicitaron a un joven recién graduado de contador público para que hiciera una auditoría interna. Este joven, con la mejor intención, y basado en sus estudios seculares, llevó adelante su tarea de control. Gentilmente me presté a toda investigación y análisis que quisiera hacer acerca de las actividades de la empresa y permitirle realizar su trabajo de la mejor manera posible.

Cuando terminó su investigación preparó su dictamen, citó al director general de la empresa y a mí, en lo que era su oficina, y nos dio su parecer. Era el mes de noviembre y nos dijo que de acuerdo a sus cálculos la empresa debería cerrar sus puertas a más tardar en marzo del año siguiente. Siempre recordaré la mirada sorprendida e inquisitiva con que el director general me miró, como diciendo:

—Aldo, ¿que estás haciendo con la administración de la empresa?

Le sonreí y le dije que todos los cálculos y controles realizados eran correctos, pero que se había omitido un detalle muy importante:

—Nosotros estamos administrando una empresa de Dios y no la nuestra. Eso no se consideró en los cálculos y controles, por lo tanto el informe es cierto solo parcialmente, pues falta la participación del Señor de la empresa.

El contador no sabía qué responder. Eso no se lo habían enseñado en la universidad. Para él era algo fuera de toda lógica. No lo podía comprender. Pensaba más bien que los que administraban esa empresa eran dementes o faltos de lógicos conocimientos técnicos contables.

Yo le respondí: «A usted le falta completar sus estudios en la «universidad de la fe».

Han pasado más de 30 años desde aquel día y la empresa sigue aún con sus puertas abiertas. Tuve el privilegio de dirigirla un poco más tarde, y llegó a tener un desarrollo muy destacado constituyéndose en una de las más importantes en su género en Argentina.

¿Fuimos sus administradores seres superdotados? ¡No! Simplemente fuimos los «hombres a quien Dios utilizó». No se trata de hacer cosas alocadas sin control ni orden administrativos, sino de darnos cuenta de que aparte de todo lo que los hombres han descubierto para hacer, Dios tiene también su participación.

Oración, trabajo, constancia, confianza y fe son los pilares para que las empresas del Señor puedan progresar. Es cierto, y lo reconozco porque lo he vivido, uno está siempre como sobre el filo de la navaja, pero no debe preocuparnos pues estamos tomados de la mano de Dios y el siempre obra. ¡Lo importante es estar siempre en la voluntad del Señor!

Siempre me preocupó el bienestar de los empleados de la empresa. Sostengo el criterio de que los ejecutivos son hombres a quienes Dios utiliza para que a través de sus ministerios en la administración no solo progrese la empresa, sino que también sean de bendición para que las familias que están ligadas a ella por medio de los trabajadores, tengan de parte de Dios la provisión necesaria para su sostenimiento.

En ese sentido toda empresa cumple una función social al respetar y valorar el capital humano de que dispone; y así como reconoce los intereses por los capitales económicos en préstamo que administra, debe reconocer a su capital humano los intereses que se merecen por su participación en el progreso de la empresa. Al no hacerlo así deja de ser empresa para convertirse en una simple organización comercial mercantilizada.

Siempre tuve especial estima por el personal y lo consideré en todo momento un aliado de las funciones directivas en las que el Señor me permitió participar. Conocía la situación económica de cada uno, de sus apremios y dificultades, por lo tanto procuraba que los empleados tuvieran disponibles sus salarios el día del mes señalado.

Cierto mes, sin embargo, las ventas no fueron lo excelente que deseamos y algunas cobranzas se demoraron, de manera que nos vimos en dificultades para pagar los sueldos como lo acostumbrábamos, eso me molestó mucho y alteró mis nervios.

Esa noche regresé a mi casa preocupado, no pude ni imaginar que el Señor me tendría preparada una sabia lección. Traté de dormir, pero no podía conciliar el sueño. Esto era muy raro en mí pues gracias a Dios siempre he dormido sin problemas. Pero esa noche no podía hacerlo. Mi esposa, que me conocía bien, me dijo:

—¿Qué te pasa que no puedes dormir? ¿Qué te preocupa?

—¡Casi nada! —le respondí—. ¡Mañana debemos pagar los sueldos y no nos alcanza el dinero!

Y con esa sabiduría que a veces Dios da a nuestras esposas, me respondió:

—¿No dices tú que la empresa es del Señor? ¡Deja que Él resuelva la situación!

Esas palabras me ubicaron en la realidad. Los nervios se calmaron y cuando me dispuse a descansar, recibí en mi mente un mensaje sorprendente. Recordé que desde el exterior nos debían varias facturas por la exportación de nuestros libros y seguramente recibiríamos algún pago ahora que lo necesitábamos. Luego de esto me dormí sin problemas.

Al día siguiente, al llegar a la oficina, le dije a mi secretaria:

—¡Tenemos resuelto el problema! ¡Hoy llegan los pagos del exterior!

—¿Y cómo lo sabe?

—Dios me lo confirmó anoche.

Me miró como diciéndome: «¿Está usted bien?»

Media hora más tarde llegó el cartero con la correspondencia del día. Encima de todas las cartas estaba la que esperábamos. Al abrirla quedamos boquiabiertos, venía más dinero del que necesitábamos ese día. ¡Nuestro problema había desaparecido!

¿Por qué comento esta experiencia? Porque hay una enseñanza que avala lo que estuvimos comentando anteriormente. Dios no me contestó esa noche mi oración desesperada. Hubiera sido imposible por falta de tiempo. Él me enseñó que cuando le damos lugar, interviene en nuestros trabajos. Nosotros éramos administradores útiles en su obra y por lo tanto Él se ocupaba de que las cosas sucedieran de manera que comprendiéramos que nuestras dificultades momentáneas no eran problema para Él, pues las había solucionado mucho antes.

La suma recibida estaba fechada 15 días antes y fue enviada 14 días antes de nuestro problema. Esto nos dice que Dios ya lo había previsto. Nuestra falta de fe no nos permitía estar tranquilos. Esta es la parte que muchos no ven, ya que no se enseña en las universidades del mundo, solo se aprende mediante una buena relación con Dios. Esa noche Él me lo recordó.

Si no hubiese tenido al Señor conmigo en la administración de sus empresas, no le hubiese dado lugar atendiendo sus directrices ni le hubiera consultado constantemente, mi administración habría fracasado. Inclusive no hubiera sido administrador, pues no habría tenido sentido. Administrar una empresa de Dios ignorando sus reglas y sus orientaciones morales y espirituales es una necedad. Reconozco que Dios me dio de su sabiduría y de su inteligencia; aun cuando algunas veces fui audaz y desafiante.

En una oportunidad dirigiendo una empresa del Señor en los Estados Unidos, tuve otra evidencia de su poder y de su ayuda, lo cual corrobora lo que comenté anteriormente. Una de las empleadas no era evangélica, asistía a la iglesia de otro credo cristiano. Yo deseaba darle un ejemplo del poder del Dios al cual nosotros servíamos, y buscaba la oportunidad para hacerlo, pero aún no había podido.

Un día, el director de su departamento se ausentó tomando sus vacaciones y, como director general, tuve que supervisar sus tareas. Era un fin de semana y quería dejar saldadas todas las cuentas vencidas. Fue entonces que tuvimos el siguiente diálogo:

—¿Cuantos dólares necesitamos hoy para poner al día las cuentas?

—Es preciso que ingresen 48.000 dólares —me respondió, y agregó—, pero esa cifra es muy superior a los ingresos regulares de un fin de semana.

Resueltamente le respondí:

—Hoy voy a demostrarle el poder del Dios al cual esta empresa sirve, ¡van a ingresar los 48.000 dólares!

—¡Señor Broda! —me respondió—, es fin de semana y nunca se recibe tanto dinero en esta fecha.

—Son las 8:30 de la mañana —le respondí—, a las doce regreso a su oficina para ver qué pasó y le firmo los depósitos.

A las 12:00 del mediodía regresé y sorprendida me dijo:

—¡Señor Broda, no entraron 48.000 dólares, pero entraron 39.000, que igualmente es mucho para un día como hoy!

—¿Vio? —le dije con humor—, ¡No hicimos gol pero pegamos en el poste!

En ese momento, sonó el teléfono. Me llamaban del departamento de ventas. Atendí la llamada y escuché que había llegado una carta con un pedido de mercancía, y junto con ella venía un cheque de... 9.000 dólares. ¡Con eso llegamos a los 48.000 dólares que necesitábamos! La empleada repetía sorprendida: «¡Increíble! ¡Increíble! ¡Increíble!»

Aquí queda demostrado que cuando le damos lugar a Dios en nuestras empresas, Él interviene y resuelve los problemas. Fue un caso similar al que comenté anteriormente. Los cheques recibidos no fueron escritos en el momento que señalé que llegarían 48.000 dólares, tenían fechas entre 10 y 15 días antes. Eso demuestra que Dios sabía que íbamos a necesitar ese dinero para esa fecha y se ocupó de movilizar la mente y la disposición de los deudores para que tuviéramos a tiempo el dinero. Dios forma parte de la empresa, nosotros no somos más que administradores a los que Él utiliza. Esa es la diferencia entre una empresa secular y una cristiana.

Estos conceptos administrativos no se refieren solamente a lo económico, alcanza a todo lo que nosotros somos, sabemos y tenemos. Todo nuestro actuar diario debe estar orientado hacia ese tipo de orden y respeto que Dios estableció en su creación y tiene que tenerse en cuenta en todo lo que hagamos para Él.

«Dios quiere ser su socio mayoritario. Cuando le damos la última palabra, Él está libre para llevar a cabo sus planes, metas y objetivos a través de nosotros. En otros términos, Dios está libre para realizar su empresa a través de nuestros negocios».[6]

No debemos pensar que solo las grandes organizaciones necesitan administraciones ordenadas. Todas las congregaciones, pequeñas o grandes, requieren el mismo principio: Administrar con sabiduría y eficiencia.

Si la iglesia es grande, necesitará controles adecuados a su tamaño y podrá inclusive manejarse con personal especializado y equipos contables adecuados. Pero si es pequeña, igualmente requerirá de una administración correcta. A ve-

---

6 Myron Rush, *Cómo ser cristiano y hombre de negocio*, Mundo Hispano.

ces, se tiende a pensar que por ser pequeña la congregación debe administrarse con precariedad. Eso es un error. Debemos aprender que desde el comienzo y aun siendo pequeña, la administración debe realizarse en orden. Eso no implica muchas complicaciones, aunque sí anotaciones y controles correctos y transparentes.

Necesitamos tener fe en todas nuestras acciones. Una fe más allá de lo común, una fe activa y positiva. Siempre que deseo explicar qué es una fe de esta clase utilizo el relato de 2 Reyes 6.8-23, titulado «Eliseo y los sirios». En este pasaje de las Sagradas Escrituras notamos algo sencillo, pero a la vez profundo, y que no siempre ponemos en práctica cuando de la fe se trata.

> El siervo de Eliseo fue enviado a mirar el amanecer a través de la ventana para comprobar lo que había ocurrido durante la noche. Sin embargo, regresó asustado y sorprendido «¡El enemigo ha acampado a nuestro derredor y solo espera que termine de amanecer para atacarnos!» ¡Derrota a simple vista!
>
> Eliseo, entonces, le pidió al siervo que fuera a ver de nuevo; y mientras este iba, el profeta oró al Dios de los cielos rogando: «¡Abrele los ojos de la fe para que vea!» El siervo volvió a ver a los enemigos rodeando la ciudad, pero al abrir los ojos de la fe se percató de que tras ellos estaban los carros de fuego de Dios para protegerlos. ¡Eso es fe positiva en acción!

Mientras miró con los ojos humanos no vio más que enemigos, pero cuando puso en práctica la fe observó mucho más allá, vio la realidad de un Dios que no nos abandona y que solo está esperando que le demos lugar para actuar. La falta de fe del siervo le hizo temblar de miedo; la fe de Eliseo le permitió decir: «No tengas miedo, porque más son los que están con nosotros que los que están con ellos». ¿Y qué ocurrió? Eliseo oró a Dios y una ceguera se apoderó de todo el ejército enemigo. El profeta y su siervo, sin luchar, tomaron al enemigo y lo devolvieron a su territorio, infligiéndoles una derrota vergonzosa. Obtuvieron una victoria sin pelear.

Si utilizamos solamente nuestros ojos humanos para ver las cosas, tendremos problemas porque solo veremos una parte de la realidad. Siempre veremos contratiempos, dificultades y pequeñeces. Lo mismo ocurre con el dinero, siempre será menos de lo que necesitamos. Nos hace falta recordar los episodios bíblicos y percatarnos de la tremenda ayuda que Dios puede brindarnos si confiamos en Él.

Durante mi vida como líder de la iglesia he visto tantos proyectos importantes y bien preparados que fueron enviados al «canasto» pues se estimaba que no lograrían obtener los medios para completarlos. Nunca más se presentaron oportunidades tan favorables para realizarlos. Faltó la visión y la fe en un Dios de todo poder. Se miró solo con ojos humanos y no se abrieron los de la fe. Muchos de esos proyectos son hoy recordados diciendo: «¿Por qué no lo hicimos?» En su momento solo se vieron como lo ven los hombres y mujeres que viven sin Dios.

¿Cuándo aprenderemos a depender de Dios y a tenerlo en cuenta en nuestros cálculos? Debido a mi forma de pensar, algunos líderes pusieron delante de mí en muchas oportunidades, el pasaje en el que Jesús expresa su sentir:

> «Porque ¿quién de vosotros, queriendo edificar una torre, no se sienta primero y calcula los gastos, a ver si tiene lo que necesita para acabarla? No sea que des-

pués que haya puesto el cimiento, y no pueda acabarla, todos los que lo vean comiencen a hacer burla de él, diciendo: Este hombre comenzó a edificar, y no pudo acabar. ¿O qué rey, al marchar a la guerra contra otro rey, no se sienta primero y considera si puede hacer frente con diez mil al que viene contra él con veinte mil? Y si no puede, cuando el otro está todavía lejos, le envía una embajada y le pide condiciones de paz» (Lucas 14.28-32).

Sin darse cuenta de que, justamente, este pasaje nos da la razón. Veamos el razonamiento:

Todo ser humano, no importa la creencia o la fe que tenga, aun los ateos, tienen razón de obrar de acuerdo a como el Señor relata. Si no tengo el dinero en la mano no edifico. Si no tengo suficientes soldados no voy a la guerra. Y está bien, así tiene que ser. ¿Pero que dice Jesús? ¿Quién de vosotros no se sienta a calcular lo que tiene?

¿Tenemos los cristianos alguna diferencia con los seres sin Dios? Claro que sí, tenemos lo más valioso: «Dios con nosotros», y eso es muy importante; hace una gran diferencia. Cuando yo como creyente me siento a contar lo que tengo, junto con el dinero o los soldados disponibles, debo hacer el cálculo de que tengo a Dios conmigo. Y eso es una diferencia significativa que no debo ignorar. Allí radica el secreto del éxito y por no tenerlo en cuenta en su momento nos faltan el valor y la fe para enfrentar los grandes retos en el nombre de Dios. Él quiere que estemos contagiados de grandes cosas, no de pequeñas y miserables, como a veces demostramos con nuestro proceder.

¿No tenemos el ejemplo en la Palabra de Dios? ¿Podía el pueblo de Dios cuando huía de la esclavitud en Egipto cruzar el mar Rojo? ¡No! ¡Pero lo cruzó! ¿Podía el pequeño David vencer a Goliat? ¡No! ¡Pero lo venció! ¿Podía David ganar sus batallas luchando con menos soldados que el enemigo? ¡No! ¡Pero las ganó! ¿Podía Eliseo y su siervo librarse del enemigo? ¡No! ¡Pero lo lograron! ¡Cómo! ¿Cómo lo hicieron si no tenían lo necesario para vencer? ¿Cómo fue posible? ¿Eran superdotados? ¡No! Eran semejantes a nosotros. ¿Y entonces? ¡En el momento de sentarse a realizar los cálculos tomaron a Dios en cuenta! ¡Allí está el secreto! Esto es necesario aprender para poder avanzar con segura victoria en la vida cristiana.

¡Cuántas veces me he sentido avergonzado cuando cristianos fieles —frente a proyectos más que interesantes para la obra del Señor— consultaron a especialistas no creyentes para ver si estaban bien ubicados en su manera de pensar! Estas actitudes me hacen recordar a los reyes de Israel, que teniendo al Dios todopoderoso que había obrado entre ellos con grandes maravillas, desatendían las indicaciones del profeta de turno para aceptar los consejos de seres que vivían sin el verdadero Dios. ¡Así les fue y así nos puede ir a nosotros!

La fe de Eliseo es la que necesitamos para enfrentar los problemas diarios. Es la que necesitamos para emprender grandes cosas en el nombre de nuestro Señor. Es esa fe la que nos permite, en el nombre de Dios, triunfar sobre los problemas, oponernos al enemigo y demostrar al mundo que hemos puesto nuestra confianza en un Dios poderoso. ¡Esta es la fe que mueve montañas! Porque está basada en Dios, en forma positiva y activa, y no en los hombres.

«En sus comienzos una organización tiende a desarrollar buenos métodos para llegar a las metas. La ironía es que con el tiempo se sustituyen las metas con los métodos. Así que, durante el proceso de desarrollo de la misión original, la meta u objetivo de una organización se reemplaza por una nueva, a saber: mantener las tradiciones del método. Esto acelera el proceso de envejecimiento de la organización. Durante ese ciclo cesan prácticamente todos los procesos innovadores y creadores. La organización descansa cómodamente sobre su historial de éxitos pasados y toda la energía se dedica a mantener y proteger las tradiciones. Después de todo, a ellas se debe el éxito pasado de la organización. Las nuevas ideas mueren por causa de afirmaciones tales como: "Antes no lo hacíamos así", "No vayas en contra de la marea", "Eso nunca funcionará", "¿Por qué arriesgarse a fracasar y comprometer nuestro buen nombre y posición cuando sabemos que esto ya nos ha dado buen resultado?" A partir de esos criterios la organización comienza a morir por falta de nuevas ideas y vitalidad. Cuando las tradiciones la asfixian y la matan, toda la organización empieza a decaer. Por tanto, el administrador debe examinar sus tradiciones y estar seguro de que se motiva a las personas para que creen nuevas y mejores maneras para llevar a cabo con éxito los programas y tareas de la organización».[7]

Esto es una realidad en muchas de nuestras iglesias y organizaciones. Muchos se acostumbran a vivir de las glorias del pasado y se olvidan de los desafíos del presente, y no se atreven a planear el futuro. Una organización que no se renueva ni se actualiza, se detiene en el tiempo y es solo un reflejo de lo que pudiera ser. Es cierto que en su momento fue todo un éxito, pero al no actualizarse, solo viven del pasado. Es decir, viven pero no avanzan.

Conozco muchas congregaciones en esta condición y creo que es preciso educar a los administradores para que tengan

---

[7] Myron Rush, *Administración, un enfoque bíblico*, Editorial Unilit, Miami.

siempre un espíritu renovador y una permanente visión de progreso.

El Nuevo Testamento no tiene una descripción más exigente y a la vez más invitadora para los seguidores de Cristo que aquella en la que los presenta como administradores fieles que se han enrolado en las huestes del Maestro.

Conclusión

1. Función de la empresa cristiana.
2. Importancia del ejecutivo (administrador).
3. Motivos de la empresa cristiana.
4. Necesitamos capacitarnos como administradores desde la perspectiva bíblica.
5. Dios debe tener un lugar en la administración.
6. Respeto por los valores humanos del personal que nos acompaña.
7. Debemos administrar la iglesia correctamente, sin importar su tamaño.
8. Importancia de la fe positiva y activa.
9. Debemos estar dispuestos a una permanente renovación y no vivir de las glorias del pasado.
10. Si el administrador cuenta a Dios como su aliado, su tarea se facilitará.

Capítulo tres
El plan de Dios requiere pastores y líderes capacitados en administración

«Pues si anuncio el evangelio, no tengo por qué gloriarme; porque me es impuesta necesidad; y ¡ay de mí si no anunciare el evangelio!»
(1 Corintios 9.16)

«Mas vosotros sois linaje escogido, real sacerdocio, nación santa, pueblo adquirido por Dios, para que anunciéis las virtudes de aquel que os llamó de las tinieblas a su luz admirable»
(1 Pedro 2.9)

Meta

El alumno comprenderá la importancia de capacitar a los pastores y líderes para que aprendan a administrar y para que enseñen a otros cómo hacerlo.

Objetivos

1. El estudiante se percatará del concepto de trabajo en equipo de pastores y líderes al administrar (para realizar con mayor eficiencia las responsabilidades

pastorales), así como también para equipar a la iglesia para hacerlo (y así mejorar la obra total de la misma).
2. El alumno sentirá urgencia en capacitarse y asegurar que los líderes de su iglesia estén capacitados.
3. El alumno completará dos entrevistas a fin de capacitarse mejor en el área de la administración.

La iglesia, para cumplir adecuadamente su cometido en este mundo, debe administrarse como una empresa. Esta situación no siempre es aceptada por todos. El hecho de que por lo general considere aspectos espirituales, ha llevado a muchos a pensar que todo lo que se relaciona con «negocio» debe ser excluido de ella. Este error ha hecho fracasar a muchas congregaciones que ven reducida su cantidad de fieles y desmejoradas las actividades que realizan. Además, muchos pastores y líderes que piensan así dejan de cumplir con una de las más importantes tareas que Dios encomendó a todo creyente, y en especial a los que están al frente de la grey, como lo es administrar.

Siendo la iglesia la administradora del plan de Dios, los pastores y líderes de ella deben estar capacitados profesionalmente. Esto es también otro aspecto que ha mejorado mucho, aunque todavía no es aceptado por todos. Los pastores casi siempre se incorporan al ministerio pensando en enfocar y enfatizar la predicación, la oración y una dirección espiritual para la iglesia; pero pronto descubren que la realidad de ciertas congregaciones requiere que se ocupen de trabajar también con las estructuras, ministrando a la gente y a través de ella.

«Es lamentable que aun cuando la mayoría de los pastores se creen capacitados para dirigir espiritualmente a su comunidad, no son muchos los que se consideran con la prepa-

El plan de Dios requiere pastores y líderes capacitados en administración

ración suficiente como para dirigir una organización».[1]

«El pastor debe actuar como un líder en el campo de la administración, motivando a la gente, presentando desafíos, tomando la iniciativa y organizando adecuadamente. En otras palabras un buen administrador es un buen líder».[2]

Prueba de lo que estamos diciendo se observa en los seminarios e institutos en los que la materia administración, salvo excepciones, ocupa un pequeño espacio dentro de la enseñanza de eclesiología. El apóstol Pablo destaca con claridad cuáles son las responsabilidades administrativas de los siervos de Dios:

> «Y él mismo constituyó a unos, apóstoles; a otros profetas; a otros evangelistas; a otros, pastores y maestros, a fin de perfeccionar a los santos para la obra del ministerio, para la edificación del cuerpo de Cristo...» (Efesios 4.11,12).

La iglesia debe operar como una empresa. Cristo es la cabeza de la administración, el Espíritu Santo es la fuerza motriz y todos los demás líderes, sean cuales fueren sus funciones, son administradores de las responsabilidades que Dios les ha establecido. Esta administración corresponde a todo lo que es la vida del individuo. Por eso los líderes no solo deben administrar la parte espiritual sino también la material, que está incluida en la vida del creyente y de la iglesia. Y para esto el líder debe capacitarse profesionalmente.

La responsabilidad administrativa, sin embargo, no se detiene en los líderes, sigue hasta alcanzar a todos los creyentes, que son tan responsables como aquellos de la buena

---

1 Myron Rush, *Administración, un enfoque bíblico,* Editorial Unilit, Miami.
2 *Mastering Church Management,* Multnomah Press.

marcha de la iglesia. El sacerdocio del creyente es evidente en la voluntad del Señor al establecer la Gran Comisión como punto de partida de la predicación del evangelio para lo cual la constitución de la iglesia es un medio de lograr tal fin.

El apóstol Pedro confirma esta posición al señalar:

> «Cada uno según el don que ha recibido, minístrelo a los otros, como buenos administradores de la multiforme gracia de Dios» (1 Pedro 4.10).

Implica todo un proceso de capacitación el llegar a ser buenos administradores de la multiforme gracia de Dios. Los líderes ocuparán distintas responsabilidades, pero todas dirigidas a capacitar al cuerpo de Cristo para que todos puedan ser verdaderos administradores de la gracia divina. No una tarea de unos pocos para que los demás disfruten del espectáculo del evangelio, sino todos unidos trabajando en conjunto para lograr que el mundo pueda conocer el maravilloso poder del evangelio de Cristo. Todos somos administradores aunque para llegar a serlo debemos capacitarnos.

Por ello, cuando se preparan pastores, evangelistas y demás líderes de la iglesia, hay que pensar en la necesidad de capacitarlos en administración para que a la vez estén en condiciones de enseñar luego a los demás miembros de la iglesia en dicha tarea. Recuerden que no solo debemos ser administradores, sino que la Palabra de Dios dice «buenos», lo cual nos muestra que también los hay malos.

Ya señalamos que la administración no solo implica el manejo económico de la vida de la iglesia y del creyente, sino todo lo que somos, sabemos y tenemos. Eso sí, todo ello debe ser administrado correctamente para que pueda rendir los frutos que Dios espera.

El plan de Dios requiere pastores y líderes capacitados en administración

Pablo le expresa a Timoteo su sentimiento en relación a esta tarea administrativa que el creyente debe cumplir. *«Procura con diligencia presentarte a Dios aprobado, como obrero que no tiene de qué avergonzarse, que usa bien la palabra de verdad» (2 Timoteo 2.15).*

«Los directivos de las organizaciones cristianas probablemente asistieran a un seminario teológico, o a un instituto bíblico cuyos programas educativos enfatizan cursos como homilética, eclesiología, escatología, exégesis, hermenéutica, griego y hebreo. Todos esos programas son útiles para que una persona pueda enseñar correctamente la doctrina. Pero ninguno de ellos sirve para preparar a una persona a administrar o dirigir una organización o grupo. Es evidente que las organizaciones cristianas deben prestar mayor atención a la formación de sus directivos o administradores ya que sin ello, ninguna podrá desempeñar su ministerio en forma productiva».[3]

Estábamos en plena campaña sobre mayordomía en una importante ciudad del interior de Argentina. Su impacto fue más allá de los miembros de la iglesia, ya que el diario de la ciudad, uno de los decanos de la prensa de ese país, envió su corresponsal a entrevistarnos. Conversamos ampliamente con el periodista, este nos prometió que un resumen del reportaje se publicaría en el diario al día siguiente. Sentíamos temor porque a veces los corresponsales adaptan sus reportajes a su manera de pensar más que a la de los entrevistados. Pero al ver el diario observamos que el periodista había captado correctamente nuestra forma de pensar. No solo le dio una buena ubicación al reportaje, sino que tituló el artículo en letras grandes diciendo: «Los evangélicos hacia una mejor admi-

---

3 Myron Rush, *Administración un enfoque bíblico*, Editorial Unilit.

nistración de sus vidas».

Esta definición «administración de sus vidas», expresa claramente lo que queremos señalar cuando hablamos de «administrador», «mayordomo», «administración» «siervo fiel», etc. y tiene que ver con todo lo que somos, sabemos y tenemos. Cuando decimos administración de la iglesia o empresa, nos estamos refiriendo a estos conceptos más los que hacen al control normal de una organización. Nuestro propósito es lograr que los pastores y los líderes estén correctamente capacitados para poder cumplir con más amplitud sus ministerios.

«El ministro que sirve una iglesia en la sociedad contemporánea está llamado a ser un exponente y un ejemplo de administración cristiana. No importa cuán efectivo sea él como predicador y pastor, lo cierto es que fracasará ante el más importante desafío de su vocación si no logra inculcar en su pueblo la noción de la mayordomía. En otras palabras, una parte principal de su tarea consiste en lograr que el reconocimiento que sus fieles sienten por Dios como Creador y Redentor de la totalidad de sus vidas se manifieste en un santo cuidado y una sana administración de todo lo que Dios concede a los hombres».[4]

Un pastor de una iglesia que tenía casi 500 miembros era muy amigo mío. Su pastorado era muy eficiente y tenía una especial dedicación al ministerio. Esta característica aparte de convertirlo en un pastor muy capaz, hacía que los hermanos de su congregación le tuvieran un especial aprecio. Adolecía sin embargo de conocimientos administrativos: le costaba hablar de mayordomía y rara vez desafiaba a la membresía. Como consecuencia de esta situación, la iglesia

---

4 Rodolfo Turnbull, *Diccionario de teología práctica-mayordomía*, TELL.

El plan de Dios requiere pastores y líderes capacitados en administración

no tenía un adecuado concepto de la administración, los miembros no eran fieles mayordomos y las finanzas eran siempre un problema.

Casi siempre tenían dificultades para completar el presupuesto y el pobre pastor recibía su salario en «cuotas». En estas situaciones me solía invitar para que yo predicara un mensaje sobre mayordomía. En base a la amistad que tenía hacia él, fui en varias oportunidades en el nombre del Señor a ayudarle y la respuesta de los miembros era positiva. Pero, como nadie continuaba luego con la tarea de promocionar la mayordomía, al poco tiempo estaban igual que antes. Comprendí que por ese camino no avanzaríamos, pues cada vez que yo iba a hablar de mayordomía era lo mismo que ir a una planta de higos maduros, tomarla por el tronco, sacudirla y entonces muchos higos caían. Pero, cuando no se sacudía la planta, los higos quedaban en las ramas y se convertían en «pasas». El fruto no era aprovechado.

Una mañana estando en mi oficina sonó el teléfono, atendí el llamado y era mi amigo el pastor pidiendo ayuda nuevamente. Esa mañana me negué a aceptar la invitación para visitarles. Él se sorprendió y se originó el siguiente diálogo:

—¡Cómo me dices que no vas a aceptar!
—Sí, es cierto, no pienso volver a tu iglesia simplemente a predicar un mensaje de mayordomía.
—¿Por qué me dices eso?
—Por la sencilla razón de que yo voy a tu iglesia, hablo sobre el tema y nadie continúa después la tarea.
—¿Y que sugieres? —me preguntó.

—Tu iglesia no necesita solamente mensajes de mayordomía, hace falta realizar una buena campaña, por lo menos de dos fines de semana para tratar este tema en profundidad.
—Pero la comisión de la iglesia no me permite tener una campaña de mayordomía. Tienen muchos prejuicios, me respondió.
—¡Entonces empecemos dándole un curso a la comisión!, le respondí.
—¡Ah!, esa podría ser una buena idea, contestó.
—¡Muy bien! —le dije— háblales, yo estoy dispuesto a tener un curso con ellos.

A la semana siguiente recibí de nuevo su llamado. Era para decirme que la comisión había aceptado tener el curso. Convinimos que serían dos fines de semana con los líderes de la comisión y luego si ellos lo aprobaban tendríamos otros dos fines de semana con cursos para la congregación. Así lo hicimos.

Ellos tenían un presupuesto mensual de US$ 7.000 dólares y les costaba reunirlos. Después del curso la comisión se atrevió a elevar el presupuesto a US$ 13.500 dólares mensuales. Temían que la congregación no comprendiera el desafío. Estaban como asustados y el pastor más que preocupado.

Tuvimos la campaña de mayordomía con la iglesia con una muy buena asistencia. Les habíamos entregado a todos una copia del presupuesto, el cual había sido bien explicado. Habíamos apelado a la necesidad de ser fieles administradores de nuestra vida según lo hallamos en las Escrituras. Todos recibieron una tarjeta de promesa, donde aparte de indicar en qué lugar de la iglesia quisieran desarrollar sus dones

El plan de Dios requiere pastores y líderes capacitados en administración

y talentos, indicarían la cantidad de dinero que, en el nombre del Señor y confiando en sus promesas, ofrendarían por mes. Preparamos una reunión especial el domingo por la noche donde serían recibidas las tarjetas de promesas. Luego del mensaje, pasaron al frente todos los padres de familia acompañados por sus hijos, los que fueron llamados por orden alfabético para evitar confusiones, y frente al altar entregaron sus promesas. Fue un momento muy solemne y todos se sintieron impactados. Dedicamos las promesas con una oración y dimos por finalizado el culto.

La reunión continuó con un tiempo de compañerismo en el salón de actos mientras los miembros de la comisión de la iglesia contaban las promesas. Yo les acompañé en esta tarea. Fue interesante ver el rostro del tesorero cuando completó la suma. Dijo: —nos equivocamos, debemos contar de nuevo. Yo estaba seguro que no había errores, pero ellos volvieron a contar y la cifra estaba bien. ¡Nadie pensaba en tal respuesta! ¡Las promesas llegaban a US$ 25.000 por mes! Cuando la cifra se les anunció por los parlantes, a todos los hermanos reunidos en camaradería, se escuchó una expresión de ¡asombro y alegría! ¡Ohhhhh! ¡Gloria a Dios!

Abusando de la confianza que tenía con el pastor, apenas se supo el total de las promesas, fui a su encuentro y le dije: ¿No tienes miedo que el Señor te llame la atención por tu falta de decisión para hablar con franqueza a la iglesia sobre mayordomía? ¡Están sufriendo con un presupuesto de US$7.000 dólares y la congregación está diciendo que ellos pueden dar US$ 25.000 dólares! No pudo responderme. ¡Estaba mudo de la sorpresa! ¿Dónde fue esa diferencia durante tanto tiempo? En vez de estar en la casa de Dios como correspondía, se fue en mejoras en los hogares, vacaciones, mejores viviendas, mejores autos, etc. ¡Y la obra del Señor sufriendo!

Pero no era eso solamente, todos los miembros habían indicado donde deseaban servir al Señor con sus dones. La iglesia ahora contaba con un ejército de dones y talentos dispuestos a trabajar también para el Señor y no solamente ofrendar. Aquí hacía falta también una organización administrativa para canalizar todas esas voluntades.

Seis meses después se realizaba nuestra convención anual en la ciudad de Córdoba. Mi esposa y yo estábamos en el puesto que la Asociación de Publicaciones había preparado. En ese momento un matrimonio de la iglesia antes mencionada viene a nuestro encuentro para saludarnos y nos dice:
—¡Hermano Broda! ¿Se acuerda del desafío que nos hizo en la iglesia? Cuando firmamos la promesa con mi esposa teníamos temor de no poder cumplir; pero han pasado solo seis meses y el Señor nos ha bendecido más allá de lo que esperábamos. Mientras este matrimonio daba este testimonio yo pensaba para mis adentros: ¡Dios lo ha hecho tan sencillo! ¡Por qué los hombres lo complicamos tanto!

Me ha costado mucho entender a muchos pastores y líderes cuando no promueven una amplia enseñanza de la mayordomía y no administran correctamente a la iglesia. Resulta increíble que a pesar del tiempo transcurrido todavía hay líderes que se resisten a enseñar este tema en profundidad. He pensado mucho sobre cuál es el problema y a veces no le encuentro respuesta.

Acepto que en los comienzos de la predicación del evangelio en Hispano América se tuviera cierto temor de hablar de dinero en la iglesia. Los nuevos creyentes venían en su mayoría de una iglesia donde se cobraba para todo y entonces se quería presentar a una iglesia que no cobraba para

El plan de Dios requiere pastores y líderes capacitados en administración

nada.... Acepto que también fue un error, pero por lo menos comprensible. Pero que esto exista ahora, con los progresos logrados en la obra, con las enseñanzas claras que hay sobre el tema, me llama mucho la atención.

Siempre que tenemos un extremo, en este caso cierta resistencia a hablar de mayordomía, se corre el riesgo que otros vayan hacia el otro extremo y quieran presentar un evangelio basado principalmente en la prosperidad económica. No es ni lo uno ni lo otro. Lo que nos va a dar una correcta posición es la interpretación exacta de la Palabra de Dios, lo cual permitirá que seamos mayordomos fieles.

«...*Hay quienes reparten y le es añadido más; y hay quienes retienen más de lo que es justo, pero vienen a pobreza. El alma generosa será prosperada; y el que saciare, él también será saciado...*» *(Proverbios 11.24,25)*.

«...*El levanta del polvo al pobre, y al menesteroso alza del muladar, para hacerlos sentar con los príncipes, con los príncipes de su pueblo...*» *(Salmo 113.7-8)*.

¿Por qué no dejamos que Dios haga su voluntad? ¿Es tan difícil hablar a los creyentes con sinceridad y con la Biblia en la mano? ¿Por qué tenemos que padecer necesidades cuando él nos ofrece abundancia?

La correcta administración de la iglesia y la enseñanza de la mayordomía en la congregación es tan importante, que cuando no la practicamos estamos deteniendo el crecimiento y desarrollo de la vida espiritual de los miembros. No hacerlo es un concepto totalmente equivocado y nos desubica frente a las posibilidades que el pueblo de Dios tiene para cumplir con la Gran Comisión. Este no es un programa de los hombres, es de Dios, y como tal es perfecto y sirve adecuadamente para que la iglesia cumpla su cometido y los miembros puedan ser sabios administradores de sus vidas.

Pese a todo debemos dar gracias a Dios por los cambios logrados y por tantos pastores y líderes que están predicando y enseñando la mayordomía cristiana. Los efectos producidos en estas congregaciones son notables.

«En el pasado la comunidad cristiana no se ha preocupado en mantener un equilibrio entre el liderazgo "espiritual" y el "administrativo". Todos están de acuerdo en reconocer la importancia y necesidad de un liderazgo "espiritual". Sin embargo, hace poco que las organizaciones cristianas han dedicado su atención a la necesidad de liderazgo administrativo y gerenciales también.»[5]

Es grato ver a muchos pastores y líderes que cuando uno les enseña lo que la Palabra de Dios dice sobre el tema, reaccionan y adoptan una correcta posición. Esto lo hemos comprobado con pastores y líderes de todos los niveles.

Hubo un caso que me impactó. Habíamos grabado una serie de seis conferencias sobre administración de la vida para ser transmitida por medio de la emisora Transmundial, ubicada en Bonaire, en las Antillas. En estas conferencias tratábamos de enseñar todo lo que fuera necesario para que el tema se comprendiera adecuadamente. Hablábamos del mayordomo fiel, de la provisión de Dios, de sus promesas, de nuestras responsabilidades con los dones, diezmos y ofrendas y del desafío que Dios nos daba. Al final de cada conferencia indicábamos que si se deseaba más material sobre el tema podía ser solicitado y nosotros lo enviaríamos. A tal efecto dábamos una dirección en Buenos Aires, donde podían escribirnos.

Entre las muchas cartas que recibimos llegó una de un pastor de una iglesia evangélica, ubicada en las montañas del

---

5 Myron Rush, *Administración, un enfoque bíblico*, Editorial Unilit, Miami.

El plan de Dios requiere pastores y líderes capacitados en administración

norte de América del Sur. Agradecía las conferencias y nos solicitaba más material. De acuerdo a lo prometido le enviamos un paquete conteniendo libros y folletos. Pasó un buen tiempo y casi nos habíamos olvidado de este hermano, cuando un día llega una carta de él. Al abrir el sobre comprobamos que antes de escribir la carta había colocado en letras de molde al comienzo del papel lo siguiente: «Benditos los siervos que Dios usa para que nosotros podamos entender su voluntad y nos enseñan cómo servirle mejor». Y luego escribe:

> «...Debo reconocer que antes de escuchar las conferencias, yo nunca hablaba de la administración de la vida a mi congregación. Me parecía que estaba pidiendo para mi cuchara [expresión que sugiere, pedir para sus necesidades]. Pero después de escuchar las predicaciones y leer el material que me enviaron, me di cuenta que estaba equivocado. Ahora predico de mayordomía a la mañana, a la tarde y a la noche, a los jóvenes y a las señoras, en todos los cultos. La iglesia ha crecido enormemente, hay un interés por trabajar para el Señor como nunca antes, y ni le cuento como han aumentado las ofrendas. Gracias por ayudarme a cumplir mejor mi ministerio...»

Estos testimonios nos dan ánimo y confirman que Dios sigue iluminando a su pueblo para que los creyentes lleguen a ser fieles mayordomos. Se confirma lo que he aprendido desde joven. Así como Dios ha encomendado a los creyentes para que extiendan su evangelio y no lo hace por medio de ángeles, sino por la fidelidad de aquellos que rescató, quienes ponen al servicio del Señor sus dones y talentos, también las finanzas necesarias para realizar la tarea de la Gran Comisión no serán enviadas por ángeles, sino que serán puestas en los bolsillos de los creyentes fieles que estén dispuestos a trasladarlas a la iglesia en cumplimiento de su fidelidad en la mayordomía. Todo por obra y gracia del Espíritu Santo y a través de una sabia administración de la vida.

«*...Bienaventurado el hombre que teme a Jehová, y en sus mandamientos se deleita en gran manera. Su descendencia será poderosa en la tierra; la generación de los rectos será bendita. Bienes y riquezas hay en su casa, y su justicia permanece para siempre...*» *(Salmo 112.1-3).*

Necesitamos comprender que la enseñanza de la correcta administración de nuestros dones, talentos, tiempo, capacidades, conocimiento y bienes, para el cumplimiento del cometido que Dios ha establecido a la iglesia y al creyente debe partir de la base de lo que la palabra de Dios nos enseña. Pablo se lo recuerda con claridad a Timoteo: «*Toda la Escritura es inspirada por Dios, y útil para enseñar, para redargüir, para corregir, para instruir en justicia, a fin de que el hombre de Dios sea perfecto, enteramente preparado para toda buena obra*» *(2 Timoteo 3.16-17).*

No habrá una correcta administración de nuestras responsabilidades como creyentes si ésta no está basada en la palabra de Dios. Esto debe tenerse en cuenta tanto cuando hablamos de la iglesia o de las organizaciones que surgen como consecuencia de las tareas de la iglesia, misiones, seminarios, casas publicadores, librerías, radio, televisión, evangelismo, etc.

Por eso es muy importante el criterio con el cual formamos nuestros líderes. Deseo citar algunos interrogantes que han sido mi preocupación y que los he encontrado también en otros escritos:

El plan de Dios requiere pastores y líderes capacitados en administración

«...Por qué nadie se ocupa de preparar a hombres y mujeres cristianos para que sean verdaderos ejecutivos de las empresas del mañana...? ¿Por qué el mismo celo que ponemos para preparar teólogos para nuestras iglesias no lo ponemos en la preparación de ejecutivos? ¿No se dan cuenta que muchas de nuestras empresas fracasan porque estamos poniendo teólogos donde deberían estar los ejecutivos con conocimientos administrativos?»[6]

«...Me he sentido como una clavija cuadrada en un hoyo redondo cada vez que me han encomendado una tarea administrativa siendo yo un pastor evangelista...»[7]

Teniendo en cuenta que muchísimas veces se utilizan a pastores, evangelistas y misioneros para administrar empresas, aunque a veces sea por un tiempo determinado, en sus capacitaciones deberían tener enseñanzas de administración. Muchos de estos contratiempos se hubieran eliminado o por lo menos no serían tan dramáticos.

Hay en estos momentos una reacción y algunos seminarios y o institutos están incluyendo la materia administración en la preparación de los futuros líderes. La aparición de este libro también es una señal de que hay organizaciones teológicas que han visto el problema y desean hallar soluciones.

«Yo te instruiré dice el Señor, y te guiaré por el camino mejor para tu vida. Yo te aconsejaré y observaré tu progreso» (Salmo 32.8 .6).[8]

«El guardará en perfecta paz a cuantos confían en El y cuyos pensamientos buscan a menudo al Señor, porque El confía en ti» (Isaías 26.3. 6).[9]

---

6 Otto Bremer, *Perspectivas religiosas en la administración empresarial*
7 Clyde Cook, «Evangelical Missions Quaterly» Oct. 81.
8 Biblia al día.
9 Ibid.

Cuando los pastores y los líderes se dan cuenta de que Dios tiene un plan, deben recordar de inmediato que Dios es la fuente poderosa que está a su disposición para ayudarles a administrar y llevar adelante ese plan. El pasaje de las sagradas escrituras que sigue lo confirma:

> «Tiempo me faltaría para hablar de la fe de Gedeón, Barac, Sansón, Jefté, David, Samuel y de todos los profetas; que por medio de la fe conquistaron reinos, administraron justicia, escaparon de las fauces de los leones, apagaron la furia de las llamas y escaparon del filo de la espada; cuya debilidad se tornó en fuerza; y que se volvieron poderosos en la batalla y derrotaron a ejércitos enemigos» (Hebreos 11.32-34.6).[10]

Todo el proceso de los acontecimientos comentados sin duda han demandado horas de estudio, planeamiento, y consideración de las posibilidades; sin embargo el factor primordial del éxito descansaba en la fe que ponían en Dios para lograr la victoria. Por ello el procedimiento a desarrollarse es el siguiente;

1. Descubrir el plan de Dios. Sin duda alguna Él lo revelará.
2. Ponerlo en oración.
3. Buscar la dirección de Dios para cumplirlo.
4. Depositar nuestra fe en Dios para obtener resultados positivos.
5. Ser agradecidos por la participación de Dios en la administración del plan.

10 Ibid.

El plan de Dios requiere pastores y líderes capacitados en administración

Aquí tenemos señalado el camino correcto a seguir para desarrollar a los creyentes en la adecuada administración de sus talentos. Primero buscar la dirección del Señor —dueño de la empresa— y cuando nos hallamos seguros de que estamos en su voluntad, entonces comenzar a desarrollar los planes para cumplir con éxito el plan utilizando a todos los miembros de la iglesia.

Recordemos el orden de Efesios 4.11-12:

1. Los líderes capacitándose según su llamamiento.
2. Pasar a capacitar al cuerpo de Cristo.
3. Lograr que entre todos realicen la obra que le corresponde a la iglesia.
4. Recordando que el Señor estará con ellos hasta el fin del mundo (Mateo 28.20b).

Pensando en iglesias ubicadas en Hispano América, diríamos que los pastores deben ser personas que estén dispuestas a ejercer su capacidad administradora. Si no lo son o no lo han aprendido aun, deben estudiar de inmediato. Un pastor capacitado deberá luego preparar líderes para que le secunden en la tarea de capacitar a la membresía. El pastor que todo lo quiere hacer, jamás podrá contar con una iglesia numerosa, pues le faltará tiempo y capacidad para poder administrar todos los asuntos.

En una oportunidad fui invitado a una iglesia para tener una campaña relacionada con el tema «administración de la vida». El pastor de la iglesia hacía poco tiempo que había asumido sus responsabilidades en esa iglesia y éste era su segundo pastorado desde que se había graduado del seminario. Unas semanas antes de la fecha de la campaña me llamó por teléfono para pedirme que por favor fuera con bastante anticipación a la primera reunión, pues él necesitaba que le enseñara sobre el tema, pues no sabía mucho sobre esta materia. Fui con el tiempo necesario para presentarle un breve panorama de lo que yo iba a enseñar, de manera que estuviera informado.

Esta situación no es aislada, la experiencia nos ha enseñado que hay muchos siervos del Señor a quienes no se les ha instruido en profundidad sobre este tema, y como a la vez en muchas congregaciones no hay una enseñanza profunda sobre la materia, las personas creyentes que van a estudiar a un seminario, tampoco llevan mucho conocimiento relacionado con la administración de la vida desde la perspectiva bíblica.

Con lo que hemos comentado en este capítulo, creo firmemente que hay más que argumentos y experiencias que nos demuestran la necesidad de que cada creyente aprenda a administrar correctamente su vida. Para ello es imprescindible que todos los pastores y líderes se capaciten para que a la vez puedan capacitar a otros.

No se trata simplemente de que se aprenda a «administrar», todos somos administradores. Desde el momento que manejamos nuestra vida, somos «administradores». Lo que deseamos es lograr que todos seamos «buenos administradores». No es cuestión de elegir si me gusta o no «administrar», lo somos por naturaleza.

Este no es un pensamiento nuestro, sino es lo que la Biblia nos enseña. Todos somos «administradores», pero con la aclaración de que lo que Dios quiere es que seamos «buenos» administradores. Hemos citado ya los pasajes que hablan a este respecto. También en la Palabra de Dios encontramos instrucciones para que cada uno conforme sea su capacidad, ayude a otros para que sean todos perfectos administradores.

El plan de Dios requiere pastores y líderes capacitados en administración

Hay por lo tanto una responsabilidad para cada individuo y una responsabilidad para cada pastor o líder. En la proporción en que estemos dando atención a esta necesidad de educarnos para educar, aumentará nuestra capacidad para ser «administradores» de nuestra vida y consejeros para la administración de la vida de los demás.

Conclusión

1. La iglesia administradora del plan de Dios.
2. Los pastores y los líderes deben capacitarse en administración.
3. Los pastores y líderes, capacitados, deben hacer lo propio con los miembros de la iglesia.
4. No debemos tener miedo de desafiar a la membresía de la iglesia. Ella siempre responderá bien.
5. Administración y mayordomía son desafíos para el pastor y la congregación.
6. La Palabra de Dios debe guiar nuestra tarea administrativa.
7. Dios quiere buenos mayordomos.
8. Cada «uno» haciendo su parte, permite que el «todo» sea realizado.
9. Una iglesia con líderes capacitados en administración siempre avanza.
10. El pastor debe ser el ejemplo en todo.

Capítulo cuatro
El plan de Dios requiere tareas administrativas de la iglesia

«Por lo demás, hermanos, os rogamos y exhortamos en el Señor Jesús, que de la manera que aprendisteis de nosotros cómo os conviene conduciros y agradar a Dios, así abundéis más y más.....y que procuréis tener tranquilidad y ocuparos en vuestros negocios, y trabajar con vuestras manos de la manera que os hemos mandado, a fin de que os conduzcáis honradamente para con los de afuera, y no tengáis necesidad de nada»
(1 Tesalonicenses 4.1,11,12)
«Mas buscad primeramente el reino de Dios y su justicia, y todas estas cosas os serán añadidas»
(Mateo 6.33)

Meta

El alumno entenderá cuáles son las tareas administrativas de la iglesia, la importancia de las mismas y el papel que él desempeña en su realización.

Objetivos

1. El alumno podrá identificar algunas de las tareas admi-

nistrativas de las que la iglesia es responsable.
2. El estudiante se preocupará por la realización (en la mejor manera posible) de dichas tareas en la iglesia.
3. El alumno cambiará cualquier comportamiento que constituya un obstáculo para la realización de dichas tareas (por ejemplo, llegar tarde, no contribuir a la obra, no realizar las tareas que contribuyen a realizar el trabajo de la iglesia).

¿Qué administra la iglesia? Si hiciésemos esta pregunta a la mayoría de los miembros de las iglesias, sin duda la respuesta sería muy variada y para algunos seguiría siendo un interrogante.

La mayoría de las personas tienen la idea de que la iglesia administra solo dinero. Este es un sentimiento casi generalizado. Sin embargo es un gran error. La iglesia tiene la responsabilidad de administrar vidas y todo lo que ellas representan: lo que el miembro es, sabe y tiene. Esto ocupa una parte muy importante de su ministerio, e incluye las finanzas. Muchas veces el desconocimiento de esta realidad ha limitado la labor de la iglesia.

Para aclarar este concepto podemos señalar:
1. Administración de los valores espirituales de los miembros de la iglesia.
   Dones, talentos, capacidades, conocimientos y tiempo.
2. Administración de los valores económicos de los miembros de la iglesia.
   Bienes y recursos

3. Administración del gobierno de la iglesia.
   a) Su organización
   b) Asuntos administrativos generales
   c) Asuntos económicos-contables

El punto 1 será tratado en el Capítulo 5 y el punto 2 en el Capítulo 6. En este capítulo analizaremos el punto 3.

Administración de los recursos de la iglesia

Su organización

De acuerdo a los conceptos bíblicos la iglesia se compone de dos partes: Cabeza y cuerpo.

«..Y lo dio por cabeza sobre todas las cosas a la iglesia, la cual es su cuerpo, la plenitud de Aquél que todo lo llena en todo» (Efesios 1.22b,23).

«Sino que siguiendo la verdad en amor, crezcamos en todo en aquél que es la cabeza, esto es, Cristo, de quién todo el cuerpo, bien concertado y unido entre sí por todas las coyunturas que se ayudan mutuamente, según la actividad propia de cada miembro, recibe su crecimiento para ir edificándose en amor» (Efesios 4:15-16).

«Y él es la cabeza del cuerpo que es la iglesia...» (Colosenses 1:18a).

Cristo es la cabeza de la iglesia. La iglesia es su cuerpo.

Esto está reconocido por todos los grupos denominacionales. Pero suele ocurrir que cuando estamos en una reunión administrativa de la iglesia, o de sus comisiones, nuestro interés por un proyecto o una posición determinada, nos hace olvidar que debemos respetar esa cabeza y como humanos queremos imponer a toda costa nuestro pensamiento sin estar seguro de que sea el pensamiento del Señor. Somos humanos y podemos equivocarnos. Muchos problemas se hubieran evitado si se hubiese respetado la cabeza. No lo olvidemos.

La cabeza —Cristo— es inamovible. En cuanto al cuerpo— las iglesias varían en su forma organizativa. Algunas congregaciones tienen pastores, otras ancianos, otras pastores y ancianos.

En cuanto al cuerpo, la autoridad es dada por su propia organización de acuerdo a los conceptos bíblicos. La autoridad nace de su propia estructura.

Su organización se establece según el tamaño de la iglesia. Por lo general se compone de:

1. Comisiones
2. Departamentos
3. Ministerios

Los respectivos presidentes, conjuntamente con el pastor, forman una comisión coordinadora, o concilio de la iglesia, grupo de trabajo que toma decisiones previas a la consulta a la iglesia. Estas decisiones surgen de las propuestas que provienen de los distintos grupos que representan.

Cuenta también con una secretaría de actas y de una secretaría corresponsal.

Si la iglesia lo requiere puede tener co-pastores, y un mayor número de comisiones, departamentos y ministerios.

También la mayoría de las iglesias tienen un cuerpo de diáconos. Su número depende del tamaño de la iglesia y sus necesidades. Este cuerpo está formado por líderes elegidos quienes secundan la labor del pastor.

Algunas congregaciones reservan a este cuerpo el manejo del gobierno de la iglesia. Mi experiencia como miembro de muchos años, y también en la función de diácono, me permite afirmar que muchas veces los diáconos han recogido antipatías al pretenderse convertir en «autoridades» dentro de la misma iglesia.

En cambio mi experiencia como diácono ha sido muy enriquecedora cuando este cuerpo se convierte en un grupo de asistencia espiritual, ayudando al pastor en la tarea de la atención a los miembros; dejando que el gobierno de la iglesia sea llevado por el concilio o la comisión coordinadora de la iglesia, de la cual el diaconado también forma parte en la persona de su presidente.

Quizás la razón bíblica que determinó la creación del diaconado no apoye demasiado esta posición; pero también debemos entender que con el crecimiento del número de miembros en las iglesias, hace que sea imposible al pastor brindar una atención personal a cada creyente, y en ese aspecto el auxilio del diaconado es muy oportuno.

Deseo poner por ejemplo el funcionamiento del diaconado en la iglesia en la que soy miembro actualmente: cantidad de miembros 400, diáconos 10. Yo soy parte de esos 10. Dividimos a los miembros en 10 grupos de 40 miembros y cada diácono es responsable de un grupo. Como tenemos diaconisas y diáconos de distintas edades, los grupos están formados teniendo en cuenta la edad, sexo y característica de cada uno.

Mi misión es atender las necesidades espirituales y de diverso orden que surjan en las personas de mi grupo. Para ello nos reunimos periódicamente con el grupo en camaradería para poder conocernos mejor. Llevamos una lista del grupo donde consta el domicilio, teléfono y fecha de cumpleaños de cada uno. Tenemos también un detalle de pedidos de oración de cada uno y tomamos el compromiso de orar todos los días el uno por el otro. Cuando surge algún problema o necesidad de oración especial, inmediatamente nos comunicamos unos a otros, etc.

Mi esposa me secunda en las tareas propias de relaciones con el grupo. Hay en ese sentido una afinidad familiar. Esto ha permitido que los grupos se conozcan mejor, cosa que no ocurre en una congregación de 400 miembros y mucho menos en una mayor. De vez en cuando compartimos nuestra reunión con otro grupo para conocernos mejor.

Si se presenta algún problema demasiado serio, tanto que el diácono no pueda resolverlo, entonces recién lo lleva al pastor. El cuerpo de diáconos tiene reuniones mensuales con el pastor, y en ellas presentamos nuestra información. Esto alivia tremendamente la labor pastoral y permite que los miembros de la iglesia sean «pastoreados» en una manera práctica. De esta forma me he sentido muy cómodo en el diaconado, cosa que no ocurría cuando desempeñaba ese ministerio como administrador del gobierno de la iglesia.

Sé de algunas congregaciones que utilizan «ancianos» para esta tarea y destinan a los diáconos a la administración. De todas maneras el Espíritu Santo dará sabiduría a la congregación para organizarse de la mejor manera. Lo que importa es que la iglesia crezca, los miembros sean atendidos y que la gloria sea para el Señor y no para los hombres.

Asuntos administrativos generales

Periódicamente la iglesia es convocada a reuniones administrativas para considerar los informes de trabajo y la marcha de la iglesia, evaluando sus actividades, consideración de nuevos planes, etc.

Normalmente las resoluciones se toman por consenso de la mayoría. Para orientación del lector recomiendo el estudio del libro *Reglas parlamentarias* por H.F. Kerfoot, Casa Bautista de Publicaciones, en donde están explicadas con amplitud el proceso de una reunión administrativa y su forma de realizarla utilizando el sistema parlamentario.

La iglesia determina la frecuencia de las reuniones administrativas, como así también de las reuniones del concilio y o la comisión coordinadora. Las autoridades se eligen anualmente por la mayoría de los miembros en una reunión administrativa. Algunas iglesias suelen elegirlos por dos años. Para facilitar la tarea, una comisión de nombramientos, designada por la iglesia, puede proponer una terna de candidatos, de entre los cuales la iglesia elige luego uno por mayoría.

Algunas congregaciones suelen confirmar anualmente al pastor. Otras lo hacen por varios años, mientras que otras iglesias lo tratan solamente cuando por voluntad del pastor o de la iglesia se decide un cambio.

En todas las reuniones administrativas debe labrarse un acta donde consta lo resuelto. (Ver modelo de acta)

Para ello se nombra a un secretario de actas. Las actas deben registrarse en un libro especial, debidamente firmadas por las personas responsables. Cada acta debe llevar un número correlativo y la fecha de la reunión. Este libro o los libros de actas debidamente numerados, deben guardarse en perfecto orden y estado, pues son patrimonio de la iglesia y forman parte de su historia.

Debe elaborarse un acta por cada reunión donde se realicen bautismos. Allí debe constar el día, mes y año de la reunión, como así también el nombre de las personas bautizadas. Algunas congregaciones tienen también un libro de registro de miembros; pero mejor aun es tener una ficha individual para cada miembro, donde consten todos sus datos personales, fecha de bautismos y fotografía actualizada (Ver modelo de ficha para el registro de miembros).

Si la iglesia es pequeña, puede funcionar con un solo secretario de actas. Pero al crecer la organización, es bueno que cada comisión, departamento o ministerio tenga su propio secretario.

El secretario corresponsal es el que atiende la correspondencia en consulta con el pastor o el presidente de comisión, departamento o ministerio, según corresponda. Debe llevar un correcto archivo de toda la correspondencia, por orden alfabético y por temas.

En los últimos tiempos con la incorporación de la nueva tecnología, muchas de estas tareas se realizan por computadoras. Esto simplifica la tarea, pero de igual modo deben guardarse los respectivos registros, pues aparte de ser historia, pueden necesitarse algunos datos en el futuro.

Algunas iglesias, por su importante crecimiento están eliminando las reuniones administrativas, dejando la dirección de la iglesia en manos de un grupo más reducido, con fuerte influencia pastoral. Esto podrá ser práctico, aunque no es necesariamente bíblico o democrático.

Asuntos económicos-contables

La administración de las finanzas de la iglesia es muy importante y delicada.

Las congregaciones pequeñas pueden funcionar con un tesorero y un pro-tesorero, pero al crecer necesitan por lo menos un comité de finanzas y ante un mayor crecimiento un departamento o ministerio de mayordomía y finanzas.

Puede comenzarse con un libro contable de entradas y salidas, siempre ordenado y prolijo con la firma de las personas responsables. (Ver modelo de libro contable)

Al crecer la iglesia, necesitará libros más completos, como

el libro de bancos, el libro de inventario y el libro de registro de ofrendas. (Ver modelo de libro para registro de ofrendas, para inventario, y libro de bancos.)

Cuando la iglesia, por su crecimiento lo requiera, puede incorporarse el control por computadora y la participación de contadores. Sea cual fuere el sistema adoptado, los informes deben ser periódicos y claros. Sencillos pero transparentes.

La iglesia debe nombrar una comisión revisora de cuentas, la que estará encargada de controlar todas las operaciones contables y debe rubricar, dando conformidad o reparo, a toda información económica.

El tesorero no es el dueño del dinero, él es dueño del manejo de las finanzas de acuerdo al presupuesto.

Comité de finanzas

He deseado destacar las funciones de este comité, tan importante en la vida de la iglesia, porque he observado que a veces por ignorar adecuadamente sus responsabilidades, suelen proceder equivocadamente. Es un comité encargado de ordenar y lograr los recursos que la iglesia necesita para el cumplimiento de su ministerio, sin embargo a veces se la confunde con un tribunal de consulta.

Cada vez que se desea realizar un proyecto o se necesita un aumento de fondos, siempre se consulta al comité: ¿Qué dice el comité de finanzas (o el tesorero según el caso)? ¿Hay fondos para este proyecto? ¿Hay dinero o no hay dinero? y ellos actúan como un ente fiscalizador con más poder que la misma iglesia. Puede ser que la iglesia guiada por el Espíritu Santo ha votado un proyecto de mucho futuro para la obra del Señor y al ser consultada la comisión de finanzas responde: ¡No hay fondos suficientes para ese proyecto! El proyecto va al canasto. ¡Pudo más una comisión que toda la iglesia junta! Ellos confunden su función. En realidad son buscadores de recursos y deben actuar como un comité de finanzas de las empresas. Deben planear cómo conseguir los ingresos necesarios para cumplir el proyecto que la iglesia votó.

Si en las empresas del Señor que él me ha permitido administrar, el comité de finanzas me hubiera rechazado cualquier proyecto elevado por el directorio, simplemente porque no había fondos, al día siguiente estarían buscando una nueva ocupación. No están para decir sí o no, sino para planear la forma cómo conseguir los medios, evaluando todas las posibilidades y recurriendo a todas la posibles fuentes de recursos para cumplir el proyecto. Para eso se los nombra.

Por eso es necesario integrar el comité de finanzas con hombres idóneos, con conocimientos comerciales, pero a la vez convencidos de que están administrando una empresa del Señor, y como dijimos en capítulos anteriores, se le debe dar al Señor lugar para que obre. Pero, como principio operativo, debemos primero agotar nuestras posibilidades, siempre confiando en Dios. A veces por falta de visión, solo administramos pobreza, cuando tenemos un Dios rico.

Vamos a mencionar ahora, siete pasos mínimos para un adecuado control de las finanzas de la iglesia con el fin de que pueda servir de ayuda:

1. Recibir
Todo dinero que reciba la iglesia, por ofrendas, contribuciones, donaciones, diezmos, primicias, etc. debe ser ingresado a la tesorería de la iglesia. Luego de la oración de consagración de las ofrendas, el dinero debe llevarse a un lugar seguro. El tesorero o el comité de finanzas designará a las personas que en los respectivos

cultos se encargarán de levantar las ofrendas. Tenemos aquí dos recomendaciones:

a) Levantar la ofrenda en el período del culto que corresponde a la adoración. Con profundo sentido de responsabilidad y entrega. Debe prepararse un momento especial a través del cual se convoca al pueblo de Dios a entregar sus diezmos y ofrendas.

b) Levantar la ofrenda desde el fondo del salón hacia adelante. Eso evitará que —como ha pasado en algunas iglesias— la ofrenda sea arrebatada a los encargados de levantarla cuando se encuentran terminando su tarea .

2. Contar
Esta tarea es responsabilidad del tesorero y/o el comité de finanzas. Sin embargo en algunas congregaciones se nombran personas especiales para esta tarea. Deben contar toda ofrenda y diezmos y llenar planillas especiales donde conste la contribución de cada miembro. Esa planilla debe ser entregada al tesorero con el dinero que corresponde. La mayoría de las iglesias, —para evitar problemas— tienen un número asignado para cada miembro. Ello permite un auto control del ofrendante sin que se conozca su nombre.

3. Depositar
El dinero recibido y contado debe depositarse en el banco. Función que realizará el tesorero o la persona designada. El depósito tiene que ser igual al valor contado. También algunas congregaciones autorizan a los contadores de ofrendas para que hagan el respectivo depó-

sito en el banco. En ese caso las planillas con el total del dinero debe ser igual a las boletas de depósito y la documentación debe entregarse al tesorero.

4. Egresar
Todo pago que se realice debe ser de acuerdo al presupuesto. El tesorero debe emitir cheques por cada pago, guardando el control de pago y el comprobante para su seguridad. De esa manera no tendrá problemas por pérdida de datos de pagos realizados, pues el control del cheque le permitirá llevar el orden. Para gastos pequeños puede tener lo que se llama una «caja chica» con una cantidad de dinero prefijada. En ese caso la caja chica siempre debe tener la misma cantidad, ya sea en efectivo o en efectivo y comprobantes de pago.

5. Registrar
El tesorero o la persona designada debe llevar un perfecto registro de todos los ingresos y los egresos. Cuando la iglesia es muy numerosa, puede nombrarse a una persona para ayudar a llevar los registros, pero esa persona siempre dependerá del tesorero.

6. Informar
El tesorero será el responsable de presentar mensualmente un informe de ingresos y egresos a la congregación. Estos informes pueden colocarse en los transparentes publicitarios que tenga la iglesia o puede registrarse en el boletín de la iglesia. También deberá elevar los informes correspondientes en cada reunión administrativa de la iglesia. La información es muy impor-

tante ya que permite a los miembros de la iglesia, ver si su dinero ha ingresado y como se ha ido cumpliendo con el presupuesto.

7. Revisar

La iglesia nombra su comisión revisora de cuenta o sus síndicos, para que revisen todas las operaciones económicas. Esta comisión es responsable directamente a la asamblea de la iglesia y toda información que se publique debe llevar la firma de los revisores, dando con ello a entender que han revisado adecuadamente las operaciones y que todo está en orden. Esto es muy importante. Si la iglesia es muy numerosa, puede en algún momento contratar una auditoría externa para los controles.

La correcta administración de los recursos de la iglesia es un principio cristiano que debe destacarse. La iglesia tiene la responsabilidad sagrada frente a sus miembros de administrar correctamente sus ofrendas y diezmos y rendir cuenta de cómo se empleó el dinero.

Jamás deben utilizarse sistemas improvisados. La responsabilidad del manejo del dinero es sumamente importante y no podemos cometer errores. Como dijimos anteriormente, el dinero ofrendado a la iglesia por diezmos, ofrendas y primicias, no es nuestro, es de Dios y por lo tanto debe administrarse con total seriedad y corrección.

Recuerdo en una oportunidad que tenía una campaña de mayordomía en una iglesia en el norte de América del sur, al terminar el culto vi que el tesorero tomaba el dinero directamente de los platos de la ofrenda y se la colocaba en el bolsillo sin contarla previamente. Me llamó la atención esa actitud y luego se la comenté al pastor. El pastor me dijo «es un hombre muy honesto, la iglesia le tiene mucha confianza...» Le advertí que yo temía frente a una actitud de esa naturaleza. Más o menos un año después volví a la misma iglesia y pregunté al pastor por el hermano tesorero —aquel que yo había visto aquella noche—. El pastor me dijo que no estaba más, tuvieron un problema con él acerca de los fondos y se tuvo que ir de la iglesia.... Le recordé mis palabras y tuvo que darme la razón. Siempre es mejor prevenir que curar.

Administración por objetivos

Uno de los mayores enemigos del crecimiento de la iglesia es la improvisación. Por ello hay que eliminar el factor imprevisto. La administración por medio de objetivos, metas y planes es lo más eficiente. Ayuda a planificar, organizar, dirigir, controlar y disciplinar las tareas.

Esta forma de administración significa convertir todo proyecto, programa, plan de trabajo, etc., que se desea alcanzar, en objetivos. La iglesia debe tener un objetivo definido y todo el programa de la iglesia debe ir detrás de ese objetivo. A veces me he encontrado con algunas iglesias que estaban yendo en sentido contrario al objetivo. Es por eso que tenemos la necesidad de controlar permanentemente las actividades.

Entre los objetivos de la iglesia que pueden existir, mencionamos cinco, pues en forma específica representan lo que realizan las congregaciones en la mayoría de los casos.

    1. Ser una base para la proclamación del evangelio
    2. Ser un centro de capacitación de sus miembros
    3. Ser un lugar donde se enseña la sana doctrina
    4. Ser una agencia de la actividad misionera

5. Ser una ayuda importante para la acción comunitaria.

A esto llamaríamos el Objetivo definido de una iglesia. Por lo tanto toda acción de la misma debe ser orientada para el cumplimiento de este objetivo general.

Cada comisión, departamento o ministerio de la iglesia debe elaborar anualmente sus objetivos de forma que puedan contribuir para que la iglesia cumpla el objetivo definido. Para ello hay que planear con tiempo y ver de qué forma cada sector de la iglesia desarrolla sus actividades para poder cumplir con el objetivo definido.

Determinados los objetivos, deben desarrollarse metas y planes de acción adecuadas para poder cumplirlos.

Para orientación del lector vamos a desarrollar un objetivo con metas y planes. Vamos a suponer que el departamento de educación cristiana de la iglesia tiene el propósito de lograr que durante el año en curso se desarrollen actividades para capacitar a los maestros de la escuela dominical. Tenemos entonces un objetivo que corresponde al punto 2 del objetivo definido de la iglesia. Llamaremos a este objetivo: Capacitación de los maestros de la Escuela Dominical.

Vamos a fijar ahora las metas:

Meta 1 - Tener con los maestros un retiro de capacitación donde se estudiará un libro.

Meta 2 - Desarrollar tres clases especiales de capacitación de los maestros donde se les enseñará técnicas actualizadas de la pedagogía.

Meta 3 - Charla a cargo del Pastor donde se le hará ver al maestro el valioso significado de la dedicación a la enseñanza en la iglesia.

Teniendo la meta definida debemos trazar los planes de acción para que estemos seguros que llevaremos la meta a feliz término. (Ver gráfico de plan de acción para el cumplimiento de metas)

De esta forma tendremos asegurado cada paso de las metas a cumplir y quiénes serán los encargados de realizarlos y controlarlos.

La iglesia imprimirá formularios especiales para estos objetivos, metas y planes, de manera que su uso sea práctico y su implementación sea la adecuada. Por la experiencia adquirida en la administración de empresas del Señor, puedo asegurarles que ésta es la manera más rápida y segura de realizar cualquier actividad dentro de la iglesia. Evita las improvisaciones y también aquello de ¿quién hará tal cosa? o ¡no me tocaba a mí, le tocaba a otro!

Siempre debe enviarse una copia de las metas y planes a la oficina del pastor para que esté enterado de lo que se planea y él se preocupe también de controlar si en verdad los planes se van cumpliendo.

Debemos administrar bien, pues así se hace mucho más y se evita el desorden.

«En un mundo cada vez más conflictivo, en el que la maldad se multiplica y los obstáculos son cada vez más sofisticados, las necesidades acuciantes de una creación que gime, espera el «Heme aquí, envíame a mí» de los administradores y nuevos administradores que surjan. Creemos que esto representa todo un desafío de valientes».[1]

---

1 Gerardo Kopf, «La administración en los ministerios de Dios».

Conclusión

1. ¿Qué administra la iglesia?
2. Organización bíblica de la iglesia
3. Organización administrativa de la iglesia.
4. Conceptos administrativos generales.
5. Asuntos económicos contables.
6. Función del tesorero.
7. Responsabilidades del comité de finanzas.
8. Los siete pasos mínimos del control de las finanzas.
9. Administración por objetivos.
10. Metas y planes.

Modelo de acta de una reunión administrativa de la iglesia.

Acta Nº ____

En la ciudad de _____ a los ___ días del mes de _____ de _____, se reúne la asamblea administrativa de la iglesia con el propósito de tratar el siguiente orden del día:

1.- Lectura del acta anterior.

2.- Informe del pastor sobre la marcha de la obra.

3.- Informes de las comisiones y lo ministerios:
(Detallar lo que corresponda)

4.- Informe de tesorería.

5.- Propuestas que se someteran a consideración de la iglesia:
(Detallarlas si hay alguna)

6.- Eventuales.

Siendo las 17.30 hs. y con la presencia de miembros, que representan más del quorum requerido se da comienzo a la reunión bajo la dirección del pastor. Se canta el himno y el pastor nos presenta una meditacion espiritual sobre el pasaje de y luego de una oración declara abierta la sesión para tratar el orden del día establecido.

El mismo pastor presenta su informe dando una reseña de la marcha de la obra donde se destaca el progreso logrado ell estos últimos meses, especialmente por la apertura de una nueva misión en el barrio de _____ -, se recibe el informe y se da por aprobado.

A continuación se escuchan los informes de las comisiones o ministerios presentados por sus respectivos presidentes. Los mismos son recibidos y aprobados sin observaciones.

El tesorero presenta su informe correspondiente al último trimestre. En un amplio detalle de las entradas y salidas perfectamente registradas el tesorero hace notar que el presupuesto se viene cumpliendo normalmente. El informe es aprobado por unanimidad.

Se tratan luego las propuestas, las que son presentadas por orden. Las dos primeras son desestimadas por entender la asamblea que aun la iglesia no está en condiciones de afrontar esas responsabilidades. Las dos restantes son aprobadas (detallar lo presentado) y se dispone que de inmediato la iglesia por medio de los organismos que correspondan reciba inforrnación de 103 avances que se logren.

En eventuales fué presentada la moción de que se modifique el horario del culto vespertino. La moción fué aprobada sin objeciones por lo que a partir del próximo domingo el horario del culto de la noche comenzará a las 20,30 hs. Este horario regirá hasta que finalice el verano.

Se designan dos hermanos para acompañar la firma del secretario en las actas, ellos son: _____ y _____.

No habiendo más asuntos para tratar, el pastor luego de una oración da por finalizada la asamblea.

Firman el acta: (El secretario y las dos personas designadas por la asamblea.)

Nota: Es aconsejable que todos los informes y los asuntos a considerar sean realizados por escrito y que una copia de ellos quede en la secretaria de la iglesia.

MODELO DE FICHA PARA EL REGISTRO DE MIEMBROS

Ficha individual de los miembros de la iglesia

Nombre de la iglesia: Dirección:

Nombre:

Domicilio:

Teléfono: Edad: Estado Civil: Sexo:

Fecha de ingreso a la iglesia: Por bautismo: Por carta:

Si es por carta: Iglesia de donde proviene: Fecha de su bautismo:

¿Tiene familiares en la iglesia?:   FOTOGRAFÍA:

Dones y talentos que destacar:

Ministerio donde colabora:

Otro dato de interés:

Modelo de libro contable (En las librerías o negocios especiales se venden libros ya preparados para este propósito.)

Ingresos   Año_____   Egresos

Fecha	Detalles	Importe	Fechas	Detalles	Importe
enero 25-	Ofrendas del día	$1.250.00	enero 26	Depósito bancario	$5.505.35
" " 25-	Diezmos	$4.255.35	febrero 2	Depósito bancario	$6.657.00
feb. 2-	Ofrendas del día	$1.146.30			
feb. 2-	Diezmos	$5.430.70			
feb. 2-	Ofrenda N.N.	$ 30.00			
feb. 2-	Ofrenda para hogar de ancianos	$ 50.00			
Sumas		$12.162.35	Sumas		$12.162.35

Modelo de libro para registro de ofrendas:

Mes	Sobre No (o nombre)	Importe	Mes	Sobre No (o nombre)	Importe
enero	45	50.00	feb.	38	$30.00
" "	48	15.00	" "	40	
" "	146	12.00	" "	45	
" "	147	50.00	" "	48	
" "	152	25.00	" "	146	
" "	155	5.00	" "	147	
" "	161	12.00	" "	150	
" "	163	6.00	" "	152	
" "	165	3.50	" "	155	
" "	186	7.00	" "	160	
" "	188	12.00	" "	163	
				186	$ 7.00
				188	$12.00
Sumas	.... $ 198.00			Ramón Gonzalez	$10.00
				María Gomez	$ 5.00

Sumas: $312.00

Modelo de libro de bancos: (Pueden ser operaciones en cuenta corriente o caja de ahorros)

Nombre del Banco_____ Tipo de Cuenta_____ Nº de Cuenta_____

Ingresos	Egresos	Saldo
enero 26 - Depósito $5.505.35		5.505.35
feb. 2 - Depósito 6.657.00		12.162.35
feb. 2 - Pago sueldo Pastor Ch. Nº	1.250.00	10.912.35
feb. 2 - Pago impuestos Ch. Nº	125.00	10.787.35
feb. 3 - Ofrenda hogar de ancianos Ch. Nº	50.00	10.737.35
feb. 6 - Gastos varios/detalle Ch. Nº	36.00	10.700.00
feb. 7 - Educación cristiana s/presupuesto Ch. Nº	150.00	10.550.95
feb. 8 - Pago factura de luz Ch. Nº	10.40	10.540.95

En forma sucesiva, según se presenten los gastos y depósitos deben registrarse por orden de fecha y también por orden del Nº de cheques.

Modelo de libro para inventario: Pueden comprarse estos libros en los negocios del ramo.
Página N° 1

N°	Descripción	Costo Estimado c/u$	Valor estimado
1	6 ventiladores de techo.	25.-	150.00
2	5 mesas de trabajo en Educ. Cna.	55.-	275.00
3	16 bancos del templo	100.-	1.600.00
4	1 púlpito del templo	200.-	200.00
5	1 alfombra, templo	120.-	120.00
6	6 calefactores	60.-	360.00
7	1 escritorio-oficina pastoral	250.-	250.00
8	1 biblioteca- " " "	150.-	150.00
9	1 sillón " " "	35.-	35.00
10	1 cocina	60.-	360.00
11	1 mesa cocina	20.-	20.00
12	50 platos y 100 vasos	1.-	150.00
13	20 Enseres varios de cocina	2.-	40.00
14	120 sillas	10.-	1.200.00
15	1 terreno para futuro templo ubicado en el barrio		3.200.00
16	Valor del templo y terreno actual		35.000.00

Detallar en este orden todos lo valores disponibles en muebles y útiles que pueda tener la iglesia. Este es sólo un modelo.

Valor del inventario a la (fecha) $42.810.00

PLAN DE ACCIÓN PARA EL CUMPLIMIENTO DE METAS

Meta Nº. I - Tener con los maestros un retiro de capacitación donde se estudiará un libro.

Acción	Encargado	Fecha de cumplimiento	Encargado control	O.K.
1.- Determinar la fecha del retiro	Comité del retiro	Marzo 15	José	
2.- Buscar lugar para el retiro	José	Marzo 21	Mario	
3.- Elegir el libro a estudiar	Comité del retiro	Marzo 21	Rubén	
4.- Invitar al encargado del estudio	Pedro	Marzo 21	Mariana	
5.- Programar la publicidad	Raúl y Ana María	Marzo 30	Adrián	
6.- Encargados de la promoción	Comité del retiro	Mayo 25	Esteban	
7.- Cursar invitación a los maestros	Directora EscDom	Mayo 31	Comité	
8.- Informar al pastor	Comité del retiro	Mayo 31	Antonio	
9.- Alquilar omnibus	José	Junio 15	Mario	
10.- Evaluación del retiro	Comité del retiro	Agosto 2	Rubén	

PLAN DE ACCIÓN PARA EL CUMPLIMIENTO DE METAS

Meta No 2: Desarrollar tres clases especiales de capacitación de los maestros donde se les enseñará técnicas actualizadas de la pedagogía.

Acción	Encargado	Fecha de Cumplimiento	Encargado Control	O.K.
Determinar las fechas de las clases	Comité	julio 10	Mario	
Elegir a los profesores	Comité	julio 15	Mario	
Seleccionar el lugar	Comité	julio 15	Mario	
Preparar la publicidad	Raúl/Ana María	agosto 15	José	
Encargados de la promoción	Comité	agosto 15	Mario	
Cursar invitación a maestros	Dir. Esc. Dom.	agosto 15	Comité	
Informar al pastor	Comité	agosto 15	Mario	
Evaluación del retiro	Comité	septiembre 30	Mario	
Preparar los certificados	Susana	septiembre 30	José	
Entregar los certificados	Dir. Es. Dom.	octubre 15	Comité	

Según sean las actividades, deben detallarse y determinar quién las efectúa y quién las controla.

El encargado del control debe vigilar que la acción se realice en tiempo. Si no es así debe llamar la atención al o a los encargados.

Cuando la acción está terminada el encargado del control debe colocar un tilde en la columna del O.K. o poner sus iniciales.

PLAN DE ACCIÓN PARA EL CUMPLIMIENTO DE METAS

Meta # 3: Charla a cargo del pastor donde se la hará ver al maestro el valioso significado de dedicación a la enseñanza en la iglesia.

Acción	Encargado	Fecha de Cumplimiento	Encargado del Control O.K.
1. Invitación al pastor	Directora de Esc. Dom.	Agosto 10	Mario
2. Determinar la fecha	Pastor y directora de E.D.	Agosto 10	Mario
3. Invitación a los maestros	Directora Esc. Dom.	Agosto 20	Mario
4. Preparar la publicidad	Raúl y Ana María	Agosto 30	José
5. Encargada de la promoción	Directora Esc. Dom.	Septiembre 30	Luisa
6. Preparar el lugar	Ujieres	Septiembre 30	Luisa
7. Evaluación de la charla	Directora y maestros	Octubre 20	Mario

Capítulo cinco
El plan de Dios requiere una adecuada administración de los recursos espirituales de sus miembros

«Cada uno según el don que ha recibido, minístrelo a los otros, como buenos administradores de la multiforme gracia de Dios».
(1 Pedro 4.10)
«Ahora bien, hay diversidad de dones, pero el Espíritu es el mismo. Y hay diversidad de ministerios, pero el Señor es el mismo. Y hay diversidad de operaciones, pero Dios, que hace todas las cosas es el mismo»
(1 Corintios 12.4-6)

Meta

El alumno comprenderá qué recursos del creyente están bajo la responsabilidad, tanto del creyente como de la iglesia.

Objetivos

1. El alumno podrá identificar algunos de los recursos espirituales y su responsabilidad correspondiente.

2. El estudiante sentirá el privilegio y la responsabilidad de usar sus recursos espirituales en el contexto del cuerpo.
3. El alumno comenzará a usar sus recursos espirituales y a motivar a otros creyentes a usar los suyos.

Los creyentes de las congregaciones son un ejército de dones, talentos, capacidades, conocimientos y tiempo. Pero a veces ese ejército está dormido, como aletargado, dando una impresión de impotencia. Lejos de avasallar al enemigo somos amedrentados por él.

Tenemos con nosotros al Rey de Reyes y Señor de Señores, al Dios de todo poder, pero esa capacidad no se nota en el ambiente en que actuamos. Quienes están a nuestro alrededor no se percatan de esa capacidad que está de nuestro lado. Salvo excepciones, en la mayoría de los casos la situación es así. ¿Cuál es el problema? ¡Tenemos un gigante dormido!

Las iglesias necesitan despertar a la realidad de que deben capacitar a sus miembros y desarrollarlos para alcanzar el éxito que presupone tener a Dios con nosotros. Deben hacer que sus miembros descubran sus dones espirituales, los despierten, y a cada uno desafiarle para que sean puestos al servicio del Señor.

Los dones espirituales no desarrollados se atrofian y se pierden. En cambio puestos a trabajar para el Señor son enriquecidos. Más damos, más recibimos. Cuando no nos ocupamos como iglesia para que los miembros desarrollen sus dones espirituales les estamos haciendo un daño, pues les privamos de recibir las bendiciones que el Señor está dispuesto a enviarles por su fidelidad como administradores.

El plan de Dios requiere de una adecuada administración de los recursos espirituales de sus miembros

Despertemos al gigante dormido y nos sorprenderemos de lo que podemos hacer en el nombre del Señor para su honra y gloria.

¿Que administramos en la vida? Tiempo, talentos, dones, conocimientos, y capacidades, forman el caudal de lo que somos y sabemos. Diariamente administramos todo esto. ¿Cómo lo hacemos? ¿Bien o mal? De cómo lo hagamos dependen nuestra salud, gozo, bienestar y las bendiciones prometidas por aquél que es el autor de la vida.

Tiempo

Cuántas veces al referirnos al tiempo expresamos «¡no me alcanza para nada!» o «¡Nunca tengo tiempo para hacer todo lo que quiero!» «¡Tengo tanto para hacer que no hay tiempo que alcance!» ¿Es esto una verdad? ¿Es en realidad la verdad de lo que nos ocurre?

Pienso que muchas veces el problema es la desprolijidad con que actuamos en la administración del tiempo. Es más un desorden administrativo del tiempo que una realidad. Dijimos en los capítulos anteriores que la «administración es un arte», y cuando así nos expresamos nuestro pensamiento va de inmediato hacia lo económico, al manejo del dinero y los asuntos financieros. Pero no debe ser así, toda acción requiere una sabia administración. Máxime cuando estamos trabajando en actividades relacionadas con el Reino de Dios.

El tiempo es lo primero que debemos aprender a administrar, pues es el factor tiempo un valor importantísimo en toda administración. Mientras no hayamos ordenado adecuadamente la administración del tiempo, será muy difícil poder administrar el resto de la vida, incluido el campo económico. Hay tiempo para todo, pero si no nos ordenamos, ¡no habrá tiempo para nada!

«Todo tiene su tiempo, y todo lo que se quiere debajo del cielo tiene su hora» (Eclesiastés 3.1).

«Mirad, pues, con diligencia como andéis, no como necios sino como sabios, aprovechando bien el tiempo, porque los días son malos. Por tanto, no seáis insensatos, sino entendidos de cuál sea la voluntad del Señor» (Efesios 5.15-17).

Hay toda una sabiduría en el manejo del tiempo. Dios está dispuesto a ayudarnos si le damos participación en la administración de cada segundo de nuestra vida. Lamentablemente debemos reconocer que desperdiciamos más tiempo del que debiéramos, o no lo utilizamos con sabiduría. Si «el tiempo es oro» como dice un refrán popular, estamos malgastando por falta de una adecuada disciplina administrativa, una riqueza. Dios nos llama a reflexionar, quiere que «entendamos cuál es la voluntad del Señor».

Cuando nosotros permitimos la colaboración de Dios en nuestras empresas, él siempre se hace presente. Con el tiempo ocurre lo mismo. Es necesario tener sabiduría de lo alto para no perderlo inútilmente. Cuando él interviene todo tiene solución.

Antes de dedicar mi vida para atender la administración de empresas del Señor, yo tenía una empresa secular. Mi remuneración mensual estaba basada en porcentajes sobre los totales de ventas, de modo que mi preocupación principal era vender para poder ganar más. La atención de la papelería provocada por el propio trabajo siempre la tenía atrasada ya que ella no me redituaba ganancia alguna. Para tratar de ponerla al día utilizaba las tardes del día domingo pensando de ese modo que ganaría algo de tiempo. Sin embargo al llegar al fin de la semana siguiente siempre estaba igual. Algo ocurría que me demoraba en los días de semana y me privaba del

El plan de Dios requiere de una adecuada administración de los recursos espirituales de sus miembros

avance logrado el domingo por la tarde.

Esto me preocupaba y entonces pensé si neciamente no estaba utilizando tiempo del día domingo en algo que me beneficiaba a mí y no al Señor. Tomé una drástica decisión y prometí al Señor que no volvería a perder ese tiempo del domingo en cosas personales. ¿Qué ocurrió? No sé cómo, pero fui poniendo en orden mi trabajo atrasado durante la semana. Cuando comencé a planear el tiempo con ayuda del Señor, él me ayudó a establecer el orden.

Es posible que muchas veces esto nos esté ocurriendo. En nuestro afán por hacer las cosas queremos correr por todos lados, sin orden, y no alcanzamos los ideales. Si solicitamos la ayuda del Señor y planeamos nuestra agenda del tiempo bajo su dirección, no solo estará más ordenada, sino que él nos orientará a administrar el tiempo de modo que podamos hacer muchas más cosas que las que realizamos cuando no le damos participación.

Una agenda ordenada, hora por hora, planeada de acuerdo a las necesidades, permitirá que nuestro día sea más que suficiente para atender todos los requerimientos, y lo que es más interesante, no estaremos perdiendo el tiempo en cosas que nos impiden realizar las tareas en orden. Un pastor, un líder, ordenado en su tiempo, será de gran influencia para que los miembros de la iglesia lo imiten y reciban una enseñanza provechosa sobre este aspecto tan importante de la vida. (Ver modelo de agenda)

Otro detalle que tiene que ver con la correcta administración del tiempo es dar preferencia a la parte más importante del ministerio. Hay muchos pastores que aparte de su responsabilidad para con la iglesia, están actuando en numerosos organismos, y/o entidades denominacionales e interdenominacionales; otros son profesores de seminarios, etc. Todo esto es muy bueno, pero, si la atención de estos asuntos requiere tiempo que reclama la iglesia, creo que debe pensarse seriamente en la conveniencia de continuar en esta situación. Resentir las tareas de la iglesia por ocupar puestos que otros pueden llenar no es muy conveniente. Esto complica el tiempo disponible y a veces por más que se ordene y administre adecuadamente no alcanza.

Muchas veces por problemas económicos los pastores deben asumir otras responsabilidades, pero en ese caso, la iglesia debe ser consciente que el tiempo del pastor será limitado. Nuevamente la participación del Señor dará luz sobre el problema y le permitirá al pastor que el tiempo que él destine a la iglesia sea aprovechado con sabiduría.

Cuando ordenamos la utilización del tiempo también observamos otro detalle importante. Por ejemplo: vemos que lo que hay que realizar es más de lo que puede hacerse con el tiempo disponible. Esto nos lleva a otra forma de administrar el tiempo. Si el nuestro no alcanza, entonces debemos procurar ayuda. Esta puede venir de quien cumple funciones de co-pastor, o en su reemplazo de los diáconos, o de algunos líderes a quienes debemos pedirles colaboración para poder cumplir con todo lo que el ministerio nos demanda.

Dejar de hacer algo importante por falta de tiempo es el más grave error. Puede ser que esa visita que no se hace, ese llamado telefónico que deja de hacerse por falta de tiempo, tiene más significación para la persona que la espera, que escuchar un mensaje por más interesante que sea. La falta de atención demostrará que hay carencia de amor y eso es muy grave.

Cuando administramos nuestro tiempo con sabiduría divina observaremos que no solo debemos hacer las cosas que requiera la iglesia o nuestra empresa, sino también las de-

El plan de Dios requiere de una adecuada administración de los recursos espirituales de sus miembros

mandas familiares y las necesidades de nuestro propio descanso. He visto muchos pastores y directivos de empresas muy activos en sus respectivos ministerios, pero que han descuidado sus familias y el cuidado de su propio cuerpo. ¡Cuidado! Podemos tener una iglesia floreciente y un hogar con problemas, o podemos tener una iglesia floreciente, un buen hogar, pero nosotros estamos destruidos físicamente. ¡Dios no desea esto! En la administración de nuestro tiempo deben figurar también los requerimientos del hogar y nuestra propia salud.

Puedo hablar de esto con autoridad pues he sido hijo de pastor y he sufrido en carne propia algunos de los problemas que menciono y he visto deteriorarse la salud de mi padre en su afán por hacer una milla más de la debida. Sé que Dios recompensa y ayuda en situaciones como ésta; pero ¡cuidado! no debemos abusar. ¡Tenga en su agenda tiempo para la familia y tiempo para cuidar su salud! Su ministerio será más completo y más duradero.

«No hace mucho al revisar mi calendario de bolsillo después de anotar lo que había hecho diariamente durante las últimas semanas, me di cuenta que estaba repasando los principales sucesos de mi vida. Noté con ansiedad que el paso del tiempo significaba el paso de la vida, y pensando así vi el tiempo con una nueva importancia y significado. Pensé que las personas que tienen problemas en la distribución de su tiempo tienen en realidad problemas para aprovechar sus vidas.

»El tiempo es el recurso más valioso. El tiempo tiene una característica única, porque a diferencia de otros recursos no se puede guardar ni economizar. Con frecuencia oímos decir "tengo que ahorrar tiempo". Pero el tiempo no puede economizarse ni guardarse para emplearse después, se tiene que emplear en el momento en que está disponible. Lo que usted es, lo que usted posee, están unidos a cómo ha empleado su tiempo. Por lo tanto, viendo lo que una persona posee y escuchando su conversación se puede saber cómo ha empleado su tiempo».[1]

«Para el dirigente, el gerente y el hombre de negocios cristiano, la manera en que Dios hace acontecer las cosas ocupa un lugar primordial en la distribución del tiempo. Dios no solamente tiene un plan para el líder cristiano, sino un momento preciso en el cual el plan debe realizarse.»[2]

«...Al justo y al impío juzgará Dios; porque allí hay un tiempo para todo lo que se quiere y para todo lo que se hace» (Eclesiastés 3:17).

Talentos

Usamos esta palabra para definir aquellos atributos que están en cada ser humano. Todos tenemos alguna especialidad o forma de ser, nadie es nada, Dios nos ha dado a todos una característica.

Es interesante analizar en profundidad la parábola de los talentos. Jesús establece a través de ella, enseñanzas que nos muestran la forma como nosotros debemos administrar nuestros talentos y cuál es la forma como él desea que lo hagamos:

> «Porque el reino de los cielos es como un hombre que yéndose lejos, llamó a sus siervos y les entregó sus bienes. A uno dio cinco talentos, y a otro dos, y a otro uno, a cada uno conforme a su capacidad: y luego se fue lejos.
>
> »El que había recibido cinco talentos fue y negoció con

---

[1] Myron Rush, *Administración, un enfoque bíblico*, Editorial Unilit, Miami.
[2] Ibid.

El plan de Dios requiere de una adecuada administración de los recursos espirituales de sus miembros

ellos y ganó otros cinco talentos. Asimismo el que había recibido dos, ganó también otros dos. Pero el que había recibido uno fue y cavó en la tierra, y escondió el dinero de su señor.

»Después de mucho tiempo vino el señor de aquellos siervos, y arregló cuentas con ellos. Y llegando el que había recibido cinco talentos, trajo otros cinco talentos, diciendo: Señor, cinco talentos me entregaste; aquí tienes, he ganado otros cinco talentos sobre ellos. Y su señor le dijo: Bien, buen siervo y fiel; sobre poco has sido fiel, sobre mucho te pondré; entra en el gozo de tu señor.

»Llegando también el que había recibido dos talentos, dijo: Señor, dos talentos me entregaste; aquí tienes, he ganado otros dos talentos sobre ellos. Su señor le dijo: Bien, buen siervo y fiel; sobre poco has sido fiel, sobre mucho te pondré; entra en el gozo de tu señor.

»Pero llegando también el que había recibido un talento, dijo: Señor, te conocía que eres hombre duro, que siegas donde no sembraste y recoges donde no esparciste; por lo cual tuve miedo, y fui y escondí tu talento en la tierra; aquí tienes lo que es tuyo.

»Respondiendo su señor, le dijo: Siervo malo y negligente, sabías que siego donde no sembré, y que recojo donde no esparcí. Por tanto, debías haber dado mi dinero a los banqueros, y al venir yo, hubiera recibido lo que es mío con los intereses. Quitadle, pues, el talento, y dadlo al que tiene diez talentos.

»Porque al que tiene, le será dado, y tendrá más; y al que no tiene, aun lo que tiene le será quitado. Y al siervo inútil echadle en las tinieblas de afuera; allí será el lloro y el crujir de dientes» (Mateo 25.14-30).

1. La distribución de talentos no es igual para todos. Uno recibió cinco, otro recibió dos, y el tercero uno. Esto indica que no todos tenemos la misma capacidad. Dios no pone sobre nosotros más de lo que podemos realizar.

2. Quienes regresan con diez talentos y cuatro talentos, aun cuando las cantidades son diferentes, todos traen el 100% de lo que les fue confiado. Esto nos indica que Dios exige el 100% de nuestros talentos para su obra, no menos. Ambos recibieron bendición del Señor.

3. El que regresó con un talento no rindió nada. Lo tuvo, y quizás lo mostraba como un talento suyo. No lo puso en práctica y no fructificó. Dios se lo quitó. Perdió lo que tenía y no obtuvo bendición.

4. El talento quitado le fue dado al que tenía cinco talentos. Aquí surge una pregunta ¿Por qué no se lo dio al que tenía solo dos talentos? Ocurre que hay otra enseñanza. Dios premia al que tenía cinco talentos y lo carga con uno más. Ahora debe rendir por 11 talentos. ¿Por qué lo hizo? Lo vio con capacidad para mayor responsabilidades y le añadió nuevas.

5. Jesús nos enseña que la obra no se va a detener por nuestra incapacidad para administrar nuestros talentos, él lo da a otro y el otro lo hará. Pero no nos excluye de nuestro castigo. No solo nos quita el talento, sino que no añade bendiciones.

El plan de Dios requiere de una adecuada administración de los recursos espirituales de sus miembros

6. Si esto no lo enseñamos correctamente y educamos a los miembros de las congregaciones de acuerdo a la voluntad de Dios manifestada en esta parábola, estamos haciendo un gran daño a los miembros de las iglesias, pues por nuestra negativa a educarlos como corresponde en la administración de los talentos, los estamos perjudicando.

¿Estarán exento de castigo los pastores o los líderes que procedan de esta manera? Pienso que no. La palabra de Dios es muy clara en ese sentido.

Si aun no lo hemos hecho, debemos descubrir nuestros talentos. A la luz de la palabra de Dios debemos encontrarlos, y pedirle al Espíritu Santo que nos guíe a ponerlos en práctica. Cuando estos talentos son utilizados para el servicio al Señor, tenemos la posibilidad de que él los aumente en forma que puede sorprendernos.

Es muy importante aprender a administrar los talentos, pues ellos son medios que Dios nos dio y que puede aumentar en nosotros para que podamos servir mejor a su obra. Cuando solo los queremos aprovechar para nuestro propio beneficio, corremos el riesgo de que nos sean disminuidos.

Dones

Esta palabra la utilizamos para señalar aquello que Dios agrega a nuestra vida cuando nosotros decidimos servirle, ya sea en llamamientos especiales o en la simple función como creyentes. Dios ve las posibilidades que su obra tiene de contar con nuestra colaboración y entonces si lo considera conveniente agrega nuevos dones y los multiplica, así como multiplica nuestros talentos. No se trata de que nos va a privar de los talentos que poseemos, sino que aparte de ello, agrega nuevos dones para que le seamos más útiles en la vida.

Los predicadores, los maestros de la escuela bíblica, todos los que enseñamos la Palabra, tenemos la experiencia de haber notado que aun cuando nos hemos preparado adecuadamente en el hogar y hemos preparado un buen bosquejo, siempre, en la predicación o en la enseñanza, en el momento que ejercemos esa función, aparecen en nuestra mente conceptos que antes no habíamos tenido en cuenta. Allí también Dios por medio de su Espíritu Santo nos está auxiliando en el uso de nuestros dones.

Esto aumenta tremendamente nuestra capacidad para administrar la vida, ya que contamos con valores que anteriormente no los teníamos y comprueba aquello de que Dios añade y multiplica cuando ve en nosotros actitudes que sean positivas para su obra.

La experiencia de cada pastor, líder y creyente a través de la historia de la iglesia es un testimonio del cumplimiento de esto que hemos señalado. Nuestra vida es también una evidencia de ello de manera que podemos hablar con autoridad.

Es por eso que señalamos y lo volvemos a mencionar, cuando como líderes de la iglesia no orientamos a los miembros de ella para que pongan sus talentos y dones al servicio del Señor, les estamos haciendo un daño, pues les privamos de las bendiciones que Dios puede enviarles. Cuando los creyentes aprenden a vivir sirviendo al Señor descubren la verdad de lo expresado por el maestro: «...*Yo he venido para que tengan vida, y la tengan en abundancia» (Juan 10.10b).*

Muchas veces oímos decir a creyentes de varios años: «que lindo el primer amor», como refiriéndose a los primeros tiempos de la conversión. Todos recuerdan la grata experiencia del cambio, pero luego parece como que el fervor dis-

El plan de Dios requiere de una adecuada administración de los recursos espirituales de sus miembros

minuye y añoran aquél tiempo. Hay algo de cierto en esta nostalgia, pues el cambio de vida cuando nacemos como creyentes es muy impactante. Sin embargo, debemos reconocer que muchas veces esa nostalgia crece debido a que no nos desarrollamos como creyentes. Muchos se quedan con el primer impacto y al no actuar en la obra participando con sus dones y talentos, pierden la frescura que siente el creyente fiel y activo.

Si, es cierto que el nuevo nacimiento fue hermoso, pero también es grato cada día en el que renovamos nuestros esfuerzos para colaborar cada vez más en los asuntos que atañen a la obra de la iglesia. Ese renovar de los dones hace que tengamos menos nostalgia y estemos siempre pensando en el día de mañana para ver qué nuevas experiencias nos brinda el trabajo en la viña del Señor. Cada día un glorioso amanecer.

Conocimientos

Todo aquello que hemos añadido a nuestra vida a través del estudio y la experiencia debe ser administrado con sabiduría divina. La obra del Señor se ha visto ayudada cuando su pueblo redimido vuelca en las tareas de la iglesia los conocimientos adquiridos. Cuando solo nos quedamos con los conocimientos para nuestro propio beneficio, no tendremos recompensa del Señor. Pero cuando esos conocimientos son puestos al servicio de su santa causa, tenemos el privilegio, no solo de servir mejor al Señor, sino de comprobar que aun así nuestros conocimientos aumentan con su gracia.

En ese sentido en Hispano América debemos destacar que las personas que se han convertido al evangelio, con la nueva visión de la vida que ello les presenta, han comenzado a desarrollar sus vidas, estudiando y capacitándose para ser mejores ciudadanos dentro del mundo. Esto ha traído a través de los tiempos un mejoramiento de la condición social y económica de muchos de los miembros de nuestras congregaciones, lo que unido a una nueva vida espiritual les permite ser más eficientes en las tareas de la iglesia.

Esto también hace que sus dones y talentos se vean mejorados y que junto con sus conocimientos estén más capacitados para servir al Señor. Debemos lograr que estas mejoras sean utilizadas también en favor de la obra del Señor, de otra manera pueden quedar solo para un mejor provecho del individuo.

Gracias a Dios la gran mayoría de los creyentes han podido contribuir a elevar enormemente el nivel cultural, social y económico de nuestras iglesias y eso se ha notado con claridad en los últimos tiempos. Sin embargo, debemos ser francos y reconocer que no siempre la iglesia se vio favorecida por ese crecimiento de sus miembros. No todos comprendieron que gracias a la nueva visión que les dio el evangelio han podido ocupar mejores posiciones sociales y culturales. Siguen siendo deudores a Dios.

Capacidades

Esta palabra tiene muchas acepciones. La utilizamos aquí para señalar una de sus características mencionadas en el diccionario de la lengua castellana como: aptitud o suficiencia. Queremos referirnos a aquello que somos capaces de lograr haciendo uso de nuestra fuerza física o la fuerza del trabajo. No todo lo que se requiere dentro de la obra del Señor, ni lo que necesitamos para una más correcta administración de la vida se basa exclusivamente en los conocimientos (inteligencia), también es necesario contar con capacidades físicas y fuerza laboral para desempeñar muchas tareas que requieren ese grado de preparación o aptitud.

El plan de Dios requiere de una adecuada administración de los recursos espirituales de sus miembros

Algunos de nosotros en estos casos participamos haciendo tareas que no son nuestra especialización, pero que por aptitudes podemos hacerlas en expresión de nuestra voluntad de servir. Pero debemos destacar que dentro de nuestra iglesia hay muchos hermanos que se han especializado en oficios o profesiones que tienen que ver con estas tareas y eso permite que ellos puedan a través de su participación aportar enormes ayudas a la iglesia. En muchos casos su participación en ese sentido es similar a los dones y talentos.

Siempre en la iglesia hay tareas manuales que realizar, ya sea por el arreglo de los templos, edificación, electricidad, gas, limpieza, pinturas, etc. Todo esto hace al todo de la vida y debemos también aprender a administrarlo con sabiduría y buena voluntad. Unos serán más capaces que otros, pero todos harán lo mejor que pueden para servir al Señor.

Todos recordamos el ejemplo bíblico que hay en ese sentido. Cuando Dios necesitó hombres especializados para la edificación del tabernáculo, dio dones específicos a determinadas personas para realizar la labor:

> «Habló Jehová a Moisés diciendo: Mira, yo he llamado por nombre a Bezaleel hijo de Uri, hijo de Hur, de la tribu de Judá; y lo he llenado del Espíritu de Dios, en sabiduría y en inteligencia, en ciencia y en todo arte, para inventar diseños, para trabajar en oro, en plata y en bronce, y en artificio de piedras para engastarlas, y en artificio de madera: para trabajar en toda labor. Y he aquí que yo he puesto con él a Aholiad hijo de Ahisamac, de la tribu de Dan; y he puesto sabiduría en el ánimo de todo sabio de corazón, para que hagan todo lo que te he mandado...» (Exodo 31.1-6).

Como hemos visto hasta ahora, todo requiere administración, y por lo tanto debemos aprender a ser buenos administradores. De todo esto Dios reclama su parte y en la proporción como estemos dispuestos a dársela, será su respuesta en bendiciones.

Es por lo tanto una gran responsabilidad de la iglesia lograr que el gigante dormido sea despertado, y con todos los dones, talentos, capacidades y conocimientos de que dispone la obra del Señor, avancemos a pasos agigantados, alcanzando cada día más almas para el Señor. La iglesia debe realizar planes para movilizar y utilizar todos estos dones. No solo debe despertarlos sino también crear ministerios para que todos estén ocupados.

Recuerdo una oportunidad en que estaba dando un curso de mayordomía en una iglesia. El pastor vivía lejos del templo y antes de cada reunión el pastor debía llegar 30 minutos antes de la hora del culto para limpiar los bancos y el piso. Viéndolo correr de un lado para otro, le dije, pastor, ¿es posible que no tenga usted a nadie en la iglesia para hacer este trabajo? ¿Cómo es posible que usted tenga que venir de lejos, con anticipación, para realizar una labor que no corresponde a su ministerio pastoral? Estoy de acuerdo a que la realice usted si no hay nadie que lo pueda hacer, pero yo dudo que entre tantos miembros no haya alguien con posibilidades de hacerlo. El pastor pensó un momento y luego me dijo que había una señora que vivía cerca del templo que tal vez quisiera hacerlo.

Cuando llegó la mujer al templo, el pastor le ofreció la tarea de limpieza. Ustedes no lo van a creer, pero esa mujer cambió su rostro, le invadió una alegría tan grande que le preguntaba al pastor si era cierto que él le pedía que hiciera esa tarea. ¡Tremendamente emocionada le dijo que sí! ¡Que

El plan de Dios requiere de una adecuada administración de los recursos espirituales de sus miembros

para ella sería un verdadero privilegio! ¿Se dan cuenta? A veces no tenemos respuesta para ciertas cosas porque no desafiamos a nuestros hermanos. Salvo excepciones, ellos siempre estarán dispuestos a colaborar.

Conclusión

1. Debemos utilizar los dones espirituales en la iglesia.
2. Debemos controlar el tiempo.
3. Debemos usar los talentos para la obra del Señor
4. Debemos desear más dones para ponerlos al servicio del Señor.
5. Nuestros conocimientos deben estar también para servir mejor en la iglesia.
6. Nuestras capacidades deben estar disponibles para suplir necesidades en la obra.
7. Debemos despertar al gigante dormido.
8. Los líderes y luego los miembros deben ser capacitados en la utilización de los dones espirituales.
9. La iglesia debe hacer planes para aprovechar todos los dones, talentos, tiempo, conocimientos y capacidades de sus miembros.
10. Los pastores tienen una gran responsabilidad frente a este desafío.

MODELO DE AGENDA DEL TIEMPO Y SU CONTROL

Hora	Entrevista	* Resultado P. Positivo N. Negativo
8:00		
8:30		
9:00		
10:00	Tiempo libre para imprevistos	
10:30		
11:00		
11:30		
12:00		

Hora	Entrevista	* Resultado P. Positivo N. Negativo
13:00		
14:00		
14:30		
15:00	Reservado para imprevistos	
15:30		
16:00		
16:30		
17:00		
17:30		
18:00		
18:30		
19:00		

Utilizaría para comprobar como se aprovecha el tiempo diariamente.
* Lugar para clasificar si ha sido positiva o negativa la utilización del tiempo.

Capítulo seis
El plan de Dios requiere de una correcta administración de los recursos económicos del creyente

«Por tanto, como en todo abundáis, en fe, en palabra, en ciencia, en toda solicitud, y en vuestro amor para con nosotros, abundad también en esta gracia».
(2 Corintios 8.7)
«Para que estéis enriquecidos en todo para toda liberalidad, la cual produce por medio de nosotros acción de gracias a Dios».
(2 Corintios 9.11)

Meta

El creyente comprenderá la importancia del buen uso de los recursos financieros para realizar el programa de la iglesia.

Objetivos

1. El alumno podrá comprender y explicar la responsabilidad del creyente en proveer recursos financieros para la iglesia y el deber correspondiente de la misma en ad-

ministrar bien dichos recursos, así como desafiar al creyente a que haga lo mismo.
2. El estudiante sentirá, tanto agradecimiento hacia el Señor por lo que ha recibido, como también el privilegio de poder ofrendar y así contribuir a la obra del Señor en el mundo.
3. El estudiante evaluará su uso presente de provisiones materiales para la obra del Señor y «soñará» con lo que se podría hacer con más recursos.

Así como duerme el pueblo de Dios con sus dones espirituales también una buena parte de él duerme en relación a las finanzas. Hay un potencial inactivo que serviría para llevar adelante la obra del Señor en forma notable, pero está dormido. La iglesia debe despertarlo.

Aquí hay una situación muy seria pues Dios ha anunciado castigos para quienes no sean fieles administradores de los bienes que él les ha dado.

«Y dijo el Señor: ¿Quién es el mayordomo fiel y prudente al cual su señor pondrá sobre su casa, para que a tiempo les dé su ración? Bienaventurado aquel siervo al cual, cuando su señor venga, le halle haciendo así. En verdad os digo que le pondrá sobre todos sus bienes. Mas si aquel siervo dijere en su corazón: Mi señor tarda en venir; y comenzaré a golpear a los criados y a las criadas, y a comer y beber y embriagarse, vendrá el señor de aquel siervo en día que éste no espera, y a la hora que no sabe, y le castigará duramente, y le pondrá con los infieles». (Lucas 12.42-46).

Algunas congregaciones en cierta manera tienen también su culpa pues están prontos a reclamar de los miembros sus valores espirituales, pero son reacios a reclamar los valores

El plan de Dios requiere una correcta administración de los recursos económicos del creyente

materiales. Se niegan a tratar el tema de los bienes. Otras obran a la inversa.

Jesús nos dio el ejemplo. El habló de manera significativa del dinero y de las posesiones:

> «De 38 parábolas pronunciadas por Jesús, 16 se refieren a la forma de manejar el dinero y las propiedades. Jesús dijo más sobre el dinero que sobre el cielo y el infierno juntos. Uno de cada diez versículos de los evangelios (288 en total) tratan del dinero. La Biblia ofrece 500 versículos sobre la oración, menos de 500 sobre la fe y más de 2.000 sobre el dinero y el patrimonio en general».[1]

Debemos recordar que el dinero ofrendado no representa solo el aspecto económico de la vida del creyente; ese dinero es parte de la vida misma del creyente, ya que para obtenerlo fue necesario trabajar horas, usando su intelecto, su tiempo, sus dones, su capacidad, sus conocimientos, etc.

Cuando ese dinero —parte de la vida— es ofrendado al Señor, no solo uno cumple ante Dios como fiel mayordomo, sino que también ofrenda parte de su vida. Ese dinero luego se transforma por obra y gracia de la sabiduría divina en un verdadero ministerio, pues con él se realiza la planificación del sostén de la obra del Señor. Allí la iglesia tiene la gran responsabilidad de una administración seria y ordenada.

Nunca debemos enorgullecernos cuando realizamos ofrendas o contribuciones importantes a la obra del Señor. La Palabra de Dios es bien clara en ese sentido, ya que no estamos dando nada de lo nuestro sino de lo recibido de parte de Dios.

En un momento importantísimo de la vida del rey David;

---

[1] Howard L. Dayton, *Su dinero, ¿frustración o libertad?*, Editorial Unilit.

cuando él y su pueblo ofrendan voluntariamente grandes cantidades de bienes para la construcción del templo para Jehová, David expresa en una sentida oración, palabras que no debemos olvidar nunca: «*...Porque, ¿quién soy yo, y quién es mi pueblo, para que pudiésemos ofrecer voluntariamente cosas semejantes? Pues todo es tuyo, y de lo recibido de tu mano te damos...*» *(1 Crónicas 29.14).*

Si se tratara solamente de dinero de los hombres, la preocupación para una adecuada administración de los recursos económicos no sería tan problemática; pero ocurre que el dinero que ingresa a la iglesia por diezmos, ofrendas, primicias, contribuciones, etc. no es dinero de los hombres, sino de Dios. Ha sido dado por Él para que nosotros lo trasladen a la iglesia, en donde se convierte por obra y gracia del poder de Dios en parte del ministerio de la iglesia. En otras palabras un dinero «sagrado» y como tal debe administrarse con sabiduría de lo Alto.

Es por ello que necesitamos tener muy en cuenta la cita bíblica de 2 Corintios 8.20-21, donde se señala que la administración del dinero del Señor debe hacerse con total transparencia: «*...Evitando que nadie nos censure en cuanto a esta ofrenda abundante que administramos, procurando hacer las cosas honradamente, no solo delante del Señor sino también delante de los hombres...*»

Uno de los principios fundamentales a tener en cuenta y que nos alertan a administrar con transparencia, es que el dinero que ingresa a la iglesia, es dado con amor y sacrificio por creyentes fieles que reconocen al Señor como el dueño de sus vidas.

Es dinero entregado por quienes han comprendido que ellos no son más que mayordomos fieles, instrumentos en las manos de Dios, para que llegue a la iglesia el dinero que Dios

El plan de Dios requiere una correcta administración de los recursos económicos del creyente

envía para su obra. Reconocen que ha sido dado por Él para que llegue a la iglesia, en cumplimiento de su mayordomía. Allí se convierte por obra y gracia del poder de Dios en un elemento indispensable para que la iglesia pueda cumplir el ministerio que Él le ha encomendado. Se transforma por lo tanto en dinero sagrado y como tal debe administrarse con sabiduría de lo alto, con total transparencia, temor y temblor.

Para ello la iglesia debe tener en cuenta estos pasos:

1. Arbitrar los medios para que sea entregado a la iglesia dentro de un espíritu de «ofrenda» y no de «demanda».

2. Emplearlo para la realización de actividades que tiendan a extender el reino de Dios, demandando para ello sabiduría divina, evitando actitudes que puedan crear dudas o conflictos.

3. Administrarlo adecuadamente, con corrección, evitando malas interpretaciones. Cuentas claras, bien transparentes, sabiendo que no estamos engañando solamente a los hombres, sino lo que es más grave a Dios mismo.

1. *La iglesia debe arbitrar los medios para que el dinero sea entregado por la congregación dentro de un espíritu de «ofrenda» y no de «demanda».*
En toda la Biblia, tanto en el Antiguo Testamento, como en el Nuevo Testamento, la ofrenda ocupó un lugar muy importante del culto de adoración. En el pueblo de Israel, primero de todo era la ofrenda de sacrificio; no había servicio si no había ofrenda. Ésta era inde-

pendiente de los diezmos, y primicias. Para cada acto había una ofrenda. Cuando Jesús fue presentado en el templo para ser circuncidado, sus padres llevaron dos palominos. Lucas 2.22-24 En el Nuevo Testamento, Pablo presenta la ofrenda, en los capítulos 8 y 9 de 2 Corintios, como un ministerio de acción de gracias, e insiste en repetidas oportunidades en la maravillosa gracia de dar.

En los cultos debemos crear un ambiente propicio para la entrega de los dineros que el Señor envía por nuestro intermedio para su iglesia. Es un momento solemne, de adoración profunda, cuando damos la oportunidad a los hermanos congregados para que den sus diezmos y ofrendas. Ellos vienen con profundo sentido de su responsabilidad, reconociendo a Dios como el dador de toda dádiva, a entregar con alegría los recursos que harán posible que la obra del Señor pueda continuar. Debe crearse un ambiente espiritual en esos momentos. Es una de las partes más importante y emocionante del culto de adoración. Debemos organizarnos para hacer de ese momento, una parte solemne del culto.

Contrasta esta forma de pensar con aquellas prácticas que vemos en algunas iglesias, donde la ofrenda es un apéndice del culto y a veces se recoge como última actividad de la reunión, sin preparación previa, dando el triste espectáculo de que parece más una recolección de limosnas que una entrega personal del creyente a Dios.

También debemos enseñar correctamente lo que la Biblia dice sobre los diezmos y ofrendas. Hemos notado en las congregaciones, una falta total de enseñanza

El plan de Dios requiere una correcta administración de los recursos económicos del creyente

de la mayordomía cristiana y, a los creyentes, faltos de conocimientos de lo que en verdad es su participación como mayordomos de Dios. A veces la apelación se convierte más en una «demanda» que en un sentido de lo que en verdad es ser fiel mayordomo.

«Dios ama al dador alegre...» 2 Corintios 9.7c, pero no siempre vemos a los creyentes dar con alegría. La razón no es mala voluntad, sino falta de conocimiento de lo que la Biblia enseña. A veces los pastores y líderes de las iglesias tienen su parte de responsabilidad en esta actitud del creyente, al no predicar y enseñar con frecuencia el verdadero significado de la mayordomía total.

Es bueno tener en cuenta que: «El sentimiento de entrega de los miembros de la iglesia en el momento de ofrendar nunca podrá superar la creencia y práctica de los líderes de la iglesia en cuanto a mayordomía...»[2]

Esto muestra la necesidad de una importante enseñanza de la mayordomía que alcance primero a los líderes y llegue luego con fuerza a los miembros de la iglesia.

«...El ministro que pastorea una iglesia en la sociedad contemporánea está llamado a ser un exponente y un ejemplo de la mayordomía cristiana. No importa cuán efectivo sea él como predicador y pastor, lo cierto es que fracasará ante el más importante desafío de su vocación si no logra inculcar en su pueblo la noción de la mayordomía. En otras palabras, una parte principal de su tarea consiste en lograr que el reconocimiento que sus fieles sienten por Dios como Creador y Redentor de la totalidad de la vida, se manifieste en un santo

---

2 Programa de mayordomía para la iglesia local, CBP.

cuidado por una sana administración de todo lo que Dios concede a los hombres...»[3]

Notamos aquí la imperiosa necesidad de que tanto pastores como líderes presten más atención a la enseñanza y la predicación de esta doctrina, a veces tan olvidada como ignorada.

2. *Emplear el dinero para la realización de actividades que tiendan a extender el reino de Dios, demandando para ello sabiduría divina, evitando actitudes que puedan crear dudas o conflictos.*

Para ello las congregaciones deberán preparar presupuestos adecuados, bien estudiados, con la participación de los departamentos de la iglesia y de las respectivas comisiones que participan del programa de trabajo.

He tenido el privilegio de ayudar a muchas iglesias a ordenar sus controles financieros. Este es uno de los puntos en lo que más insisto cuando doy conferencias o cursos sobre mayordomía. En todas las congregaciones donde hemos aclarado este asunto y hemos presentado a las iglesias presupuestos claros y ordenamiento transparente de las finanzas, hemos tenido una grata sorpresa por parte de la membresía. A veces hasta nos hemos sorprendido de la respuesta. Hubo congregaciones que duplicaron su presupuesto, simplemente por hacer bien las cosas. Esto nos habla claramente de la necesidad de ordenar las finanzas de nuestras iglesias. Una inadecuada administración no solo se basa en el mal manejo de los fondos, sino también en la realiza-

---

3 Rodolfo Turnbull, *Diccionario de teología práctica*, TELL.

ción de actividades totalmente ajenas al deber de la iglesia. Presupuestos que no corresponden a la tarea específica de la iglesia. Olvidos de planes que tiendan al cumplimiento de la Gran Comisión. Falta de desafíos para la obra misionera de la iglesia, distorsionan el ministerio de la iglesia y equivale a una administración fallida.

Cuando el creyente ve con claridad que las finanzas se manejan con sabiduría y transparencia y tiene conformidad con el programa de la iglesia, aumentan sus deseos de contribuir y el momento de la entrega de los recursos adquiere más importancia para él.

También nos hemos encontrado con congregaciones que contrariando el mensaje bíblico, hacen más énfasis en lo que el creyente debe dar a la iglesia para alcanzar bendiciones materiales, que en lo que tiene que hacer para recibir bendiciones espirituales. No es una y otra cosa, sino ambas. La prosperidad es una de las bendiciones del evangelio de Jesucristo, pero viene como consecuencia de un cambio de vida cuando obra el Espíritu Santo de Dios a través de una genuina conversión. Nuestro cambio de actitud frente a los vicios y las demandas del «mundo» permiten que nuestra prosperidad comience a realizarse. Es un proceso, no una obra milagrosa espontánea.

Esto lo aprendieron nuestros mayores cuando conocieron el evangelio de Jesucristo y lo aprendimos nosotros al heredar esa fe. Lo que éramos cuando conocimos al Señor y lo que somos ahora, en todos los órdenes, espiritual, material, conocimiento, capacidad, vida ordenada, respeto por el prójimo, amor a las almas, etc. etc., es prosperidad producida por obra y gracia del Señor. Es lo que nos muestra el evangelio del Nuevo Testamento.

Querer «vender» un evangelio milagroso en las finanzas por el simple hecho de que Dios me prospera materialmente, es como poner el carro delante del caballo. La gente acudirá por interés material y no buscando un cambio espiritual que le produzca un bienestar material. En esos casos la «ofrenda» deja de tener sentido espiritual.

3. *Administrarlo adecuadamente, con corrección, evitando malas interpretaciones. Cuentas claras bien transparentes, sabiendo que no estamos engañando solamente a los hombres, sino lo que es más grave a Dios mismo.*
Debemos cuidarnos de no caer en el error que tuvieron muchos, dando énfasis solamente a lo «espiritual», de modo que si se habla de dinero en la iglesia es «pecado». Dios demanda de nosotros una correcta administración de nuestra vida, dones, talentos, tiempo, conocimientos, capacidades y bienes. No hay exclusión. Dios demanda todo lo que nosotros somos, sabemos y tenemos. Hacia la demanda de esa entrega sincera del creyente debemos desarrollar nuestra enseñanza en la iglesia, para que ésta pueda contar con «todo» lo necesario para cumplir su ministerio.

«El propósito de la iglesia, tal y como lo entienden los miembros, también determinará en gran parte la respuesta al desafío de la mayordomía.... Es correcto identificar y comprender este propósito. Si los miembros pierden de vista el propósito de su iglesia, pronto se verá la declinación en todas las esferas de ella. Es especialmente importante hoy día que haya un avivamiento de la comprensión del apasionante papel de la iglesia en el mundo de hoy. El programa de la iglesia en el campo de la mayordomía es una extensión de este propósito. La respuesta de los miembros al desafío de la mayordomía dependerá de cómo se comprendan y administren estos conceptos.»[4]

«La mayordomía conjunta se refiere a la mayordomía de la congregación. De hecho, ¡las iglesias también son responsables de su mayordomía! La mayordomía conjunta comprende cómo la iglesia planea y administra sus recursos materiales. Las mismas responsabilidades que recaen en el individuo también recaen en el grupo, puesto que la mayordomía conjunta es una extensión de la mayordomía del individuo.»[5]

Nos encontramos también con otro factor que distorsiona la correcta responsabilidad en la administración. Algunos pastores de congregaciones, interpretando erróneamente algunos pasajes de las Escrituras, retienen para sí los diezmos, y determinan que sean para la iglesia las ofrendas. Esto ha traído enormes problemas que han trascendido a la iglesia, instalándose en la sociedad comentarios perjudiciales para el evangelio de Jesucristo al ver a ciertos pastores lograr enriquecimiento a través de este proceder. No es que estemos en contra de que el pastor logre una adecuada estabilidad económica, sino que objetamos el procedimiento.

¿Dónde queda el sentido de responsabilidad que el apóstol Pablo nos adjudica a los creyentes?

---

[4] Programa de mayordomía para la iglesia local, CBP.
[5] Ibid.

«...para que seáis irreprensibles y sencillos, hijos de Dios sin mancha en medio de una generación maligna y perversa, en medio de la cual resplandecéis como luminares en el mundo...» (Filipenses 2.15).

O esta otra expresión del mismo apóstol: *«...Quiero, pues, que los hombres oren en todo lugar, levantando manos santas, sin ira ni contienda» (1 Timoteo 2.8).*

Y el pasaje de Hebreos 12.28,29: *«...Así que, recibiendo nosotros un reino inconmovible, tengamos gratitud, y mediante ella sirvamos a Dios agradándole con temor y reverencia: Porque nuestro Dios es fuego consumidor...»*

Sobre ellos puede caer el castigo que señala Pablo a Timoteo, (1 Timoteo 6.9,10) *«...Porque los que quieren enriquecerse caen en tentación y lazo, y en muchas codicias necias y dañosas, que hunden a los hombres en destrucción y perdición; porque raíz de todos los males es el amor al dinero, el cual codiciando algunos, se extraviaron de la fe, y fueron traspasados de muchos dolores...»*

Necesitamos hacer realidad lo que Pedro dice en su carta (1 Pedro 1.15): «...sino como aquél que os llamó es santo, sed también vosotros santos en toda vuestra manera de vivir...»

En los comienzos de mi ministerio como promotor de mayordomía me encontré con un desafío que me llevó a postrarme delante del Señor y pedir su ayuda y sabiduría. Nunca pensé en mis primeros años de promotor que tendría que verme con problemas que a veces parecían insalvables. La experiencia me demostraría luego que ese no era «un» caso especial, sino que habría «muchos» casos especiales.

Una iglesia del interior de mi país había requerido mis servicios para una campaña de mayordomía. Gustosamente había aceptado y me preparaba para tener con ellos reuniones

El plan de Dios requiere una correcta administración de los recursos económicos del creyente

desde el jueves a domingo. Comenté esta invitación con mis amigos y me llevé la sorpresa de que todos se compadecían de mí. «¡Dónde vas a ir!» «¡Esa iglesia es terrible, nadie ha podido modificar su criterio!» «Vas a fracasar como tantos otros» etc. etc. Nadie me dijo algo bueno de esa congregación en cuanto a las finanzas.

Se podrán imaginar mi situación.... ¿Qué podría hacer un joven en esas circunstancias...? Sin embargo, lejos de amilanarme, me puse a dialogar con Dios. Recuerdo que tenía un largo viaje en ómnibus hasta la ciudad de donde me habían invitado, unas 18 horas de viaje. En todo ese recorrido dialogué con el Señor, en forma sincera, franca y llena de esperanza. Yo no quería presentar un plan a la iglesia que pudieran llamarlo como «mi plan», sino que yo quería ser fiel en transmitir el «plan del Señor» expuesto en las Sagradas Escrituras. Entre muchas otras cosas le prometí al Señor que si en su nombre lograríamos éxito en esta iglesia «especial» yo entendería que él me estaba diciendo que estaba dispuesto a darme dones especiales para enseñar mayordomía y que yo dedicaría mucho más tiempo a este ministerio del que le había dedicado hasta ahora. Era un pacto.

Llegué a la ciudad. En la estación de ómnibus me estaba esperando el pastor. Lo vi con un rostro que demostraba que algo no andaba bien. Le pregunté, luego del saludo de práctica:

—¿Qué pasa pastor que lo noto preocupado?

—¡Cómo no voy a estarlo! Si anoche tuvimos reunión de la comisión de finanzas y el propio tesorero me dijo que él no daría un peso más, por más «predicadores» que traigan. Si él como tesorero dice eso, qué no van decir los demás.

— Pastor, no se haga ningún problema. Hemos planeado estas reuniones en el nombre del Señor y él va obrar. Vayamos a su casa y analicemos la situación económica de la iglesia y dejemos todo en las manos del Señor.

Así lo hicimos. Esa misma noche comenzaban las reuniones. Como estrategia pedí que me enviaran a almorzar y cenar en casa de los hermanos que el pastor consideraba más conflictivos. Ello me permitió en las conversaciones expresar el pensamiento de la Palabra de Dios y mostrar a los hermanos el hermoso panorama que era confiar en el Señor y no en nuestras propias posibilidades.

La iglesia tenía un presupuesto de US$ 3.500 mensuales y el desafío era llegar a US$ 4.500.- mensuales. Se desarrollaron las reuniones con buena asistencia y mucha atención. El domingo por la noche se recibirían las tarjetas de promesas basadas no en simples cálculos humanos, sino pensando en la participación del Señor en nuestros deseos de colaborar no solo económicamente sino en todos los aspectos de la obra, entregando nuestros dones, talentos, tiempos, capacidades, conocimientos y bienes.

El domingo por la mañana, durante la hora del culto, pedí sabiduría del Señor para poder presentar el desafío que esta oportunidad representaba para la iglesia. Dios me ayudó, me sentí ayudado por el Espíritu Santo, y la iglesia recibió un favorable impacto. ¡Dios habló a través de mí y el pueblo de Dios lo oyó!

Por la noche, apenas terminada la última reunión, yo debía regresar a Buenos Aires para atender mis responsabilidades en el trabajo, de manera que no podía quedarme para el recuento de las promesas recibidas. El horario de salida del ómnibus no me dejaba mucho tiempo. Pero al saludar a los hermanos antes de irme tuve una gran satisfacción. Durante mi mensaje de despedida yo había dicho a los hermanos de esa iglesia que debían hacer «polvo» al presupuesto, expre-

El plan de Dios requiere una correcta administración de los recursos económicos del creyente

sión argentina que quiere decir superar ampliamente el desafío. En la puerta, el tesorero, tan reacio a modificar su forma de pensar antes de las reuniones, se despidió de mi diciendo: «váyase tranquilo Aldo, al presupuesto ya lo hicimos polvo».

Efectivamente al día siguiente el pastor me llamó a mis oficinas y me dio la grata noticia de que las promesas llegaban a US$ 5.500 mensuales. Más allá del desafío que habíamos presentado. Tenían un concepto equivocado, y fue totalmente transformado, simplemente por la correcta explicación de la voluntad de Dios expresada en su Santa Palabra. Una iglesia que comenzaba a aprender a administrar sus bienes con sabiduría de lo Alto, confiando en Dios.

«*...Y el que da semilla al que siembra, y pan al que come, proveerá y multiplicará vuestra sementera, y aumentará los frutos de vuestra justicia, para que estéis enriquecidos en todo para toda liberalidad, la cual produce por medio de nosotros acción de gracias a Dios...*» 2 Corintios 9.10,11. ¡El que gobierna la naturaleza quiere gobernar también tu vida!

«*...Y a Aquel que es poderoso para hacer las cosas mucho más abundantemente de lo que pedimos o entendemos, según el poder que actúa en nosotros, a él sea gloria en la iglesia de Cristo Jesús por todas las edades, por los siglos de los siglos. Amén.*» Efesios 3:20-21. Dios puede más de lo que nosotros podemos soñar o desear. Pero para alcanzarlo se necesita una fe positiva y activa.

La correcta administración requiere una tarea transparente y una adecuada información

«...Ahora bien, se requiere de los administradores, que cada uno sea hallado fiel...» 1 Corintios 4.2.

Si deseamos una respuesta positiva de los miembros de las iglesias, debemos darles la seguridad de que los dineros que ingresan a la iglesia son administrados con transparencia. Algunas congregaciones pequeñas por no contar con personal adecuado a veces llevan los controles en forma muy superficial. Otras, por su gran movimiento económico «esconden» los informes y los miembros casi nunca tienen posibilidad de saber qué ocurre con ellos.

Será de gran ayuda que todos los meses los creyentes reciban informes correctos que digan del destino de los fondos y cómo se van cumpliendo los distintos programas de la iglesia. Esto puede realizarse en forma sencilla colocando planillas informativas en alguna dependencia de la iglesia. Otra manera es enviar periódicamente información a los miembros dando cuenta de la situación económica y cómo marcha el programa. El creyente verá así la transparencia de la administración y se sentirá motivado a ser generoso en su cooperación a la iglesia.

Todo lo que se haga de espaldas a la membresía, podrá ser conveniente para alguien en particular, pero escapa totalmente a la verdad bíblica y contribuye a que muchos pongan en duda la veracidad de la administración económica de la iglesia. Dudo que Dios se complazca de este proceder.

En la correcta administración debemos respetar el orden establecido por Dios.

El plan de Dios requiere una correcta administración de los recursos económicos del creyente

«...Cuídate de no olvidarte de Jehová tu Dios, para cumplir sus mandamientos, sus decretos y estatutos...» Deuteronomio 8.11.

Si Dios ha determinado que sea la iglesia la responsable de transmitir el mensaje de redención al mundo perdido (Efesios 3.10-11) y esa iglesia tiene por cabeza a Jesucristo (Efesios 1.22-23 — 4.11-16), ¿Cómo podemos pensar que la administración económica de la iglesia que permite su crecimiento y desarrollo va estar ausente de la dirección de quien es la cabeza?

¿Cómo podemos creer que tenemos autoridad para manejar los fondos a nuestro capricho, sin respetar a la cabeza y al cuerpo de Cristo? ¿En qué lugar de la Palabra de Dios encuentran argumentos para obrar por su cuenta manejando los fondos sin la claridad que corresponde?

Si buscamos en el Antiguo Testamento nos encontramos con el contenido de Levítico 27:30b y 31: *«...el diezmo es cosa consagrada a Jehová. Y si alguno quisiere rescatar algo del diezmo, añadirá la quinta parte de su precio por ello...»* y cuando Jehová ordena el servicio para el culto en el tabernáculo, determina todo un proceso de orden y justicia para que el manejo del diezmo no sea arbitrario, sino que esté comprendido dentro de un sentido espiritual.

Once de las doce tribus reciben tierra y oportunidad de trabajar para obtener frutos de la tierra por su propio esfuerzo. Una tribu, la de los Levitas, es apartada para atender el sacerdocio y las ceremonias establecidas por mandamiento de Jehová, incluido el cuidado del lugar. No tenían derecho a obtener frutos de la tierra por su cuenta. Entonces Jehová dispone un proceso lleno de sabiduría.

Las once tribus tendrían oportunidad de desarrollar sus facultades para obtener de la tierra los mayores frutos. Dios les promete bendiciones especiales si le son fieles en la disposición de llevar a la casa de Dios el diezmo de lo que la tierra les produjera. (Leer con detenimiento el capítulo 8 de Deuteronomio, y el relato de Nehemías 10: 37-38, este último cuando el pueblo que vuelve del cautiverio redescubre la ley). Allí encontramos un procedimiento verdaderamente inobjetable:

   a) El Jefe de la familia, con la presencia de los integrantes de su hogar y ante el sacerdote de turno debía traer el diezmo de las bendiciones que Dios había otorgado a sus tierras. En este primer paso hay un acto que Dios quería que se cumpliera para que no se olvidaran de que Dios había sido el proveedor «aquí en tu presencia traemos la décima parte de lo que tú nos has dado. No fue nuestra capacidad, ni nuestra inteligencia, sino tu misericordia». Aquí tenemos el primer propósito de Jehová para con el diezmo, reconocimiento público de que Dios era el proveedor, lo cual aprendía a reconocer toda su familia.«...*tus hijos y los hijos de tus hijos...*» *(Deuteronomio 6:2).*

   b) El sacerdote tomaba esos diezmos y los entregaba a los Levitas. Aquí hay otra enseñanza positiva. Dios era el proveedor del sustento para la tribu que había sido apartada para el real sacerdocio. Ellos podían estar tranquilos que aunque no tenían tierras para ganarse el sustento como las otras once tribus, Dios les protegía con el diezmo de sus hermanos. Pero las disposiciones no se detienen allí, sino que a su vez los Levitas debían volver al templo con el diezmo de lo recibido y proceder de la misma forma que lo hacía el que trabajaba las tierras: «Señor, aquí está la décima parte de las bendiciones que hemos recibido de tu mano». Los Levitas no estaban

El plan de Dios requiere una correcta administración de los recursos económicos del creyente

exentos de la ley del diezmo. Surge el segundo propósito de Dios con relación al diezmo: Proveer sustento para el pueblo escogido para atender el real sacerdocio.

c) Pero el alcance de esta ley no termina allí, sino que se proyecta hacia otros propósitos. Al determinar el diezmo sobre el diezmo, permite que «todo» su pueblo estuviera presente en la casa de Dios con el diezmo. Aparece aquí el tercer propósito de Dios al establecer la ley del diezmo: El principio de igualdad. Tanto las once tribus como la tribu de los Levitas estaban dando el diezmo de las bendiciones recibidas. No había diferencias en la presencia de Dios. Es cierto que si nosotros miramos las cantidades, era mayor la ofrenda de las once tribus que la de los Levitas. Pongamos un ejemplo práctico: Una familia cosecha cien bolsas de papas, lleva a la casa de Dios diez bolsas, el sacerdote toma esas bolsas y las entrega al Levita, el Levita diezma y regresa a la casa de Dios con una bolsa que es su diezmo. Esa bolsa queda para las necesidades de la casa de Dios. Como humanos podríamos mirar con más simpatía al hombre que trajo las diez bolsas que al Levita que trajo solo una. Pero Dios que mira desde arriba sabe que ambos han dado igual, el diezmo de las bendiciones recibidas.

Aquí tenemos además otras enseñanzas que surgen de este proceder. Si Dios no hubiera querido dejarnos alguna enseñanza, no hubiera procedido de esta forma. Simplemente hubiera dicho a las once tribus, de vuestro diezmo llevad una parte a la casa de Dios y entregad a los Levitas las nueve partes restantes. Matemáticamente es lo mismo. El diezmo del diezmo es igual a uno.

Pero si no lo hizo así, sino que estableció un proceso bien organizado es porque sin duda alguna quería enseñarnos algo muy importante. Una parte ya la mencionamos, las tres razones para establecer el diezmo:

    1. Reconocimiento al Dios Todopoderoso como el Dios proveedor.
    2. Reconocimiento al Dios Todopoderoso como el Dios sustentador.
    3. Reconocimiento al Dios Todopoderoso como el Dios que aprecia la igualdad.

La otra enseñanza surge del razonamiento y para ello hay que volver al capítulo 8 de Deuteronomio y al capítulo 29 de Primera Crónicas. Si Dios es el que provee, y Él prometió bendiciones a quién cumpliera fielmente con esta ley. Si la historia nos muestra que cuando el pueblo fue fiel al cumplimiento de esta ordenanza Dios le prosperó en gran manera y a la vez cuando no fue fiel los castigó severamente, significa que para Dios esto es de vital importancia.

Por mi parte concluyo este razonamiento diciendo que el diezmo no es más que llevar a la casa de Dios lo que ÉL envía para ella. Si Él es quien lo envía, entonces el portador no es más que un simple mayordomo a quien Dios le entrega la parte que Su Casa necesita para cumplir su ministerio en la tierra.

Esto me lleva a otros razonamientos: Mi responsabilidad entonces es la de ser un fiel mayordomo y el diezmo no es ofrenda, es simplemente llevar a la casa de Dios lo que Él envía para ella. Ofrenda es lo que doy de las 90 partes que quedan en mi poder para mis necesidades.

Queda sin embargo otro punto que aclarar para que la

El plan de Dios requiere una correcta administración de los recursos económicos del creyente

iglesia tenga transparencia en su administración. Si el diezmo es consagrado a Jehová y Él le dio un marco de importancia como ya hemos visto, nadie, sino la iglesia creada por Dios y cuya cabeza es Cristo, puede administrarlo. Inclusive el creyente no puede disponer de él arbitrariamente. Debe entregarlo a la iglesia porque es dinero del Señor para su obra. Él lo envía por nuestro intermedio.

Cuando no obramos así estamos fuera de la voluntad de Dios. Le estamos «robando» el dinero a quien en realidad confía en nosotros para que seamos buenos mayordomos, y es cuando las bendiciones no vienen.

«¿Robará el hombre a Dios? Pues vosotros me habéis robado. Y dijisteis ¿En qué te hemos robado? En vuestros diezmos y ofrendas. Malditos sois con maldición, porque vosotros, la nación toda, me habéis robado. Traed los diezmos al alfolí y haya alimento en mi casa; y probadme ahora en esto, dice Jehová de los ejércitos, si no os abriré las ventanas de los cielos, y derramaré sobre vosotros bendición hasta que sobreabunde» (Malaquías 3:8-10).

La correcta administración requiere de parte del pastor y de los líderes la comprensión de estos principios.

«...Cada uno según el don que ha recibido, minístrelo a los otros, como buenos administradores de la multiforme gracia de Dios...» (1 Pedro 4:11).

En la mayoría de los casos la enseñanza de la mayordomía y los adecuados sistemas administrativos están supeditados al comportamiento de los ingresos. «Hay suficiente dinero...no hablemos de mayordomía...», «Los ingresos son insuficientes...invitemos a alguien para que nos hable de mayordomía...»

El pastor y los líderes de la iglesia deben reconocer estos principios que hemos mencionado en relación con el dinero y el manejo administrativo del mismo. Ellos deben estar convencidos de estas verdades para poder enseñarlas. De esta forma esto será una permanente realidad en la vida de la iglesia. Además ellos deben ser ejemplo a todos.

Las siguientes definiciones nos ayudarán a comprender de que debemos enseñar la mayordomía y, además, apoyan nuestra posición sobre la correcta administración:

«La mayordomía es un concepto bíblico principal. Es un hecho de primera magnitud en el plan de Dios. La mayordomía forma parte del mensaje bíblico, tanto como la expiación, la salvación, la iglesia, la segunda venida de Cristo y otras actividades vitales».[6]

«La mayordomía es una relación especial entre el hombre y Dios. Dios da abundantemente al hombre: vida, personalidad, capacidades, oportunidades y posesiones. Entonces Dios responsabiliza al hombre del uso de tales cosas. El hombre las ha de usar para promover los intereses de Dios en el mundo, como fiel mayordomo».[7]

Cuando analizamos el Nuevo Testamento, vemos que las argumentaciones mencionadas no cambian, por el contrario las responsabilidades aumentan. No solo debemos dar cuenta del diezmo, sino que Dios desea que el 100 x 100 de nuestros ingresos sean administrados bajo el señorío de Cristo. Cuando el Espíritu Santo nos regenera lo hace en todo lo que somos, sabemos y tenemos, nada puede estar excluido. Formamos un todo y ese todo es del Señor.

Existen interpretaciones encontradas en relación con el diezmo en el Nuevo Testamento, especialmente en los primeros días de la iglesia. Quisiera en ese sentido presentar *mi*

---

6 Ibid.
7 Ibid.

posición buscando añadir un poco de luz positiva sobre el problema.

1. Jesús habló poco sobre el diezmo, pero cuando lo hizo fue categórico:
   «¡Ay de vosotros, escribas y fariseos, hipócritas! porque diezmáis la menta y el eneldo y el comino, y dejáis lo más importante de la ley: la justicia, la misericordia y la fe. Esto era necesario hacer, sin dejar de hacer aquello».-
   Mateo 23:23.

2. No censura al diezmo, pero sí destaca que con el diezmo solamente no vamos a ninguna parte. Es necesario que esté acompañado de justicia, misericordia y fe. No pensemos que porque damos el diezmo al Señor, tenemos la puerta abierta para obrar en la vida sin respetar las leyes divinas.

3. Si el diezmo era algo que terminaba con la venida de Jesús y no existiría en la iglesia neotestamentaria, el Señor tenía aquí una muy buena oportunidad para aclararlo y hacer como hizo con la pascua. En el momento que estaba participando de ella con sus discípulos, dio por terminado el viejo pacto y presentó el nuevo pacto en su sangre. Aquello no va más, ahora hay una nueva forma de celebrar este acontecimiento (Mateo 26:17-29). Al no hacerlo así con el diezmo significa que continuaba.

4. Jesús no habló más del diezmo por cuanto Él estaba exigiendo en esos momentos de sus discípulos el 100 x 100 de lo que eran, sabían y tenían. Jesús tenía razón, ¿cómo demandaríamos el diezmo de los primeros convertidos? ¡Era ridículo!, si ellos lo dieron todo. Hasta vendían sus posesiones para que los discípulos contaran con los recursos necesarios para realizar la labor encomendada por el Señor.

5. Dios es el que sostiene a la iglesia. Por eso envía esa parte a cada uno de los creyentes, para que en cumplimiento de una sana mayordomía, llevemos ese dinero que el manda a la iglesia para que su obra continúe. Por eso demanda nuestra fidelidad, por eso nos llama ladrones, porque nos estamos quedando —cuando no cumplimos con su mandato— con lo que es de Él.

6. El diezmo no es ofrenda, es simplemente lo que Dios envía para su iglesia. Ofrenda es lo que damos de las 90 parte que nos corresponde y sobre las cuales Dios espera que las administremos bajo el Señorío de Cristo.

7. El diezmo en el Nuevo Testamento es el primer peldaño para ofrendar; menos que eso ¡nunca! De allí hacia arriba todo lo que podamos hacer será transformado en bendiciones por parte de Dios de acuerdo a sus promesas y a su infinita misericordia.

La falta de una clara enseñanza de esta doctrina ha llevado a mucha desorientación dentro de la membresía y aun de los líderes de la iglesia. Es necesario revertir esta situación y a través de la permanente enseñanza de la mayordomía cristiana lograr que se mejore el entendimiento para que el cre-

El plan de Dios requiere una correcta administración de los recursos económicos del creyente

yente pueda llegar a ser cada día mejor administrador de las bendiciones que el Señor le da.

Esto debe ser perfectamente comprendido y reconocido por los pastores y los líderes. Es bueno recordar la parábola del siervo infiel (Lucas 12:41-48) ya comentada: *«Aquél siervo que conociendo la voluntad de su señor, no se preparó, ni hizo conforme a su voluntad, recibirá muchos azotes» (v. 47).* Vuelvo a recomendar también el estudio de los capítulos 8 y 9 de 2 Corintios donde el apóstol Pablo ubica a la ofrenda en el lugar adecuado y la considera un ministerio.

En el Nuevo Testamento la iglesia asume la responsabilidad de llevar adelante la Gran Comisión encomendada por Jesucristo. Para ello se necesitan dones, talentos, conocimientos, capacidad y bienes. En la medida en que los dediquemos al Señor nos serán aumentados y prosperados. Esta es la realidad comprobada de los que desde nuestra adolescencia hemos entendido esta bendita doctrina de la mayordomía. No olvidemos la parábola de los talentos.

Surge aquí otro razonamiento: Si el pueblo de Israel necesitó una ley para cumplir con la voluntad de Dios sobre el diezmo y solo recibió bendiciones cuando la cumplió ¿seremos menos nosotros que por gracia hemos recibido el evangelio de Jesucristo? Yo no quiero ser menos, ¡quiero ser más! Pero lo quiero hacer por amor a Aquel que se dio a si mismo por mí. Quiero sobreabundar como Él sobreabunda conmigo. *«...Y poderoso es Dios para hacer que abunde en vosotros toda gracia, a fin de que, teniendo siempre en todas las cosas todo lo suficiente, abundéis para toda buena obra...» (2 Corintios 9.8).*

Conclusión

1. Debemos despertar a la realidad de que nuestros bienes no son nuestros sino de Dios.
2. Jesús, el dinero y las posesiones.
3. La entrega del dinero como ofrenda y no como demanda.
4. Debemos dar con alegría.
5. Adecuada utilización del dinero de parte de la iglesia.
6. Administrarlo con cuentas claras.
7. La prosperidad según la Biblia.
8. El orden financiero establecido por Dios.
9. Razones de Dios para instituir el diezmo.
10. El diezmo en el Nuevo Testamento.

Capítulo siete
El plan de Dios requiere que la iglesia capacite a sus miembros

«Tu, pues, hijo mío, esfuérzate en la gracia que es en Cristo Jesús. Lo que has oído de mí ante muchos testigos, esto encarga a hombres fieles que sean idóneos para enseñar también a otros».
(2 Timoteo 2.1-2)

«Procura con diligencia presentarte a Dios aprobado, como obrero que no tiene de qué avergonzarse, que usa bien la palabra de verdad».
(2 Timoteo 2.15)

Meta

El estudiante podrá reconocer la necesidad de capacitar a la iglesia para la capacitación de otros con el fin de lograr el mejor uso de todos los recursos de la misma.

Objetivos

1. El alumno podrá explicar cuál es la responsabilidad de la iglesia para capacitar a sus miembros en la buena administración, así como también las consecuencias

positivas y negativas de hacerlo o no, respectivamente.
2. El estudiante sentirá urgencia de capacitarse y de capacitar a otros.
3. El alumno dará por lo menos un paso para capacitarse a un mayor nivel o para capacitar a otros.

El capital humano es lo que consigue que muchas empresas progresen y avancen en sus planes y proyectos. No me equivoco al decir que la iglesia - empresa del Señor- está desperdiciando un importante capital, el cual al no ponerlo en actividad hace que la empresa pierda oportunidades de avances y progresos. En ese sentido debemos reconocer que estamos en deuda con nuestro Señor por no saber aprovechar la calidad del capital que Él está enviando a la empresa a través de los talentos de sus miembros y de los dones que estaría dispuesto a añadir a la empresa si nos dispusiéramos a utilizar todo el caudal de ese capital que Dios ha dado a sus hijos.

> «...No tengo talentos para aportar a la iglesia sobre los cuales yo pudiera ejercer una correcta administración, es lo que muchos creyentes piensan o dicen. Con demasiada frecuencia cuando pensamos en la administración de los talentos nos figuramos gente talentosa que tienen algún don especial de uno u otro tipo. Sin duda es una gran cosa que la gente con dones musicales, artísticos o de liderazgo los ofrezcan como parte de su servicio a la iglesia. Pero la verdadera administración de los talentos cala más hondo. Todos tienen talentos. La gente común no existe. Debemos entender esto mejor de lo que lo hemos hecho hasta ahora al ponernos a

considerar la administración.

»Nuestro mayor talento, no importa quienes seamos, no es algún don en particular, sino lo es el carácter único y extraordinario de nuestra propia vida. Nuestra experiencia humana que podemos ofrecer a Dios y al prójimo es nuestro talento más especial. Dios utiliza nuestra buena administración de los mismos para llevar a cabo su voluntad y propósito en la tierra.

»Si Dios desea violines, dijo un poeta, entonces Él debe tener un hombre llamado Stradivarius que los haga. Debemos por lo tanto ofrecer a Dios nuestras propias y únicas vidas, nuestros talentos personales. Estas cosas no pueden ser ofrecidas a ninguna otra persona en el mundo. Nadie puede tomar nuestro lugar ante los ojos de Dios en esta administración de nuestros talentos personales. Hagamos que lo que ofrecemos sea útil al propósito de Dios...»[1]

Esto nos permite decir que ningún creyente debe estar excluido de su privilegio de cooperar en la empresa de Dios. La suma de talentos de todos los creyentes es un capital de incalculable valor y que hace posible que la iglesia pueda cumplir su cometido divino en el mundo.

Cuando nosotros no administramos nuestros talentos como corresponde es como si los estuviéramos escondiendo. La consecuencia no solo es que la obra se detiene o no avanza como debiera ser sino que nosotros perdemos el talento, perdemos las bendiciones que podrían aumentar nuestra capacidad y otros gozarán de mejores privilegios. Jesús lo manifestó con claridad en la parábola de los talentos (Mateo 25.14-30).

1 Rodolfo G. Turnbull, *Diccionario de teología práctica*, TELL.

Es necesario por lo tanto que la iglesia se organice para capacitar a sus miembros en el conocimiento claro de lo que es una correcta administración de nuestras capacidades, para ello tanto el pastor como los líderes de la iglesia deben estar adecuadamente preparados en administración.

Cuando capacitamos a los miembros de la iglesia no solo estamos desarrollando sus talentos, sino que también los estamos afirmando en la fe y las doctrinas bíblicas, consolidando su posición y sus creencias. Veamos con qué claridad lo señala el apóstol Pablo:

> «Para que ya no seamos niños fluctuantes, llevados por doquiera de todo viento de doctrina, por estratagema de hombres que para engañar emplean con astucia las artimañas del error, sino que siguiendo la verdad en amor, crezcamos en todo en aquél que es la cabeza, esto es, Cristo» (Efesios 4:14-15).

Cuando la iglesia está envuelta en programas que tienden al cumplimiento de este propósito, crece, tiene vida, y el pastor y los líderes ven que su administración está encauzada en caminos correctos, y la vida espiritual de los creyentes va en aumento.

La vida cristiana vista de esta manera, se convierte en una verdadera aventura de fe y adquiere cada día características más que interesantes que llevan al creyente a vivir la vida en plenitud. Se confirma así lo que Jesús señaló: «...*Yo he venido para que tengan vida, y para que la tengan en abundancia» (Juan 10:10b).* De ese modo el testimonio cristiano es una actitud permanente del creyente, quien se goza en haber conocido «el camino, la verdad y la vida».

El plan de Dios requiere que la Iglesia capacite a sus miembros

En mi experiencia visitando iglesias he tenido ejemplos muy gratos que muestran la ventaja de desarrollar a los líderes para que sean ayudadores del pastor y a la vez encargados de capacitar a la membresía. Recuerdo una iglesia en la parte norte de Argentina cuyo pastor tenía serios problemas con la administración de los aspectos financieros de la iglesia y a la vez con la enseñanza de la mayordomía a la congregación. Necesitaba una persona que le ayudara.

Estábamos en plena campaña de mayordomía y administración financiera de la iglesia. Junto con el pastor pensamos en un miembro que tenía talentos especiales para esta tarea, un importante comerciante de la ciudad, pero que nunca antes había sido desafiado para ayudar en la administración de la iglesia.

Hablamos con este hermano, oramos con él. Al principio le parecía que no podía hacerlo, pero luego el Señor puso en su corazón el convencimiento de que lo acompañaría. Lo presentamos a la iglesia, los miembros aprobaron su nombramiento como presidente del comité de finanzas y luego de algunas lecciones para capacitarlo mejor, asumió sus funciones. Fue un verdadero acierto.

No solo realizó la tarea con capacidad, lo cual libró al pastor de muchas responsabilidades, sino que también se ganó la simpatía de los hermanos. Puso en orden la contabilidad de la iglesia, preparó presupuestos con interesantes desafíos y logró un crecimiento en los aportes de los hermanos para el programa de la iglesia.

Era una persona que pensaba que no tenía talentos para servir en la iglesia, pero al desafiarlo, comprobó que Dios podía hacer mucho a través de él. No solo mejoró la situación de la iglesia sino que Dios le bendijo aumentando sus talentos y responsabilidades, y él personalmente comenzó a crecer espiritualmente mientras estaba poniendo sus talentos en acción, lo cual le permitía servir aun mejor a la iglesia.

Cuando recuerdo casos como éste y otros que he visto en las congregaciones me pregunto: ¿Cuántos creyentes habrá que están como adormecidos en sus iglesias, que si les desafiáramos a poner en acción sus talentos, despertarían de su letargo y serían siervos útiles para el Señor?

¡Cuánto capital del Señor está durmiendo en la iglesia, y no podemos utilizarlo porque no administramos correctamente a la congregación! ¡Si lo convirtiéramos en efectivo, nos llevaríamos una gran sorpresa! Pero allí está, paralizado, y lo que es peor muchos pastores y líderes ni se preocupan para hacerlo andar. ¡Roguemos a Dios para que nos despierte! ¡Para que nos utilice, luego de capacitados, para capacitar a otros! Diríamos en términos comerciales ¡A recuperar capital!

Es necesario que el pastor esté convencido de la necesidad de preparar líderes para que éstos ayuden a capacitar al resto de los miembros. Capacitar líderes solamente para tenerlos preparados tampoco funciona. Conocemos muchas congregaciones con muchos líderes capacitados pero que al no ser desafiados por el pastor para que a su vez capaciten a los creyentes, han quedado estancados y la iglesia no ha progresado.

Por todo lo que hemos visto surge la necesidad de que los miembros de las iglesias sean capacitados para todas las áreas de la vida de ellos y de la iglesia a través de estas cuatro funciones primordiales;

1. Como administradores de sus vidas:

Solemos decir que con mejores familias tendremos mejores congregaciones. Es una verdad. Las familias están formadas por individuos. Entonces, una de las responsabilidades de la iglesia es educar a sus miembros para que sean cada día mejores componentes de la familia.

Posiblemente uno de los problemas que aún tiene buena parte del pueblo hispano, es una falta de ordenamiento en su vida particular. Muchos no han aprendido a ser ordenados en todos los actos de su vida. La iglesia tiene una tremenda responsabilidad en este sentido. Necesitamos mostrar que la Palabra de Dios requiere el manteniendo de un control sobre nuestros valores espirituales y materiales.

a) Manteniendo un estilo de vida distintivamente cristiano que a la vez modele el nivel de vida.
b) El cristiano debe ser guiado a comprender los propósitos divinos para las posesiones materiales.
c) El creyente necesita descubrir el equilibrio correcto en el uso de las cosas hoy y siempre.

A la familia se le ha conferido la responsabilidad de transmitir la fe en Dios a sus hijos. Muchos esperan que esto lo haga la iglesia, pero la Palabra de Dios es clara en ese sentido:

> «Estos, pues, son los mandamientos, estatutos y decretos que Jehová vuestro Dios mandó que os enseñase, para que los pongáis por obra en la tierra a la cual pasáis vosotros para tomarla; para que temas a Jehová tu Dios guardando todos sus estatutos y sus mandamientos que yo te mando, tú, tu hijo, y el hijo de tu hijo, todos los días de tu vida, para que tus días sean prolongados» (Deuteronomio 6:1-2).

> «Y estas palabras que yo te mando hoy, estarán sobre tu corazón; y las repetirás a tus hijos, y hablarás de ellas estando en tu casa, y andando por el camino, y al acostarte, y cuando te levantes. Y las atarás como una señal en tu mano, y estarán como frontales sobre tus ojos; y las escribirás en los postes de tu casa, y en tus puertas» (Deuteronomio 6: 6-9).
>
> «Trayendo a la memoria la fe no fingida que hay en ti, la cual habitó primero en tu abuela Loida, y en tu madre Eunice, y estoy seguro que en ti también». (2 Timoteo 1. 5).

La iglesia debe secundar la labor del hogar, pero nunca reemplazarla. Su función será preparar a los futuros padres para ayudarles a entender su responsabilidad hogareña, de modo que el creyente pueda aprender a administrar adecuadamente su vida y su hogar. Si comenzamos esta tarea con los niños, tendremos aliviada la labor futura.

Fortificado el hogar, estaremos seguros de que nuestra iglesia será también fortalecida. Esta es una tarea permanente y prioritaria de nuestras congregaciones.

2. Como administradores del gobierno de la iglesia:

Es posible que muchas iglesias cuenten con personas capacitadas como para administrar el gobierno de la iglesia. La capacitación que muchos creyentes han adquirido en el campo secular, les habilita para servir en la iglesia. Sin embargo, estos creyentes deben ser orientados para que al administrar el gobierno de la iglesia, no lo hagan de acuerdo al mundo secular, sino de acuerdo a la administración bíblica, de la cual ya hemos comentado. De lo contrario, tendremos siempre problemas por cuanto el Señor no tiene lugar en la administración del gobierno de la iglesia.

Aun cuando esta situación sea una ventaja para la iglesia, es prudente que también se desarrollen cursos de capacitación en administración para que todos los que deseen puedan adquirir conocimientos de cómo desenvolverse en las distintas comisiones, departamentos o ministerios de la iglesia. Una iglesia capacitada en este sentido, será siempre una organización dispuesta a avanzar. En el departamento de educación cristiana debe haber un programa para este estudio.

3. Como administradores de sus dones espirituales:

Algo hemos señalado ya sobre este particular. Sin embargo creo que debemos insistir para que la iglesia desafíe permanentemente a sus miembros a desarrollar sus dones espirituales. Muchos creyentes que han ingresado al seno de la iglesia con mucho entusiasmo, luego han decaído en su interés. El problema posiblemente fue que no se han podido realizar. La iglesia debe enseñarles a cómo descubrir sus dones y luego darles la oportunidad de ponerlos al servicio del Señor.

Me he encontrado con congregaciones que han reclamado los dones espirituales de sus miembros, pero nunca han creado lugares donde ellos puedan ponerlos en práctica. Esto es lo peor que podemos hacer. Por ello, no solo debemos enseñar cómo descubrir los dones espirituales, sino también tener programas en los cuales puedan desarrollarse. Si hacemos esto, tendremos siempre una congregación activa y dispuesta al trabajo. El creyente debe recordar y aceptar su responsabilidad conferida por Dios sobre los dones espirituales.

4. Como administradores de sus bienes materiales:

El gran problema de muchas iglesias es que no se habla demasiado de los bienes. Algunos hasta ni los quieren mencionar. Pero como hemos visto, son tan importantes como todos los demás. El uso de los bienes es lo que más demuestra nuestro grado de espiritualidad. Siempre sostengo que «la ofrenda es el termómetro de nuestra fe».

Cuando hemos aprendido a dominar los bienes materiales, estamos diciendo que hemos dominado todo lo que somos, sabemos y tenemos. Y cuando comprobamos las bendiciones que Dios nos envía a través de nuestra fidelidad, nos damos cuenta que para El también son importantes.

La Iglesia debe desarrollar un programa de enseñanza anual acerca de cómo administrar los bienes materiales, mostrando con franqueza lo que la Palabra de Dios nos dice sobre ellos. Demás está decir que el Pastor y los líderes deben estar convencidos de esta realidad.

a) El cristiano debe ser guiado a comprender los propósitos divinos para las posesiones materiales.
b) A lograr un nivel de vida que emplee los bienes materiales para propósitos definitivamente cristianos.
c) Realizar permanentemente una planificación en oración de los asuntos económicos.

Si esto hacemos habrá una importante comprensión de parte del creyente acerca de la necesidad de que haya un fuerte crecimiento en su vida en relación con la gracia de la administración.

El plan de Dios requiere que la Iglesia capacite a sus miembros

Cuando estos cuatro puntos se administran bajo el Señorío de Cristo, llegamos a ser verdaderos y buenos administradores de la gracia de Dios.

«No descuides el don que hay en ti...» 1 Timoteo 4.14a.

Desde joven he tenido un deseo que no he podido ver realizado aún. Se trata de que cada iglesia sea un campo de enseñanza para que los creyentes sean capacitados adecuadamente sobre estos cuatro puntos ya señalados. Un instituto bíblico en cada iglesia.

Actualmente hay muchos seminarios e institutos que tienen cursos de capacitación, pero son para los que desean estudiar en días y horas especiales. También hay muchas congregaciones que tienen sus propios institutos, pero siempre es el creyente el que determina asistir, y aun así no siempre los horarios le son compatibles con sus ocupaciones.

FLET (Facultad Latinoamericana de Estudios Teológicos) es una universidad que procura llenar este vacío. Cuenta con programas de enseñanza a distancia para adiestramiento de pastores y líderes cristianos, y tiene miles de alumnos inscritos. (Véase la página 193 para mayor información.)

Creo que la iglesia debe valerse de estos recursos para lograr la capacitación de sus miembros. Pero yo aspiro a que sea más profundo el alcance, de manera que la capacitación del creyente sea algo obligatorio y no meramente optativo.

Toda la iglesia estudiando con planes determinados sobre estos cuatro puntos señalados, como mínimo. Otorgando certificados que acrediten a los estudiantes a ser maestros de la escuela bíblica dominical, a ser misioneros, obreros de la iglesia, firmes en el conocimiento de la sana doctrina, capacitados para administrar el gobierno de la iglesia, administrar con sabiduría las finanzas de la iglesia, etc. etc. ¿Será esto soñar demasiado?

Hoy se cuenta con mucho material y se podría aprovechar esta circunstancia para una capacitación amplia y completa de todos los miembros de nuestras iglesias. Sea como sea, por favor capacitémonos para servir mejor al Señor. Las almas que están sin Dios y sin esperanzas nos lo agradecerán. Entonces sí estaremos capacitados para cualquier avivamiento que Dios quiera enviarnos.

Cuando hace casi 35 años me inicié en la tarea de administrar una empresa publicadora y librería evangélica, no existían en aquél entonces demasiados libros cristianos en circulación y nosotros penábamos por no tener libros sobre determinados temas.

Hoy las circunstancias son más que favorables, pues el fondo editorial evangélico es tan amplio que prácticamente no hay tema que no esté tratado por varios libros. Este valioso capital no puede pasar desapercibido. En algunos temas estamos más surtidos que el campo secular. Si las congregaciones no aprovechan esta oportunidad para desafiar a sus miembros, usted como lector tome la iniciativa: capacítese y promueva la capacitación dentro de su iglesia. Todo lo que se haga en este sentido será un beneficio para la obra.

«Si clamares a la inteligencia, y a la prudencia dieres tu voz; si como a la plata la buscares, y la escudriñares como a tesoros, entonces entenderás el temor de Jehová y hallarás el conocimiento de Dios. Porque Jehová da la sabiduría y de su boca viene el conocimiento y la inteligencia. El provee de sana sabiduría a los rectos; es escudo a los que caminan rectamente. Es el que guarda las veredas del juicio, y preserva el camino de sus santos» (Proverbios 2.3-8).

Dios quiere utilizar a su pueblo para grandes cosas. Con la asistencia de su Espíritu Santo, el desea que su pueblo se capacite, adquiera inteligencia y sabiduría, y se desarrolle para cumplir con mayor eficiencia el desafío de la gran comisión que le ha encomendado. No tenemos excusas para evadir esta responsabilidad, estamos solos frente a la posibilidad que se nos presenta: ¡Nosotros o nadie!

No se requiere de seres superdotados, sino de creyentes fieles que confíen en el Señor. Tenemos experiencias de seres que fueron alcanzados por el evangelio en condiciones muy humildes. El evangelio los transformó y hoy son pastores, misioneros, profesionales, empresarios, comerciantes, empleados y obreros dignos. ¿Si ellos lo lograron, porqué no nosotros? solo hace falta confianza y fe en el Señor y disponernos a la capacitación.

La iglesia debe ser siempre impulsora de esta tarea. El beneficio será para ella y para todos los creyentes de la iglesia.

La misma tecnología que avanza a pasos agigantados, traerá nuevos métodos de capacitación. Tratemos de estar actualizados, no nos rezaguemos. Aprovechemos toda oportunidad de capacitación que nos presente el mundo para ser utilizada en favor de la extensión del evangelio.

Principios para que la iglesia tenga éxito en la administración:[2]

Deseo detallar seis principios que son fundamentales para tener éxito en la enseñanza de la administración en las iglesias. Son como seis leyes rectoras y tienen que ver principalmente en la manera cómo funciona el liderazgo y cómo se relacionan los miembros con la iglesia. Si aplicamos estos

---

2 Programa de mayordomía para la iglesia local, CBP.

principios en los programas de capacitación de nuestros miembros estoy seguro de que tendremos asegurado el éxito para lograr buenos administradores.

Principio del liderazgo

La virtud del liderazgo efectivo asegura a la iglesia la continuidad de la enseñanza por medio del testimonio. Como son los líderes serán los que aprenden de ellos. Por eso un liderazgo ineficaz es un daño pues se convierte en la agonía de sueños no realizados y oportunidades no aprovechadas. Las diferencias que hay entre una iglesia y otra, son producidas generalmente por la calidad del liderazgo.

Los pastores, diáconos, directores y maestros pueden ser elegidos para cargos de liderazgo. El cargo es conferido, pero el liderazgo se gana. Un buen líder siempre tendrá un buen liderazgo. Hay una gran diferencia entre tener un cargo de liderazgo y ser un líder. Se conoce al líder porque es el que siempre va adelante, siempre está en «todo». Los líderes no tienen éxito al tratar de reclutar a seguidores para que hagan lo que ellos mismos no hacen. Se es líder cuando un individuo sueña, tiene metas y luego tiene éxito al lograr que los seguidores compartan sus ideales. El liderazgo es ser algo e inspirar a otros en llegar a serlo. Es soñar grandes sueños y lograr que otros también sueñen y se unan en la realización. Bienaventuradas las congregaciones cuyos líderes saben guiar.

Principio de la máxima expectativa

Las leyes de la expectativa afirman que las respuestas o reacciones del pueblo no sobrepasarán el nivel de expectativas de sus líderes. Si planeamos poco, escasa será la respuesta. Si pedimos poco recibiremos poco. Todo gira siempre entre la «máxima expectativa» y la «mínima expectativa».

Estos son interrogantes para los líderes de las iglesias:

a) ¿Cuánto podemos esperar de los miembros de la iglesia?
b) ¿Es lógico que la iglesia subsista con el «mínimo»?
c) ¿No será conveniente que la iglesia proyecte sus metas de expectativas al nivel de la capacidad de sus miembros?

Existe una tremenda diferencia entre expectativa y requerimiento. A un pueblo libre no se le puede exigir. El requerimiento generalmente cuadra dentro de reglamentos. En cambio la expectativa es comunicada a través de metas y apelaciones para obtener respuesta de amor. Los miembros de la iglesia merecen ser desafiados por expectativas audaces. Es muy afortunado el individuo cuya iglesia apela a sus más altos ideales de vivencia cristiana, su más plena capacidad de testimonio personal y el grado más alto de capacidad para dar.

Principio de participación

La ley de la participación afirma que el nivel de dedicación de los miembros no sobrepasará el correspondiente nivel de su participación. Las personas quieren participar y, en la mayoría de los casos, su dedicación dependerá de su participación.

La iglesia que desea que sus miembros estén interesados en los programas y en el presupuesto, involucrará a los miembros en el proceso de las decisiones. Hay un error cuando se insiste en afirmar que «nuestros miembros no se interesan en los detalles». Si es cierto, entonces probablemente se confirmará que tampoco se interesarán por la marcha de la obra.

Poco interés produce poco apoyo. Hay pocas excepciones a esta regla. Alguien dijo: «si queremos que más personas se dediquen a ser maestros, convirtamos a los maestros en héroes». Si deseamos mayor participación, involucremos a todos los creyentes en todos los asuntos de la obra.

Principio de pertenencia

El formar parte de la iglesia del Señor es una experiencia de pertenencia. La iglesia pertenece a Cristo. Los creyentes pertenecen a Cristo, los unos a los otros y a la tarea de la iglesia. Significa que Cristo es «mío», pero significa mucho más. También significa que «yo» pertenezco a Cristo y a su iglesia. Significa que tengo el derecho de participar en la vida de la iglesia y la responsabilidad de ser usado en los ministerios de la misma.

El pertenecer presenta muchas responsabilidades de grupo. No destruye las libertades individuales, sino que magnifica la responsabilidad de grupo. El individuo es una parte del grupo al cual pertenece. Esto significa que pertenece a la iglesia y a su ministerio total, su presupuesto y su tarea mundial.

Este principio de pertenencia constituye la base más poderosa desde la cual apelar a la lealtad de los miembros, a la fidelidad en el servicio y al dar generoso para cubrir el presupuesto. Lo que es la iglesia, y el sentido de pertenencia de los miembros constituyen las razones más formidables para solicitar el apoyo masivo a todo el programa de la iglesia. El miembro que siente que «pertenece» a la iglesia, deseará colaborar con toda fidelidad en todas las tareas.

Principio de integridad

El principio de integridad establece el derecho de informar a sus miembros honrada y gozosamente sobre los negocios de la iglesia. Hablar la verdad y vivirla es cristiano. Este es el camino para cristianos en lo personal: es el camino para las congregaciones. El pensar que solo unos pocos líderes tienen la capacidad para comprender, es perder de vista la obligación que la iglesia tiene para con su congregación.

La integridad de la iglesia abarca más que hablar la verdad. También abarca fidelidad en su misión. La integridad requiere que la programación de actividades, la dirección de los esfuerzos del liderazgo y la administración del dinero estén de acuerdo con la tarea de la iglesia dada por Cristo. El principio de integridad asume la responsabilidad de total fidelidad a la congregación a fin de que lo que se promete cuando se recibe el dinero sea cumplido en el uso de los fondos. La integridad de la iglesia reclama fidelidad a Cristo y a su propósito para con la iglesia.

Principio de franqueza

La libertad y la competencia del individuo son dos verdades fundamentales. La aceptación de éstas requiere una relación de trabajo en la iglesia basada en la participación de los miembros. De esto proviene la práctica de la franqueza.

Las personas tienen el derecho de saber todo lo que desean saber sobre los asuntos de la iglesia. Los asuntos cristianos son su negocio. El pensar que no se interesan o no se les puede tener confianza con los datos es fatal para la iglesia. Si es asunto de la iglesia es asunto de los miembros.

Las iglesias que confían el control económico y las decisiones en las manos de unos pocos, están buscando problemas. Quizás las dificultades no surjan inmediatamente, pero llegarán. Los miembros de una iglesia no soportarán indefinidamente la falta de franqueza. La franqueza es más que sencillamente evitar problemas. Es fundamental para el interés de los miembros y su dedicación.

Cuando se presentan problemas en las iglesias

Algunas recomendaciones prácticas que servirán para tratar de hallar solución a los conflictos que lamentablemente suelen presentarse en la iglesia:

> «Tarde o temprano el dirigente se verá envuelto, directa o indirectamente en algún conflicto de la organización. A lo largo de toda la historia de la humanidad el trato incorrecto de los conflictos, ha destruido matrimonios y amistades, ha disuelto negocios, compañías y corporaciones, ha motivado la caída de grandes líderes y de imperios, de gobiernos y ha desencadenado guerras».[3]

> «De donde vienen las guerras y los pleitos entre vosotros? ¿No es de vuestras pasiones, las cuales combaten en vuestros miembros? (Santiago 4.1).

1. No siempre los conflictos son consecuencia de causas justas.
2. Asegúrese que no sea un simple rumor.
3. Muchas veces es simplemente un mal entendido.
4. Escuche ambas partes con equidad.
5. No manifieste su opinión frente a un solo bando.

---

3 Myron Rush, Administración, un enfoque bíblico, Editorial Unilit, Miami.

El plan de Dios requiere que la Iglesia capacite a sus miembros

6. Analice todos los antecedentes. No se apresure a juzgar.
7. Escuche todas las «campanas».
8. No se deje llevar por parentescos o amistades.
9. Pida a Dios dirección para tomar decisiones.
10. Tenga a la Biblia por regla para impartir justicia.
11. No demore en intervenir. Más se demora la solución, mayor será el problema.
12. Demuestre siempre amor. Evite la palabra hostil, controle la ira.

En la Biblia Jesús nos dejó normas para tratar los conflictos entre hermanos: «*Por tanto, si tu hermano peca contra ti, ve y repréndele estando tú y él solos; si te oyere, has ganado un hermano. Mas si no te oyere, toma aun contigo a uno o dos, para que en boca de dos o tres testigos conste toda palabra. Si no los oyere a ellos, dilo a la iglesia; y si no oyere a la iglesia, tenle por gentil y publicano*» *(Mateo 18.15-17).*

Quizás sea imposible evitar conflictos, pero procure que por lo menos sean de menor daño para los hermanos y la iglesia. No tome parte en ellos, no se identifique, ya que como pastor usted siempre debe ser neutral. No lo olvide.

En todo lo que hemos comentado hay una responsabilidad para cada pastor, cada líder, cada miembro de la iglesia. En la proporción en que estemos dando atención a esta necesidad de educarnos para educar, aumentará nuestra capacidad para ser administradores de nuestra vida y para ser consejeros para la administración de la vida de los demás. Una iglesia capacitada en administración es una iglesia en acción.

También debemos advertir a los miembros de la iglesia para que sean honestos con sus pastores. Todos acudimos al pastor para casos de emergencia. No importa si es de madrugada o en cualquier hora del día. Todos creemos que el pastor debe estar presente en los momentos de conflictos, enfermedades, etc., no importa la hora que sea. Es cierto es bueno que así sea. Pero tenemos que tener en cuenta que así como llamamos al pastor por una enfermedad o por un hijo que se descarría, o alguien que está en problemas, también tenemos que llamarlo cuando la familia está de fiesta. A veces sin darnos cuenta lo olvidamos. Fuimos al pastor en momentos de desesperación, pero luego cuando esos problemas se arreglaron y estamos de fiesta en casa para celebrarlo, el pastor no fue invitado. No es correcto. Si lo hemos molestado cuando las cosas estaban mal, hoy que todo está bien, también el pastor debe estar. Él debe compartir con nosotros también nuestras alegrías. Algunos, solo llaman al pastor para «pálidas» pero cuando todo «sonríe» se olvidan del pastor. Procuremos que no sea así.

Conclusión

1. El capital humano de que dispone la iglesia debe capacitarse.
2. El creyente debe sentir la responsabilidad de capacitarse.
3. Capacitándose como administradores de sus vidas.
4. Capacitándose como administradores del gobierno de la iglesia.
5. Capacitándose como administradores de sus dones espirituales.
6. Capacitándose como administradores de sus bienes materiales.

7. Necesidad de aprovechar todos los recursos de que hoy dispone la iglesia.
8. La iglesia como una entidad capacitadora
9. Principios a tener en cuenta para lograr éxito en la administración.
10. Consejos para solucionar conflictos.

Capítulo ocho
El plan de Dios requiere que el presupuesto de la iglesia sea representativo de una buena administración

«Pero esto digo: El que siembra escasamente, también segará escasamente; y el que siembra generosamente, generosamente también segará».
(2 Corintios 9.6)
«Porque la ministración de este servicio no solamente suple lo que a los santos falta, sino que también abunda en muchas acciones de gracias a Dios; pues por la experiencia de esta ministración glorifican a Dios por la obediencia que profesáis al evangelio de Cristo, y por la liberalidad de vuestra contribución para ellos y para todos».
(2 Corintios 9:12-13)

Meta

El alumno entenderá la relación entre el presupuesto de la iglesia y el plan, el reto y la misión correspondientes.

Objetivos

1. El estudiante podrá comunicar cuál es la relación entre el presupuesto y la obra de la iglesia, así como también la prioridad que las congregaciones le dan, ya sea al uno o a la otra.
2. El alumno se sentirá motivado a enfatizar como prioridad el programa de ministerio de la iglesia (en el contexto de todo lo que Dios quiere hacer por medio de ella), sin olvidar la importancia del presupuesto (el cual el Señor puede suplir) para poder realizarlo.
3. El estudiante evaluará sus propias actitudes (y la de la congregación a la cual asiste) con respecto a la relación entre el presupuesto y la obra de la iglesia.

Una deficiencia que hemos observado es que en algunas congregaciones el presupuesto no ocupa el lugar que debe tener en la estructura de la administración. No se le considera en la dimensión que corresponde. Algunos detalles observados:

1. Algunas iglesias no tienen un adecuado presupuesto. Se manejan con datos que van llevando de un año para otro, es más una cuenta de gastos que un plan de trabajo.
2. Se suele confeccionar sin la intervención de los organismos de la iglesia. Se reúnen el tesorero y el pastor y establecen más que un presupuesto, un simple plan de cuentas.
3. Los tesoreros piden auxilio para cubrir saldos en rojo, en vez de apelar al cumplimiento de un plan de trabajo.

El plan de Dios requiere que el presupuesto de la iglesia sea representativo de una buena administración

4. Algunos miembros lo ven como una carga.
5. Muchas congregaciones, en particular las más pequeñas, no estructuran su presupuesto y muchas veces cuando crecen mantienen el mismo criterio. Su modo de actuar consiste más en un proceso de mirar hacia atrás que de mirar hacia adelante y arriba. Este grupo se enorgullece si el presupuesto que confeccionan logra ser el «más bajo posible».
6. También hay iglesias que formulan su presupuesto con una verdadera preocupación por rendir un servicio cristiano que sea significativo. Su principio normativo es ¿Hasta qué punto podemos extendernos en el desarrollo de una tarea que sea digna del alto llamado que hemos recibido? Siempre miran hacia adelante y arriba.

Frente a todo esto surge la pregunta: ¿Qué es en realidad un presupuesto?

El presupuesto de una iglesia, sea cual fuere el número de miembros, está formado por el «hacer» de la iglesia, es decir toda la tarea a realizarse durante el año, lo que equivale al ministerio de la iglesia. A su vez consta de dos partes muy importantes: (ver gráfico)

1. *El ministerio que se va a realizar durante el año*

Todo lo que se piensa realizar en la educación, la evangelización, las misiones, el servicio comunitario, las actividades especiales, los retiros, los talleres, la obra pastoral, las inversiones, etc. Es decir, todo el trabajo que la iglesia realizará durante el año en el nombre del Señor. La visión de la iglesia en este sentido debe ser amplia, mirando siempre hacia adelante y hacia arriba, teniendo en cuenta el gran desafío que Jesús nos ha dejado y sabiendo que contamos con el poder de nuestro Dios.

Esta parte que es el «hacer de la iglesia» es un desafío a los dones, talentos, tiempo, conocimientos y capacidad de los miembros, procurando que cada uno ocupe su lugar en los respectivos «ministerios» de la iglesia en cumplimiento de la responsabilidad que cada creyente tiene frente a la Gran Comisión. Ningún miembro debe estar ausente en este desafío del presupuesto. Nadie debe sentirse excluido. Si los miembros han sido adecuadamente capacitados para las distintas tareas, nadie debe quedarse sin hacer algo.

2. *El costo del ministerio que se va a realizar durante el año*

Toda tarea para poder realizarse tiene un costo. Pocas cosas pueden hacerse sin tener que invertir dinero en ellas. El «hacer» de la iglesia solo podrá llevarse a cabo a través de una inversión económica. Esto equivale a decir que el presupuesto tiene también otro desafío para el creyente: el aporte de sus bienes.

Este aporte debe realizarse de acuerdo a como está establecido en su Palabra, por medio de ofrendas, diezmos, primicias y contribuciones, dentro de un verdadero espíritu de amor al Señor y su obra. No por impulso surgido de presiones, sino de enseñanzas que muestren cuales son las responsabilidades que el Señor nos demanda.

Por estas razones, el presupuesto de la iglesia no es una simple cuenta de gastos, sino que representa el programa de

El plan de Dios requiere que el presupuesto de la iglesia sea representativo de una buena administración

la iglesia y su costo. En otras palabras su ministerio, y por lo tanto adquiere una importancia fundamental en la vida de la iglesia.

Esta forma de proceder hace que el énfasis principal del presupuesto recaiga más en lo que se ha de lograr con el «hacer», que con la cantidad de dinero a obtenerse. Al creyente le agrada dar sus aportes a causas bien concretas, siendo difícil que den dinero a un «fondo» o a un «presupuesto» a secas. El hecho de verse envuelto en el programa, y de tener un lugar en el «hacer» de la iglesia, le motivará a dar con alegría y procurará por todos los medios de que las metas económicas del presupuesto se logren.

Con este enfoque debemos hacerle notar al miembro de la iglesia que su participación en el programa, como así también su contribución, permiten el cumplimiento del «hacer» de la iglesia. Por eso decimos que el presupuesto lejos de ser una cuenta de gastos, es más bien «la vida de la iglesia».

Para que así lo sienta plenamente el miembro de la iglesia, debemos permitirle que participe en la elaboración del presupuesto, y enseñarle que debe integrarse al mismo ocupando sus responsabilidades en las dos partes, de acuerdo a sus dones y capacidades y a sus posibilidades económicas. Al presentarlo así, permitiremos que el creyente sea un perfecto mayordomo de lo que Dios le ha dado.

Necesitamos para ello desterrar la idea de que el presupuesto sea solamente preparado por el pastor y algunos de sus líderes, o simplemente por el comité de finanzas. Toda la membresía, a través de sus ministerios ha de participar en la elaboración de algo tan importante para la vida de la iglesia y del creyente. El presupuesto es la vida de la iglesia. No se puede realizar una adecuada labor sin un presupuesto organizado.

Debemos tener cuidado de no planearlo solamente con nuestra mentalidad, pues en ese caso tendrá un alcance muy limitado. En cambio si lo hacemos pensando en la grandiosidad del Dios al cual servimos y al tremendo desafío que El nos ha dejado, su resultado será muy positivo. No cometer locura en los planes, pero tampoco obrar como un pueblo sin Dios.

Orientaciones para elaborar un presupuesto según nuestras sugerencias (Ver gráficos)

1. Conceptos previos
    a) El presupuesto debe desafiar a los miembros hasta la mejor expresión de su capacidad de colaborar y contribuir.
    b) El presupuesto debe proveer los mayores recursos para el sostenimiento de los ministerios aprobados por la iglesia.
    c) El presupuesto debe ser una expresión de la realidad de los planes agresivos de la iglesia.
    d) El presupuesto debe seguir los objetivos de la iglesia.
    e) El presupuesto debe dar lugar a Dios para que él también participe.

2. Análisis de programas y necesidades actuales
    Preguntas que debemos responder:
    ¿Está la iglesia cumpliendo bien su programa total?
    ¿Están bien desarrollados los ministerios de la iglesia?
    ¿Hay otros ministerios que podrían ser incluidos?
    ¿Tenemos ministerios que no necesitan llevarse a cabo?
    ¿Cómo estamos con los ministerios en relación a los objetivos de la iglesia?

El plan de Dios requiere que el presupuesto de la iglesia sea representativo de una buena administración

3. Preparación de propuestas de ministerios

El instrumento clave es la «propuesta de ministerio» por cada ministerio y/o programa de la iglesia. Por lo tanto se deben pedir «propuestas de presupuesto» a cada organización.

Debe contener:

a) Una descripción del propósito del ministerio y sus planes de trabajo, indicando como apoya ese ministerio al objetivo general de la iglesia.

b) Detalles de las necesidades que deberán ser satisfechas durante el año de trabajo y los beneficios que por ellas recibirá la iglesia.

c) Metas que se proponen a llevar a cabo durante el año para el cumplimiento de los planes proyectados.

d) El costo pormenorizado de cada tarea a realizar. Deben incluirse también los gastos fijos que tenga el ministerio y/o programa.

e) La implicación a futuro que tendrán las propuestas realizadas: por ejemplo a dos, tres o cinco años. A la vez cómo puede complicar el presupuesto de años siguientes las determinaciones tomadas ahora.

f) Una evaluación de posibles alternativas, para el caso de que no se logre todo lo que se solicita en la propuesta actual.

4. Evaluación de las propuestas de ministerios

A) El próximo paso debe ser evaluar cada ministerio y establecer por orden prioritario la importancia que tienen dentro del programa de la iglesia.

B) La prioridad debe establecerse sobre la base de la razón de ser de la iglesia, su objetivo general y su programa; respondiendo a las siguientes preguntas:

a) ¿En qué medida contribuye a la razón de ser de la iglesia este ministerio?
b) ¿Qué contribución brindará a la iglesia para alcanzar su objetivo general y sus metas?
c) ¿Es necesario este ministerio, programa o servicio?
d) ¿Hay alguna otra forma de lograr esta tarea?
e) ¿Al proyectar este ministerio, programa o servicio, cómo contribuirá al crecimiento de la iglesia en el futuro y cuál será su costo?
f) ¿Hay otro ministerio similar que aportaría un mayor crecimiento para la iglesia pero que no está incluido por falta de presupuesto?

5. Coordinación de propuestas de ministerios

Las propuestas deben ser coordinadas por la comisión de finanzas o el organismo designado al efecto por la iglesia. Pasos mínimos a realizar:

a) Reunir las propuestas en un solo presupuesto
b) Confeccionar una copia en borrador para que sea analizada previamente (antes de tratarlo la iglesia) por la comisión coordinadora o el concilio de la iglesia.
c) Si hubiera objeciones, o ajustes que realizar, los ministerios representados podrán dar su consejo en relación a los ajustes que sean necesarios. Si la situación es más complicada, debe volver la «propuesta de presupuesto» al ministerio correspondiente para su consideración.
d) Logrado el acuerdo, la comisión de finanzas o el organismo designado, confeccionará el presupuesto final y preparará las copias para que sea considerado por la asamblea de la iglesia.

El plan de Dios requiere que el presupuesto de la iglesia sea representativo de una buena administración

6. Aprobación del presupuesto

El presupuesto debe presentarse a la iglesia para su consideración en una asamblea general especial. De la manera como se organice esta reunión, dependerá el éxito para su aprobación. Los miembros de la iglesia deben ser perfectamente informados de todos los planes y explicarles con claridad qué es lo que busca cada ministerio en su labor durante el año.

El desafío que se realice debe ser impactante, teniendo en cuenta que los miembros deberán asumir responsabilidades en los dos aspectos del presupuesto: en el hacer, ministerio a realizar, y en el costo, lo que cuesta realizar ese ministerio.

En algunas congregaciones se acompaña la reunión de aprobación del presupuesto con una especie de exhibición, donde los ministerios, con pancartas, carteles y maquetas, presentan su plan de trabajo, de manera que el miembro pueda informarse con mayor amplitud de los alcances de lo que se piensa realizar si se aprueba el presupuesto. Esto lo hemos podido comprobar durante la enseñanza de los cursos de administración que coincidían con la presentación del presupuesto y en verdad ha sido algo muy práctico y a la vez descriptivo de lo que se piensa realizar en los distintos ministerios.

Es un momento importante donde el pastor y los líderes deben desafiar a los miembros a participar en las distintas actividades de los ministerios y a respaldar su realización con el aporte de sus bienes.

7. Control del presupuesto

Un error que se puede cometer luego de la aprobación del presupuesto, es pensar solamente en que ingresen los fondos necesarios. El control del presupuesto debe preocuparnos tanto si se cumplen los ingresos como los planes proyectados.

Se necesitan informes mensuales que den cuenta de los ingresos y cómo fueron aplicados al presupuesto. También información clara dando cuenta que como consecuencia de los aportes realizados se ha ido completando el programa proyectado. Esto estimulará al miembro de la iglesia para que se sienta cada vez más comprometido con el presupuesto «vida de la iglesia».

La falta de informes claros, y fuera de tiempo, será un tropiezo para la buena marcha de las actividades de la iglesia. Por lo tanto hay que evitar de caer en ese error.

8. Cumplimiento del presupuesto

Debemos llamar la atención al hecho de que posiblemente en algún momento el presupuesto no reciba el 100% de los fondos necesarios. Ya sea porque se proyectó por encima de las posibilidades, o por factores tales como falta de una adecuada comprensión de los planes, o, por dificultades económicas que puedan surgir en un país. En tal situación debe obrarse con prudencia.

Sugerimos los siguientes pasos:
a) Atender en primer lugar a los gastos fijos que representan compromisos contraídos y que no podemos eludirlos.
b) Dar preferencia a ministerios impostergables si los hubiera.
c) El resto debe distribuirse a los demás ministerios según el porcentaje neto que resta. Por ejemplo: si ingresa un 90% del valor del presupuesto, es casi seguro

El plan de Dios requiere que el presupuesto de la iglesia sea representativo de una buena administración

que luego de atender los gastos fijos quedará un 70% aproximadamente para el resto de los ministerios. En tal caso debe acreditarse a la cuenta de cada ministerio el equivalente a ese por ciento. Si más adelante el problema se soluciona, entonces se acreditan los por ciento que correspondan para que todo quede en orden. Debemos evitar de gastar «a cuenta» pensando en solucionarlo más adelante.

d) En estos casos la comisión de finanzas debe actuar inmediatamente distribuyendo los fondos en forma proporcional y a la vez arbitrar medios a través de los cuales se logre entre la congregación la regularización de los aportes. No debemos olvidar la condición de «buscadora de recursos» y no de «fiscalizadora» de esta comisión. A su vez los ministerios y otros organismos de la iglesia deben ocuparse de que lo planeado en el presupuesto se cumpla.

e) La iglesia debe supervisar el cumplimiento de su presupuesto por medio de sus revisores de cuentas o síndicos.

Debemos agregar algunos conceptos en relación con la atención del sostén del pastor y demás personal de la iglesia:

1. Debe respetarse la ley y debemos tener en orden toda la documentación que se requiera sobre el particular. Aportes de jubilación, salud, viáticos, etc.
2. Todo debe realizarse en orden y de acuerdo a las disposiciones fiscales vigentes en cada país. Lo que se paga debe estar bien aclarado. No debemos hacer nada en oculto.

3. Somos responsables de reconocimientos económicos adecuados para todos aquellos que trabajan en la obra. Recuerden el ejemplo que Dios nos dio en relación con los Levitas.
4. Algunas iglesias han tenido serios problemas que derivaron en juicio con personal contratado a quien no se le cumplió adecuadamente con las disposiciones legales. ¡Cuidado! Mas vale prevenir que curar.
5. Publicamos un modelo de presupuesto para atender las necesidades de un pastor. (Ver modelo de presupuesto para un ministerio pastoral.)
6. Como creyentes debemos ser fieles cumplidores de las leyes y dar un correcto ejemplo.

También debemos recordar, para evitar confusiones y malas interpretaciones, que el tesorero no es el dueño del dinero. El tesorero es dueño del manejo de las finanzas según el presupuesto. El presupuesto le determina como obrar. El presupuesto es su «amo».

En cuanto a los informes sobre el comportamiento del presupuesto pueden ser verbales, escritos o gráficos. Su presentación debe hacerse durante alguna reunión cada mes. Los gráficos pueden colocarse en lugares visibles (Ver «ideas para presentar informes» al final del capítulo.)

Siempre será positiva la palabra del pastor desde el púlpito animando a los hermanos a cumplir con el presupuesto. La iglesia debe «vivir» su presupuesto, pues es su plan de trabajo. Si queremos que la iglesia tenga vida y vida en abundancia, el mejor termómetro para su medición es cómo se cumple el presupuesto. Debe ser por lo tanto motivo de preocupación para todos los miembros de la congregación y en forma especial de sus líderes.

El plan de Dios requiere que el presupuesto de la iglesia sea representativo de una buena administración

Otro detalle a tener en cuenta es lo que señalamos en el capítulo 2. Dios debe tener su parte. De lo contrario El no puede obrar. Debemos tener en cuenta lo que El puede hacer durante el año en la vida de cada creyente y de la iglesia. Si solo planeamos el presupuesto con nuestra mentalidad tendrá un resultado muy limitado. En cambio si lo hacemos pensando en la grandiosidad del Dios al cual servimos, su resultado será importante. Es verdad que no debemos cometer locuras con el presupuesto, pero tampoco obrar como un pueblo sin Dios.

Quiera Dios guiar a las congregaciones para que cada día perfeccionen su administración a fin de que puedan cumplir con mayor eficiencia su ministerio. Debemos ser ejemplo para todos aquellos que nos observan. Es muy triste cuando la iglesia es criticada como consecuencia de desorganización en su administración y los líderes de ella no ocupan el lugar que Dios les ha establecido, ni lo hacen demostrando sabiduría.

Es verdad que somos humanos, pero cuando estamos al frente de la iglesia o componemos parte de ella, debemos tener presente que estamos frente a cosas sagradas que no nos pertenecen. El Señor en su infinita bondad nos ha puesto como administradores de su plan de redención para la humanidad. El pensar que por nuestra negligencia no comunicamos el mensaje de la salvación que Cristo ofrece, o que alguien se aparte de Él como consecuencia de nuestra deficiente administración, es más que lamentable y debería ser motivo de preocupación permanente.

¡Cuánto duele! cuando vemos testimonios que entristecen y no añaden progresos a la obra. Debemos demandar sabiduría de lo alto, clamar por capacidad y comprensión y pedir a Dios que nos dé de su justicia, su paz y misericordia.

Estamos agradecidos a Dios por el ejército de seres cristianos que en innumerables iglesias están sirviendo con lealtad y sacrificio. Gracias al Señor por todos aquellos que fueron fieles a través de los años y de quienes hemos recibido la herencia incorruptible de amor y perdón de parte de Dios. Gracias por aquellos que dispusieron de sus dones, talentos, tiempo, capacidades, conocimientos y bienes para que nosotros tuviésemos hoy el privilegio de conocer a Dios.

Pidamos ayuda al Señor para ser testigos suyos, con lealtad, y tener el orgullo de entregar la antorcha de la fe, sin contaminaciones, a aquellos que vendrán después de nosotros. Que aprendamos de nuestros mayores y seamos capaces de guardar la fe, como el depósito más preciado, y la podamos ofrendar a los que vendrán, con la misma fuerza como la recibimos de ellos.

Conclusión

1. ¿Qué es el presupuesto de la iglesia?
2. Partes en que se divide el presupuesto.
3. ¿Qué es el «hacer» de la iglesia?
4. ¿Qué es el costo del «hacer» de la iglesia?
5. ¿Quiénes elaboran un presupuesto?
6. ¿Quiénes deben aprobarlo?
7. Ocho pasos para preparar, aprobar, y controlar el presupuesto.
8. ¿Cómo debe ser el sostén pastoral?
9. Necesidad de cumplir con las leyes del país.
10. El tesorero y el presupuesto.

GRÁFICO QUE MUESTRA AL PRESUPUESTO EN SUS DOS DESAFÍOS

Dones, talentos, tiempo, conocimientos y capacidades   Bienes

Tarea a realizar durante el año		Costo de la tarea
1.- Ministerio pastoral		
Salario pastoral, incluido leyes sociales	3.126.30	
Viáticos	100.00	
Seguro médico	150.00	3.376.30
2.- Ministerio educacional		
Material para la enseñanza	1.240.00	
Utiles y enseres para las clases	126.00	
Capacitación de maestros, retiro, conf.,etc	340.00	
Compra de 2 mesa y 10 sillas	550.00	
Premio a los niños, fiesta fin de año	300.00	2.550.00
3.- Ministerio de evangelismo y misiones		
Material a utilizar en el año	720.00	
Costo de 2 mini campañas	1.150.00	
Mantención de equipo de sonidos	135.00	135.00
4.- Ministerio de música y adoración		
Compra de 4 togas	240.00	
Compra de material musical para el coro	120.00	
Compra de instrumentos para la orquesta	1.230.00	
Gastos en equipo de sonidos para la música	330.00	
5.- Ministerio acción comunitaria		
Gastos mantenimiento del comedor	1.500.00	
Asistencia social a la comunidad	650.00	
Compra medicamentos	500.00	
Compra alimentos	650.00	3.300.00
6.- Ministerio de intendencia	900.00	
Conservación del templo y edif. educacional	450.00	
Pintura y arreglos menores	980.00	
Luz, gas, agua, e impuestos	120.00	
Arreglo del bautisterio	120.00	
Imprevistos	300.00	2.700.00
7.- Ministerio de economía y finanzas		
Materiales a utilizar durante el año	540.00	
Libros para cursos de mayordomía	200.00	
Promoción campaña anual de mayordomía	200.00	
Sobres folletos, etc	500.00	1.440.00
8.-Ministerio de planes futuros		
Reserva para comprar terreno nueva misión	1.000.00	1.000.00
Total costo de los ministerios de la iglesia		$16.421.30

1.- Los miembros deben ser desafiados a ocupar su lugar en los respectivos ministerios con sus dones, talentos, tiempo, conocimientos y capacidades.
2.- Los miembros deben ser desafiados a ocupar su lugar en el costo de los ministerios con sus bienes.

PROPUESTAS DE MINISTERIOS PARA EL PRESUPUESTO

Ministerio de música y adoración	Año en curso	Propuesta
Coros y conjuntos	$_____	$_____
Mantenimiento instrumentos	$_____	$_____
Equipos de sonido	$_____	$_____
Retiro, viajes	$_____	$_____
Himnarios, cancioneros	$_____	$_____
Togas	$_____	$_____
Imprevistos	$_____	$_____

Ministerio de evangelismo y misiones	Año en curso	Propuesta
Campañas y reuniones evangelistas	$_____	$_____
Biblias, tratados, folletos	$_____	$_____
Apoyo a los misioneros	$_____	$_____
Reserva para viajes, retiros, etc	$_____	$_____
Ofrendas fraternales	$_____	$_____
Imprevistas	$_____	$_____

Sobre estos modelos los respectivos ministerios llenarán sus formularios de acuerdo a sus necesidades.

Deben cosignar el total del presupuesto actual y cuánto requieren para el año próximo.

Deben cuidarse de no solicitar más de lo prudente, simplemente porque tienen la oportunidad de pedir. Lo solicitado debe ser de acuerdo al plan de trabajo del año.

MODELO DE PRESUPUESTO PARA UN MINISTERIO PASTORAL

Concepto	Año en curso	Recomendado
1.- Salario pastoral		
Sueldo básico	$_____	$_____
Aguinaldo-sueldo anual complementario	$_____	$_____
Vivienda- alquiler o compra-	$_____	$_____
Servicios y mantenimiento	$_____	$_____
2.- Prestaciones		
Jubilación	$_____	$_____
Seguro médico	$_____	$_____
Seguro de vida	$_____	$_____
Seguro por incapacidad	$_____	$_____
3.- Gastos del ministerio		
Transporte, uso automóvil, etc.	$_____	$_____
Asistencia a convención, asoc. y conferencias	$_____	$_____
Libros, publicaciones.	$_____	$_____
Totales	$_____	$_____

Este modelo también es adaptable para las iglesias que aparte del pastor, tienen otro personal empleado.

Es posible que algunas iglesias en su comienzo no puedan llegar a este ideal de presupuesto, pero por lo menos tienen una guía para ir mejorando cada año.

IDEAS PARA PRESENTAR INFORMES SOBRE EL PRESUPUESTO

1.- Teniendo en cuenta que el presupuesto casi por lo general está programado por ministerios, conviene presentar todos los meses los avances que se han logrado.

2.- Para el orden en que deben darse los informes pueden tenerse en cuenta:
   a. La importancia que el ministerio tiene en ese año en el programa de trabajo de la iglesia.
   b. La cercanía de alguna celebración especial, mes de las misiones, mes del evangelismo, días especiales en educación cristiana, acción comunitaria, etc.

3.- La presentación puede ser:
   a. Simplemente verbal
   b. Un informe por escrito
   c. Por medio de afiches especiales
   d. En casos especiales puede ser dramatizado

4.- Por lo general la presentación se hace en las reuniones regulares de la iglesia, pero también puede hacerse durante una cena o encuentro especial, inclusive durante un pic-nic. Lo importante es estar seguro que hará impacto en la congregación.

5.- Si durante el año se ha establecido un énfasis especial, el ministerio que tenga a su cargo ese énfasis, deberá tener preferencia en la información.

6.- Si por alguna circunstancia especial, algún ministerio no ha podido cumplir con las metas propuestas, es conveniente que también informe, dando cuenta de las razones que impidieron su realización. Todo lo que hagamos en favor de hacer conocer la marcha de los planes será positivo.

.- Sea practico, conciso y breve. No abuse del tiempo. A veces algunos informes, aunque positivos, fueron dados con tal pesaduz, y largura de iiempo que no lograron el éxito que podían haber tenido. Recordemos "Lo bueno si es breve, es doblemente bueno".

8.- El apoyo del pastor a los informes es sumamente necesario y positivo.

9 - Acostúmbrese a informar con claridad y brevedad. La congregación se lo agradecerá.

EPÍLOGO

Hemos llegado al final del libro. Nuestro ruego es que su lectura le haya ayudado a aumentar sus conocimientos sobre administración de la obra del Señor. Si lo hemos logrado, habremos cumplido con el propósito que nos llevó a escribirlo.

Nuestro ruego al Dios de los cielos es que de una vez por todas, la inmensa cantidad de creyentes con dones, talentos, tiempo, conocimientos, capacidades y bienes, despierten a la realidad del llamado del Maestro y todos nos dispongamos a realizar la labor que Él espera de nosotros.

El está con los cielos cargados de bendiciones para derramarlas sobre su pueblo, pero para ello nosotros debemos reaccionar y despertar a la realidad del gran desafío. Es mucho lo que Dios nos demanda, pero la garantía de que Él está con nosotros, hace que nuestro trabajo se vea facilitado enormemente.

Debemos desechar el temor que a veces se apodera de nosotros al considerar la dimensión de la tarea, y el miedo que nos lleva a pensar que no somos capaces ni suficientes para realizarla. Dios no nos manda solos al frente, lo que Él está diciendo es, por favor ayúdenme en la tarea, no me dejen solo.

Los ejemplos bíblicos abundan para darnos ánimo y vencer los obstáculos que el enemigo quiere poner delante nuestro. ¡No estamos solos! ¡Nos acompaña el Rey de Reyes y Señor de Señores, el Todopoderoso Salvador! Lo reclama el testimonio de los que nos precedieron en el evangelio y claman por nuestra disposición a asumir responsabilidades aquellos que aún están sin Dios y que esperan que nosotros le alcancemos la Palabra de Vida.

Quiera Dios que logremos despertar al gigante dormido, y todos juntos alcancemos grandes triunfos para el evangelio, no para nuestra vanagloria, sino para ensalzar la Gloria de Aquél que nos rescató de las tinieblas y nos proyectó hacia su luz admirable. ¡A Dios sea la gloria!

Apéndice al Capítulo 4
Lo que la iglesia espera del pastor
por Les Thompson

El pastor y su programa

Introducción

La congregación espera no solo un pastor ejemplar en su persona, un pastor fiel a Dios en su predicación, sino también un líder resoluto: hombre que inspire a la congregación a hacer el trabajo de Dios. La iglesia espera un plan comprensible, objetivos alcanzables, dirección definida, y liderazgo positivo. Sin ello, la iglesia quizás exista, pero no avanza (ver 1 Corintios 14.40; Salmos 8; recordar a Esdras y a Nehemías).

Pasos administrativos para preparar un plan de trabajo para una iglesia

1. Identifique el objetivo.
   ¿Qué es lo que desea poner como meta u objetivo para el año? Procure unanimidad entre los autoridades de la iglesia.
2. Trace los pasos necesarios para lograr ese objetivo.
   Haga una lista de las cosas necesarias.
3. Establezca las prioridades.
   ¿Qué viene primero? ¿Dónde empieza?
4. Determine los recursos necesarios.
   No solo en cuanto a dinero, también en personal.

5. Escriba la estrategia en palabras comprensibles.
   Se escribe para que toda la iglesia en conjunto con sus autoridades sepan claramente qué es lo que se hará.

Ideas sobre planificación diagramada

Los pastores deben tener conocimientos de administración. Cuando, al aplicar estas técnicas administrativas, se busca la inspiración del Espíritu Santo, muchas de las dificultades de manejo administrativo resultarán más fáciles de resolver al trazar gráficamente el rumbo de su iglesia.

El plan que aquí sugerimos es básicamente una técnica de planificación desarrollada por los ingenieros que crearon el programa para los cohetes Polaris.

[Condición actual de la iglesia] → [El plan para llevar la iglesia a...] → [... alcanzar la meta propuesta]

Este método le ayudará a usted a trazar proyectos y a evaluar su progreso a medida que se lleva a cabo. Los ingenieros industriales utilizan recursos gráficos similares para tener idea del movimiento de la materia prima hacia el producto terminado. Este enfoque se puede fácilmente aplicar al trabajo de la iglesia. Lo que hacemos es establecer la meta y llenar todos los detalles del plan en la flecha.

Pueden prepararse gráficas en que se describan los métodos, los materiales, y demás recursos que han de emplearse. En el diagrama siguiente ilustramos completamente este sistema para planear una campaña evangelística en un medio

Apéndice

urbano tal como Buenos Aires, Santiago, Tampico, o Asunción.

La meta señalada (caja #1) es la de organizar clases para miembros (caja #7), que llegarán a añadir 50 miembros a la congregación: el objetivo (caja #8). Para alcanzar ese objetivo se decidió el hacer visitas casa por casa. Los visitadores saldrían los domingos por la tarde o los jueves por la noche Este diagrama ilustra cómo los dos sistemas se integran y preparan. El diagrama se explica por sí mismo. Cualquiera puede en cualquier momento saber qué es lo que falta por hacer con solo ponerle fechas a cada parte. Los números debajo de cada caja indican la secuencia del objetivo señalado. Algunos pueden ser simultáneos (por ejemplo 3, 4, 5, o varios). El cuadro puede aumentarse con objetivos adicionales. Cada caja representa un paso de todo el proyecto. Las líneas indican la dirección en que se va de un paso a otro. El uso de un cuadro así constituye un medio de organizar sus actividades y relacionarlas entre sí en forma gráfica. Una vez hecho el plan, el cuadro viene a ser un medio de comunicación que se copia y se pasa a las personas involucradas en el proyecto. ¿Cómo se prepara este tipo de diagramas? He aquí un método:

Este método consiste en hacer una planificación en grupo. Reparta una tarjeta de índice (o una pequeña hoja de papel) a cada persona que ha invitado a formar parte del grupo planificador de la iglesia.

Como organizador, pida que cada persona anote una meta que quisiera ver realizada en la iglesia durante el año. Luego de terminar, pida que cada persona lea lo que escribió. Ahora, entre todos, decidan cuál meta quieren

Plan de evangelismo

La iglesia con 200 miembros

1. **enero** — Establecimiento de la meta de evangelismo: 50 nuevos miembros

2. **febrero** — Organización del personal

3. **marzo** — Entrenamiento del equipo de visitación

3. **marzo** — Preparación del equipo evangelizador

4. **abril-agosto** — Visitación casa por casa

4. — Otras fuentes de personas interesadas en la iglesia

4. — Seguimiento a las personas que muestren interés

4. — Entrenamiento de nuevos equipos

5. **mayo-septiembre** — Posibles miembros llevados a la iglesia en programas especiales

5. — Visitas del pastor

6. **mayo-septiembre** — Visitación casa por casa por los nuevos equipos

7. **octubre-noviembre** — Clases de instrucción para nuevos miembros

8. **diciembre meta** — Añadir 50 miembros a la congregación

La iglesia con 250 miembros

Apéndice

lograr (insistimos que se escoja solo una). Con esa meta puesta sobre la mesa, seguirán con el segundo paso.

Reparta otra tarjeta de índice. Ahora pida a cada participante que escriba un paso importante para lograr esa meta. Al terminar de escribir, pida que cada persona lea su tarjeta u hoja. Debe tener unos cuantos pasos. Decidan ahora entre todos cuál debe ser el orden de prioridad y fechas para llevar a cabo estos pasos. Aquí pueden colocar las tarjetas en forma parecida al proyecto de evangelización diagramado arriba: poniéndolas en orden sobre la mesa. Las tarjetas que contengan los pasos que se realicen simultáneamente, colóquense directamente una encima de la otra. Así van avanzando por fechas y orden hasta llegar a la meta propuesta.

Luego de hacer todo esto, alguien con el don de dibujo, preparará el plan en una hoja o cartulina, añadiendo las flechas que muestran la dirección en que se va de un paso a otro.

Así, con la participación de cada persona, se llega a un hermoso plan de trabajo para la gloria del Señor.

Este diagrama no es más que un ejemplo. El método puede usarse para organizar los pasos dirigidos al establecimiento de un departamento de educación para la iglesia, una campaña de mayordomía, la descripción de los deberes de un tesorero (que maneja distintos fondos), una campaña dirigida a llamar la atención de la comunidad, el edificio para una escuela cristiana, y también para la organización de los sermones. Para quien cultive este método de planificación, estos cuadros son una ayuda excelente. He aquí los pasos básicos a realizarse:

1. ¿Qué es lo que quiero lograr? ¿Cuál es mi meta?
2. Hacer una lista de cosas que tienen que suceder para lograr la meta.
3. Preparar una estrategia, es decir, colocar en orden de importancia o cronológico cada una de las cosas descritas en la lista (punto 2).
4. Preparar un plan: Añadiendo las fechas de inicio de cada paso, y quiénes trabajarán el plan. Hacer un gráfico del plan.
5. Recursos: considerar cada punto en el plan para saber cuánto costará. Habrá ocasiones en que tendrá que preparar un plan especial para recaudar los fondos antes de poder seguir.
6. Llevar a cabo el plan.
7. Analizar los resultados.

Lo menos que puede usted hacer es probar el método. Quedará más que complacido de las cosas que pueden hacerse «decentemente y con orden» para los negocios del Rey.

Ayudas para tomar pequeñas decisiones administrativas

Las decisiones se clasifican en dos categorías:

A. Las «decisiones de rutina» para las cuales no hay más que una respuesta correcta. Esa respuesta es sabida y no hay necesidad de perder tiempo hablando sobre ella. Por ejemplo: ¿Debemos tener servicios el domingo entrante en la iglesia?

B. Las «decisiones de riesgo» para las cuales no hay respuesta correcta; solo toda una gama de soluciones óptimas cuya realización presenta dificultades críticas. Por ejemplo: ¿Debemos comprar un proyector de cine para nuestra iglesia?

En su función administrativa, el pastor debe estar dispuesto a afrontar el riesgo a la hora de tomar decisiones. La idea no es evitar el riesgo o disminuirlo, sino correr el riesgo correcto capaz de producir resultados para la gloria de Dios.

La capacidad de tomar decisiones lleva en sí la de resolver problemas. Se ha dicho que «una decisión es solo un problema en espera de solución». Los problemas deben expresarse siempre en una sola cláusula concisa. Por ejemplo: ¿Debemos comprar un proyector de cine para nuestra iglesia? Haga una lista de análisis, usando la imaginación, para combinar, adoptar y evaluar su problema. Por ejemplo:

¿Cuánto me cuesta alquilar un proyector? (Nadie tiene uno que me alquile.) ¿Puedo conseguir uno prestado? (El que tiene el proyector vive en otra ciudad.)
¿Cuánto me cuesta comprar uno...usado, nuevo?
¿Con qué frecuencia lo usaría si lo compro?
¿Dónde conseguiría las películas? ¿Cuánto me costarían?
¿Hay otra cosa en la iglesia que sería más práctica y útil?

Elabore un cuadro gráfico, coloque otras necesidades que tiene su iglesia. Haga una lista como la de arriba evaluando la necesidad de cada una.

Ahora podrá decidir con más inteligencia cuál artículo comprar. Si necesita varios de estos y no tiene fondos, escoja uno y haga de este un proyecto especial de un mes o más (puede darle uno a la sociedad de jóvenes, otro a la sociedad de damas, etc.)

Luego siga con los otros en orden de importancia, pero cuide de no recargar demasiado a los miembros de la congregación pidiéndoles sacrificios indebidos. Verá que con una metodología como esta poco a poco podrá conseguir todos los equipos esenciales para el programa de una iglesia. He aquí otros cuadros gráficos que han probado ser de utilidad en los casos de toma decisiones:

1. Digamos que tiene $1.000,00 disponibles para la adquisición de equipos para la iglesia. ¿Qué equipos se deben adquirir? Haga una lista de las opciones posibles. Establezca una escala numérica, asignando a cada solución una puntuación o grado de importancia según su juicio. La solución que alcance el grado más alto en la escala es la que deberá ponerse en práctica. El cuadro debe aparecer más o menos así. (Ver cuadro 1.)
2. También se puede utilizar un cuadro con el fin de seleccionar personal para la iglesia. Supongamos que se tienen seis candidatos para enseñar una clase de escuela dominical. Solo necesita un maestro. ¿Sobre cuál ha de recaer la decisión? El método que a continuación se describe puede ser de efectiva ayuda en este caso. (Ver cuadro 2.)
3. Ahora tenemos el «árbol de decisión». Supongamos que se está considerando la adquisición de nuevos himnarios. El proceso del «árbol de decisión» puede expresarse gráficamente como sigue. (Ver cuadro 3.)

En cada decisión debe dejarse bien claro:

¿Quiénes han de llevar a cabo la solución? (Personas.)
¿Qué cosas habrán de usarse? (Materiales.)
¿Dónde se realizará el proyecto? (Lugar.)
¿Cuándo se va a realizar? (Fechas de inicio y término.)
¿Cómo va a realizarse? (Métodos.)

CUADRO #1

Necesidad Proyectada	Frecuencia de uso	Costo	Eficacia	Apto para el programa de la iglesia	Urgencia	Puntuación
Proyector de cine	Una vez al mes	$1.000.00 (U.S.A.)	Evangelismo y jóvenes	Sí	Puede esperar	2
Equipo de sonido	Cada vez que se usa la iglesia	$600.00	Neutralizar ruidos exteriores	Sí	Urge	10
Bancas nuevas	Cada vez que hay un servicio	$100.00 por banca	Sentar más cómodamente a la congregación	Sí	Puede esperar	7
Nuevos himnarios	Cada servicio	$2.00 por himnario ($300.00)	Evitar hojas sueltas con himnos	Sí	Puede esperar	5
Piano/órgano	Servicios y clases de piano	$1.500.00	Ayudar en el canto	Sí	Urge	9

La puntuación se hará del 1—10, dando al 10 el mayor valor.

Cuadro #2

CANDIDATOS	Conocimiento bíblico	Aptitud para liderazgo	Cumplidor	Responsable	Puntual	Disciplinado	Vida ejemplar	Bién preparado	Tiene experiencia	Puntuación total
Domingo Ávila	3	9	10	8	4	5	9	10	5	63
Teresita Domínguez	5	2	7	7	9	9	10	5	2	56
Justo Rodríguez										
Timoteo Bermúdez										
Mirta Suárez										
Cancio González										

La puntuación se hará del 1—10, teniendo más valor o perfección el 10.

Cuadro #3 El arbol de las decisiones

```
                                    ¿Necesito nuevos himnarios para la iglesia?
                                                    │
                    ┌───────────────────────────────┴──┐
                   Sí                                  No
                    │                                   │
          ¿Hay urgencia en conseguirlos?      Evaluación de los que ya tenemos → Averiguar si hay mejores himnarios
                    │
            ┌───────┴────────┐
           Sí                No → Demorar la compra hasta que sean necesarios
            │
    ¿Serán utilizados con frecuencia?
            │
            ├─── No → ¿Se justifica el costo por la frecuencia del uso?
            │                         │            │
            │                        Sí           No
           Sí ←──────────────────────┘
            │
    ¿Podemos funcionar bien sin ellos?
            │
      ┌─────┴─────┐
     Sí           No → Comprarlos
      │
  No se compren
```

BIBLIOGRAFÍA

1. *Biblia al Día*. Editorial Vida.

2. Reina y Valera. *Biblia: 1960*.

3. Bremer Otto. *Perspectivas religiosas en la administración empresarial*.

4. Broda, A. y Pizzicatti A. *Mayordomía integral de la vida*. Casa Bautista de Publicaciones.

5. Broda, Aldo N. *El desafío de la mayordomía y las misiones*. Casa Bautista de Publicaciones.

6. Cook, Clyde. *Evangelical Missions Quaterly*, Oct./81.

7. Davis, Lee E. *In Charge, Managing Money for Christian Living*, Broadman Press.

8. Dayton, Howard. *Su dinero: ¿Frustración o libertad?* Editorial Unilit, 1994.

9. *Guía para la campaña de mayordomía total*. Casa Bautista de Publicaciones.

10. Haggai, John E. *Liderazgo que perdura en un mundo que cambia*. Casa Bautista de Publicaciones, 1986.

11. Hendricks, William L. *Resource Unlimited.* Stewardship Commission SBC.

12. Kirk de, Maxie. *¡Tome Cuenta!* Casa Bautista de Publicaciones.

13. Kopf, Gerardo. *La Administración en los Ministerios de Dios.*

14. *Mastering Church Management*, Multnomah Press.

15. Patterson, Frank W. *Manual de Finanzas para Iglesias.* Casa Bautista de Publicaciones.

16. *Programa de Mayordomía para la iglesia local.* Casa Bautista de Publicaciones.

17. Rush, Myron. *Administración, un enfoque bíblico.* Editorial Unilit, 1993.

18. Rush, Myron. *Cómo ser cristiano y hombres de negocios.* Mundo Hispano, 1988.

19. Sobrinho, Falco. *Teología de la mayordomía cristiana.* Casa Bautista de Publicaciones.

20. Tead, Orday. *The Art of administration.* McGraw-Hill Book Company, Inc.

21. Turnbull, Rodolfo G. *Diccionario de Teología práctica: mayordomía.* T.E.L.L.

Aldo Broda

Guía de estudio

ADMINISTRACIÓN: PRINCIPIOS GERENCIALES PARA LÍDERES CRISTIANOS

Guía preparada por
Alberto Samuel Valdés

Contenido

Cómo establecer un seminario en su iglesia 193
Cómo hacer el estudio 194
Guía de estudio 224
Manual del facilitador 283
Hoja de calificaciones 357

Cómo establecer un seminario en su iglesia

A fin de obtener el mayor provecho del programa de estudios ofrecido por FLET, se recomienda que la iglesia nombre a un comité o a un Director de Educación Cristiana como responsable. Luego, se debe escribir a Miami para solicitar el catálogo ofrecido gratuitamente por LOGOI-FLET.

El catálogo contiene:
1. La lista de los cursos ofrecidos, junto con programas y ofertas especiales.
2. Información acerca de la acreditación que FLET ofrece.
3. La manera de afiliarse a FLET para establecer un seminario en la iglesia.

Luego de estudiar el catálogo y el programa de estudios ofrecidos por FLET, el comité o el director podrá hacer sus recomendaciones al pastor y a los líderes de la congregación para el establecimiento de un seminario o instituto bíblico acreditado por FLET en la iglesia.

LOGOI-FLET
14540 S.W. 136 Street N° 200
Miami, FL 33186
Teléfono: (305) 232-5880
Fax: (305) 232-3592
E-mail: logoi@logoi.org
Internet: www.logoi.org

Cómo hacer el estudio

Cada libro describe el método de estudio ofrecido por esta institución. Siga cada paso con cuidado. Aunque la persona puede hacer el curso individualmente, sería más beneficioso si se uniera a otros de la iglesia que también deseen estudiar.

Recomendamos que los estudiantes se dividan en pequeñas «peñas» o grupos de estudio compuestos de cinco a diez personas. Estas peñas han de reunirse una vez por semana en la iglesia bajo la supervisión del Director de Educación o de un facilitador para que juntos puedan cumplir con los requisitos de estudio (los detalles se encuentran en las próximas páginas). Cada grupo necesitará un «facilitador» (guía o consejero), nombrado por la superioridad o escogido por ellos mismos —según sea el caso—, que seguirá el manual para las peñas que se encuentra a partir de la página 283.

El concepto de este tipo de estudio es que el libro de texto sirve como «maestro», mientras que el facilitador funge como coordinador que asegura que el trabajo se hace correctamente. Si no hubiese la manera de contar con un facilitador, los estudiantes podrían ejercer esta función por turno. Se espera que la iglesia tenga varios grupos de estudio y que el pastor sirva de facilitador de una de las peñas. Cuando el pastor se involucra, su ejemplo anima a la congregación entera y él mismo se hace partícipe del proceso de aprendizaje.

Guía de Estudio

El que realiza este programa podrá
1. Usar este texto con provecho, destreza, y confianza para la evangelización y el discipulado de otros.
2. Proveer explicaciones sencillas y prácticas de principios, verdades, y conceptos comunicados en este estudio.
3. Emplear los pasos de nuestro método en el estudio de este libro y otros.

Para realizar este curso necesitará
1. Un ejemplar de la Biblia en castellano.
2. Un cuaderno para anotaciones (que usted debe adquirir), y hojas de papel para dibujos.
3. Opcional: Integrarse a un grupo de estudio o peña.

El plan de enseñanza LOGOI
El proceso educacional hay que disfrutarlo, no tolerarlo. Por lo tanto, no debe convertirse en un ejercicio forzado. A su vez, se debe establecer metas. Llene los siguientes espacios:

Anote su meta diaria: _____
Hora de estudio: _____
Día de la peña: _____
Lugar de la peña: _____

Opciones para realizar el curso
Este curso se puede realizar en tres maneras. El alumno escoge un plan intensivo. Completa sus estudios en un mes y entonces, si lo desea, puede rendir el examen

final de FLET para recibir acreditación. Si desea hacer el curso a un paso más cómodo, lo puede realizar en el lapso de dos meses (lo cual es el tiempo recomendado para aquellos que no tienen prisa). Al igual que en la primera opción, el alumno puede rendir un examen final para obtener crédito por el curso. Además, otra opción es hacer el estudio con el plan extendido, en el cual se completan los estudios y el examen final en tres meses.

Las diversas opciones se conforman de la siguiente manera:

Plan intensivo: Un mes (4 sesiones) Fecha de reunión
Primera semana: Lecciones 1-3 _____
Segunda semana: Lecciones 4-6 _____
Tercera semana: Lecciones 7-8 _____
Cuarta semana: Examen final FLET _____

Plan regular: Dos meses (8 sesiones) Fecha de reunión
Primera semana: Lección 1 _____
Segunda semana: Lección 2 _____
Tercera semana: Lección 3 _____
Cuarta semana: Lección 4 _____
Quinta semana: Lección 5 _____
Sexta semana: Lección 6 _____
Séptima semana: Lección 7 _____
Octava semana: Lección 8 _____
Examen final _____

Plan extendido: Tres meses (3 sesiones) Fecha de reunión
Primer mes: Lecciones 1-3 _____

Segundo mes: Lecciones 4-6 _____
Tercer mes: Lecciones 7-8 y examen final_____

Cómo hacer la tarea de las lecciones*
Antes de cada reunión el estudiante debe:
1. Leer el capítulo (o los capítulos) por completo.
2. Responder las diez preguntas y plantearse otras tres, basadas en el material tratado en la lección.
3. Utilizar los dibujos para aprender, memorizar, y comunicar algunos puntos esenciales de la lección. El alumno debe ver los dibujos que explican algunos de los conceptos del capítulo, leer la explicación que los acompañan, y repetir los dibujos varias veces en una hoja de papel cualquiera hasta llegar a memorizar los conceptos.
4. La sección Expresión responde a cómo comunicar los conceptos aprendidos a otras personas. Desarrolle ideas creativas para compartir los conceptos bíblicos con los talentos que Dios nos ha dado, por medio de nuestra personalidad única, y en el poder del Espíritu Santo. También debe hacer una lista de oración a fin de orar por creyentes y no creyentes, pidiendo que Dios provea oportunidades para ministrarles.

*El estudiante debe completar la tarea de la lección 1 antes de la primera reunión.

Cómo obtener un título acreditado por FLET

Para recibir acreditación de FLET, el alumno debe comunicarse de inmediato con nuestro representante autorizado en su país o con las oficinas de FLET en Miami, a la siguiente dirección:

Logoi, Inc.
14540 S.W. 136 Street, Suite 200
Miami, FL 33186
Teléfono: (305) 232-5880
Fax: (305) 232-3592
E-mail: logoi@logoi.org
Internet: www.logoi.org

Metas y objetivos del curso

Los cursos de FLET tienen el siguiente propósito institucional: «Hacer que cada pastor y líder de la congregación, entienda y cumpla los propósitos de Cristo para Su iglesia». Para lograrlo, LOGOI brinda un programa de educación que enfatiza el desarrollo del estudiante en las siguientes áreas:

Conocimiento: Para que crezca en su amor a Dios a través del conocimiento de la Biblia.
Carácter: Para que busque imitar a Cristo.
Familia: Para que fortalezca las relaciones familiares en el hogar.
Evangelismo: Para que motive a la iglesia a evangelizar su comunidad y el mundo.
Discipulado: Para que edifique y reproduzca líderes cristianos.
Liderazgo: Para que aprenda y desarrolle las actitudes y habilidades necesarias para servir al Señor en la iglesia.

Conforme a dicho propósito este curso está diseñado para ayudar a la iglesia a establecer un buen plan de evangelización y seguimiento. Los siguientes objetivos y metas se han diseñado para cambiar y/o fortalecer lo que el estudiante conoce, siente y hace.

Metas para el curso
1. El alumno obtendrá un conocimiento general de la tarea de administrar una iglesia o empresa cristiana así como también su propia vida.

2. El alumno sentirá la convicción de que una iglesia bien organizada usa mejor los dones, capacidades y recursos que Dios nos ha dado. Esto incluye la convicción de:
   A. Mejorar la administración de su propia vida.
   B. Mejorar la administración de la iglesia y/o empresa con las cuales está asociado.
   C. Comunicar el ejemplo y los principios de la buena administración a otros.

3. El alumno participará (de manera individual y en grupo) en el desarrollo de un plan administrativo para una iglesia o empresa cristiana. (Tomar en cuenta los valores descritos en la meta número 2.)

Objetivo

El alumno cumplirá con dichas metas al diseñar un plan administrativo completo, ya sea para una iglesia o empresa cristiana, que tome en cuenta la administración de sí mismo y de la organización, la comunicación a otros con su propio ejemplo y la instrucción de sabios principios gerenciales.

Tareas

1. Leer el texto completo Administración: principios gerenciales para líderes cristianos. Además leerá 500 páginas adicionales en el área de administración y principios gerenciales. El facilitador (o estudiante en el caso de aquellos que están tomando la materia como alumno individual) enviará un record de los libros que se leyeron y la cantidad de páginas

leídas junto con el examen final (20% de la calificación final).

2. Completar las tareas de la Guía de estudio que el estudiante entregará semanalmente al facilitador (en el caso del estudiante en grupo) o enviará directamente a la sede de FLET (en el caso del estudiante individual). Dichas tareas consisten en lo siguiente:

   a. *Tres preguntas:* Esta porción de la tarea se relaciona a la lectura del alumno y su interacción con las Diez preguntas. El estudiante debe escribir por lo menos 3 *preguntas propias* concernientes a la lección (y que no han sido tratadas o desarrolladas ampliamente por el autor). Estas preguntas deben representar aquellas dudas, observaciones, o desacuerdos que surgen en la mente del estudiante a medida que vaya leyendo el texto de estudio (o al reflexionar después sobre el contenido del mismo). Se espera también que el estudiante comience a tratar de solucionar su pregunta o duda. Es decir, el estudiante deberá hacer un esfuerzo por buscar la respuesta a la pregunta o duda que se le presente (ya sea explorando alternativas o respuestas posibles). Este ejercicio ayudará al alumno a aprender a pensar por sí mismo y tener interacción con lo que lee. Así, se permite que el estudiante exprese su desacuerdo (si lo hay) con el autor mientras que explique la razón de su posición.

b. Cuatro conceptos: Esta parte de la tarea se relaciona a las cuatro gráficas, y sus explicaciones, provistas para cada lección. El estudiante escribirá en una sola oración una verdad aprendida por cada gráfica. El propósito de esta tarea es asegurar que el estudiante está aprendiendo el contenido, y cómo comunicar el mismo de manera precisa, concisa, y relevante. El alumno entregará esta tarea semanalmente y por escrito al facilitador, juntamente con las tareas requeridas en las secciones de las Diez preguntas y Expresión.

c. Tres desafíos: Esta parte corresponde a la sección Expresión que aparece en cada lección. El estudiante completará los tres puntos de dicha sección (evaluación, reflexión y acción). El alumno deberá realizar esta tarea semanalmente y reportarla por escrito al facilitador.

El estudiante recibirá 10 puntos por cada pregunta, concepto y desafío que complete, de manera que el estudiante que cumpla con todo lo que se pide recibirá una calificación de 100. Esta calificación debe registrarse en una copia de la hoja de calificaciones que aparece en la página 357 y enviarse a la sede de FLET junto con el examen final (20% de la calificación final).

3. El estudiante aprobará un examen final que evaluará su conocimiento de los principios gerenciales y la administración (30% de la calificación final).

4. El estudiante completará un **Proyecto de administración y liderazgo** de acuerdo a las instrucciones que se muestran adelante (30% de la calificación final).

Lectura: 20%
Pequeñas pruebas: 20%
Proyecto de administración: 30%
Examen final: 30%

Libros recomendados

A continuación proveemos una lista de textos posibles para lectura y evaluación. El estudiante puede seleccionar las lecturas ya sea de esta lista y/o de libros similares. [Nota: FLET no necesariamente comparte la opinión de los autores abajo mencionados.]

Armerding, Hudson T. *El líder cristiano*. Editorial CLIE.

Barrientos, Alberto. *Principios y alternativas de trabajo*. Editorial Caribe.

Blue, Ron. *Sobreponiéndose problemas financieros*. Editorial Unilit.

Blue, Ron. *Cómo evitar errores financieros comunes* (Serie Realidades). Editorial Unilit.

Broda, Aldo. *Administrando bien la vida*. Editorial Unilit.

Bump, Glen Hale. *Cómo triunfar en los negocios sin dejar de ser cristiano*. Editorial CLIE.

Burkett, Larry. *Cómo manejar su dinero*. Editorial Portavoz.

Burkett, Larry. *Finanzas personales*. Editorial Unilit.

Burkett, Larry. *Guía para el presupuesto familia* (Serie enfoque a la familia). Editorial Unilit.

Burkett, Larry. *La familia y sus finanzas*. Editorial Portavoz.

Burkett, Larry. *Libertad financiera*. Editorial Unilit.

Burkett, Larry. *Negocios y la Biblia*. Editorial Betania.

Burkett, Larry. *Usando el dinero sabiamente*. Editorial Unilit.

Calderón, Wilfredo. *Administración en la iglesia cristiana*. Editorial Vida.

Cedar, Paul. *Siete claves para comunicación efectiva*. Editorial CLIE.

Dayton, Edward. *Su dinero: ¿Frustración o libertad?* Editorial Unilit.

Dayton, Edward. *Útiles para el buen uso del tiempo*. Editorial CLIE.

Eims, Leroy. *Cómo ser un líder motivador*. Editorial CLIE.

Engstrom, Ted W. *Cómo aprovechar el tiempo*. Editorial Vida.

Figueroa, Inés J. *Proceso administrativo en la iglesia*. Editorial Caribe.

Finzel, Hanz. *Líderes, sus diez errores más comunes*. Ediciones Las Américas.

Getz, Gene. *La medida del líder*. Editorial CLIE.

Haddon Robinson, *Decisiones, decisiones*. Ediciones Las Américas.

Maxwell, John C. *Desarrolle a los líderes que están alrededor de usted*. Editorial Betania.

Maxwell, John C. *Desarrolle el líder que está en usted*. Editorial Betania.

Maxwell, John C. *Liderazgo 101*. Editorial Peniel.

Merrill, Dean. *Liderazgo con amor*. Editorial Unilit.

Rush, Myron. *¡Agotado!* Editorial Unilit.

Rush, Myron. *Administración: Un enfoque bíblico.* Editorial Unilit.

Rush, Myron. *Cómo ser cristiano y hombre de negocios,* Editorial Mundo Hispano.

Sanders, Oswald. *Liderazgo espiritual.* Editorial Portavoz.

Sanders, Oswald. *Pablo el líder.* Editorial Vida.

Ziglar, Zig. *Más allá de la cumbre.* Editorial Betania.

Proyecto de administración y liderazgo

Este proyecto consiste en diseñar un plan administrativo completo, ya sea para una iglesia o empresa cristiana. Es ideal que el proyecto se realice en grupo ya que esto ayudará a aproximarse a algunas situaciones de organizaciones reales. El alumno que esté tomando el curso en forma individual tendrá que reclutar por lo menos dos personas adicionales (amigos, hermanos de la iglesia) que le ayuden a cumplir con los requisitos y así completar el proyecto. [Nota: Aunque el proyecto se puede realizar con una empresa o iglesia imaginaria o ficticia, también se puede hacer con una real. Esto significa que el proyecto puede usarse para mejorar los procesos administrativos de una iglesia u organización existente como también para lanzar una nueva.]

Metas del proyecto de administración y liderazgo
El proyecto tendrá las siguientes metas:

1. Cada miembro del equipo (es decir, el grupo de estudio o la peña y, en el caso del estudiante individual, las personas que haya reclutado para ayudarle) podrá explicar el propósito de la nueva iglesia o empresa, la visión y misión de la misma, así como defender sus ideas y decisiones sobre la base de los principios bíblicos relacionados con la administración.
2. Cada alumno se sentirá motivado a contribuir ya sea con el comienzo de una nueva iglesia o empresa, o con el mejoramiento de una existente.
3. Cada alumno aprenderá cómo trabajar en equipo, compartir ideas y llegar a resoluciones con personas que piensan de manera diferente a ellos.

Instrucciones para el proyecto de administración y liderazgo

El alumno completará el siguiente proyecto de *cuatro secciones* con el fin de obtener crédito para el curso. [Nota: Todo trabajo escrito debe ser entregado al facilitador, o enviado a la sede de FLET, en el caso del alumno individual, y no deben exceder de 5 páginas. Se espera que el alumno escriba de manera coherente, concisa y de acuerdo a las reglas gramaticales. (Véase *Un manual de estilo* por Mario Llerena.)]

1. **Primera sección:** El estudiante completará esta parte antes de la primera lección.

    a. En el capítulo 3, Broda habla de un artículo titulado «Los evangélicos hacia una mejor administración de sus vidas» publicado en un diario de su país. Escriba un artículo de entre 500 y 550 palabras con el mismo título o que se titule «(Su nombre) hacia una mejor administración de su vida». Puede compartir lo que escribió con sus compañeros si así lo desea. De otra manera puede tenerlo entre usted y Dios y/o compartirlo con un buen amigo que pueda darle su opinión acerca de cómo va la administración de su vida. [Nota: Aunque no es necesario que el alumno entregue esta tarea, sí debe reportar al facilitador o la sede de FLET que la cumplió. El reporte del cumplimiento debe ser enviado con el examen final.]

b. Escriba tres preguntas «diagnósticas» que indiquen si una persona está administrando bien su vida o no. Por ejemplo: ¿Siempre estoy corto de tiempo y dinero? ¿Se me pierden las cosas a menudo? ¿Se enojan mis amistades conmigo a causa de la irresponsabilidad? Responda usted mismo las preguntas y propóngase trabajar en algún área que necesita mejorar. Pida permiso al pastor para incluir las preguntas en el boletín de la iglesia o en alguna pizarra donde muchos las puedan ver.

c. Pida al pastor, director de educación cristiana u otro líder responsable de la educación de la iglesia, a que ofrezca, ya sea un curso, una conferencia o una serie de sermones acerca de la administración/mayordomía con el fin de ayudar al resto de la congregación.

2. **Segunda sección:** Entrevista a un pastor de alguna iglesia local

El alumno realizará una entrevista a un pastor de una iglesia local y le hará las preguntas que aparecen a continuación. Además, de escribir un resumen de la entrevista y de lo que el pastor dijo, el estudiante debe incluir una evaluación de su experiencia, lo que aprendió y lo que intenta cambiar en su vida como resultado de la entrevista. [Varios alumnos pueden hacer la entrevista como grupo para que no le tome más tiempo del necesario al pastor, pero cada estudiante debe escribir su propia tarea y evaluación.]

- a) ¿Qué dos o tres principios fundamentales de administración usted compartiría con un joven pastor que acaba de comenzar en el ministerio?
- b) Muchos problemas administrativos se deben a dificultades en la comunicación, ¿qué sugiere en esta área?
- c) ¿Qué sugiere para facilitar la tarea de trabajar en equipos?
- d) Ya que la iglesia depende mucho de voluntarios, ¿qué tres sugerencias puede hacer para entrenar, motivar y recompensar de alguna manera a los obreros?

[Pregunta opcional: El alumno puede incluir su propia pregunta acerca de la administración.]

3. **Tercera sección:** Entrevista a un gerente o administrador(a) de una empresa local (cristiana o no cristiana).

El alumno realizará una entrevista a un gerente o administrador(a) de una empresa local y le hará las preguntas que aparecen a continuación. Además, de escribir un resumen de la entrevista y de lo que le dijo el entrevistado, el estudiante debe incluir una evaluación de su experiencia, lo que aprendió y lo que intenta cambiar en su vida como resultado de la entrevista. [Varios alumnos pueden hacer la entrevista como grupo para que no le tome más tiempo de lo necesario al administrador(a), pero cada estudiante debe escribir su propia tarea y evaluación.]

1. ¿Qué dos o tres principios fundamentales de administración usted compartiría con un joven que acaba de comenzar en una empresa?
2. Muchos problemas administrativos se deben a dificultades en la comunicación, ¿qué sugiere en esta área?
3. ¿Qué sugiere para facilitar la tarea de trabajar en equipos?
4. ¿Qué tres sugerencias puede hacer para entrenar, motivar y recompensar a los trabajadores?

[Pregunta opcional: El alumno puede incluir su propia pregunta acerca de la administración.]

4. Cuarta sección:

Desarrollo de un plan administrativo (de ocho partes) para la vida personal y la iglesia/empresa (cada parte corresponde a un capítulo y consta de 2 tareas). El alumno realizará la primera tarea *individualmente* antes de llegar a la reunión. La segunda comprende un «proyecto de grupo» que se desarrollará en grupos de 4 a 5 alumnos durante la reunión. [Nota: El alumno individual completará esta segunda porción de acuerdo al horario que haya sido determinado por él y los participantes que le ayudarán.] Cada una de las ocho partes de este proyecto corresponde a las ocho lecciones de la materia (ej.: el estudiante debe completar la primera parte en conexión con la primera lección y antes de la primera reunión, y así sucesivamente hasta completar las ocho partes de esta cuarta sección).

Primera parte: Lección 1 «Conceptos generales de la administración»

Tarea individual (para ser completada antes de asistir a la primera lección)

El estudiante debe hacer lo siguiente como parte de la tarea de la primera lección:

a) El alumno escribirá su propia definición de la administración (para la cual debe tomar en cuenta lo que dice la Biblia).

b) El alumno hará una evaluación escrita de los puntos fuertes y débiles en su filosofía/práctica de administración. [El estudiante no tiene la obligación de revelar los resultados de su autoevaluación. No obstante, sí debe reportar al facilitador que ha completado esta parte de la tarea.]

c) El alumno escribirá sus expectativas de este curso, o sea, lo que espera aprender, sentir y cambiar en su vida. Al final del curso debe comparar los resultados con lo que escribió al principio. [El estudiante no tiene la obligación de revelar los resultados de esta parte. No obstante, sí debe reportar al facilitador que ha completado esta parte de la tarea.]

Tarea en grupo (para ser completada durante la lección)
Los estudiantes deciden quiénes van a formar los grupos (entre 4 y 5 alumnos) que van a trabajar juntos para el resto del curso, con el fin de completar la tarea en grupo. En esta tarea el grupo organizará, ya sea una iglesia o empresa cristiana ficticia o real. Crearán la política, visión y estructura organizativa de dicha iglesia o empresa. Además, celebrarán una reunión de la junta administrativa (con la ayuda de una guía como *Reglas parlamentarias*, por H.F. Kerfoot, Editorial Mundo Hispano).

Segunda parte: Lección 2 «La iglesia, administradora del plan de Dios»

Tarea individual (para ser completada antes de asistir a la segunda lección)
    a) El estudiante debe leer: Mateo 28; Efesios; Romanos 12-16 y 1 Corintios [Preferiblemente, el alumno leerá cada libro o sección de una vez, sin interrupción.]
    b) Escribir 10 principios, acerca de la iglesia y su naturaleza, que haya aprendido de su lectura bíblica.
    c) Escribir en dos o tres oraciones lo que (en este nivel de aprendizaje) considera que sea el propósito y la misión de la iglesia.

Tarea en grupo (para ser completada durante la lección)

La tarea en grupo para esta semana consta de:
a) El grupo decidirá si la organización ficticia o real que van a organizar será una iglesia o una empresa cristiana.
b) El grupo comenzará a explorar las respuestas a las siguientes preguntas:
- ¿Cuál es el propósito global de la iglesia y su misión?
- ¿Por qué debe existir esta nueva iglesia o empresa en nuestra comunidad?
- ¿Qué necesidades atenderá (o intentará llenar) esta iglesia o empresa?
- ¿Qué visión tiene esta iglesia o empresa?

[Nota: El propósito y la misión de la iglesia son iguales para todas las iglesias. La visión tiene que ver con la expresión particular del propósito y la misión de la iglesia en el contexto cultural, contemporáneo y geográfico en el cual se encuentra.] Bajo esta categoría pueden discutir el nombre de la iglesia (cómo reflejará la visión), el local de la iglesia (¿tendrá su propio edificio? ¿se reunirá en hogares?), las personas que tratará de alcanzar (¿algún segmento geográfico? ¿alguna nacionalidad en particular?).

c) El grupo escribirá algunas conclusiones tentativas a las preguntas indicadas anteriormente. Los alumnos deben reflexionar más sobre ellas durante la semana.

Tercera parte: Lección 3 «El plan de Dios requiere pastores y líderes capacitados en administración»

Tarea individual (para ser completada antes de asistir a la lección)
   a) El alumno leerá 1, 2 Timoteo; Tito.
   b) El alumno escribirá algunas reflexiones propias sobre las cualidades de los líderes que aparecen en dichas epístolas.
   c) El alumno hará una evaluación de su propia vida (no tiene que revelar los resultados, pero sí debe reportar que ha completado la tarea) a la luz de la cualidades descritas.

Tarea en grupo (para ser completada durante la lección)
   a) El grupo decidirá qué empleos a tiempo completo y qué empleos de tipo voluntario necesitarán para el comienzo de su nueva iglesia o empresa. Por ejemplo, ¿necesitarán maestros de escuela dominical inmediatamente? ¿Cuántos ancianos (en caso de necesitar alguno) necesitarán al principio?
   b) El grupo decidirá qué preguntas hará durante la entrevista al nuevo pastor o gerente de la empresa. Dichas preguntas se harían a los candidatos para dicho trabajo.
   c) El grupo decidirá que estándares usará para evaluar el trabajo de los obreros (si están cumpliendo o no con sus responsabilidades, con el fin de corregir y/o recompensarlo). Los obreros incluyen a todos los trabajadores, ya sean asalariados o voluntarios.

[Si queda tiempo, el grupo puede explorar la idea (beneficios/puntos negativos) de tratar de desarrollar líderes dentro de la iglesia o de buscarlos fuera de ella (seminarios, otras iglesias, organizaciones misioneras).]

Cuarta parte (Lección 4): Lección 4 «El plan de Dios requiere tareas administrativas de la iglesia»

Tarea individual (para ser completada antes de llegar a la lección)
    a) El alumno desarrollará una lista de las tareas administrativas personales de las que es responsable.
    b) El alumno utilizará el modelo PERT para planear un proyecto personal (tal vez acerca de algo que ha estado posponiendo por mucho tiempo o algo nuevo que piensa que debe realizar).
    c) El alumno dará el primer paso hacia la realización de dicho plan (debe reportar al facilitador que ha completado esta tarea y la anterior).

Tarea en grupo (para ser completada durante la lección)
El grupo desarrollará una gráfica de la organización administrativa (organigrama) de la nueva iglesia, que debe incluir:
    a) La posición del pastor con relación al cuerpo de ancianos, diáconos o junta administrativa.
    b) Los obreros pagados por la iglesia y sus tareas respectivas.
    c) ¿Quiénes rinden cuentas a quién según el esquema administrativo? [¿Quién recibe y da ór-

denes? ¿Quiénes funcionan al mismo nivel administrativo y quiénes rinden cuentas a otros? ¿A quién le rinde cuentas el pastor y quiénes le rinden cuentas a él?]

El grupo comenzará a desarrollar un esquema PERT que represente un plan para celebrar la apertura de la iglesia. Dicho plan tomará en cuenta anuncios, comidas, invitaciones especiales, presentaciones, local y otros detalles cualesquiera que deben prepararse y estar listos para que el evento sea exitoso. También debe incluir el propósito del evento y los estándares de evaluación (que se realizará después que termine el evento, con el fin de poder discernir en qué áreas hay que mejorar para el futuro, así como también determinar cuáles fueron algunos logros positivos). [Sólo deben comenzar a pensar y planear en esta etapa. En las semanas siguientes completarán el esquema.]

Quinta parte: Lección 5 «El plan de Dios requiere una adecuada administración de los recursos espirituales de sus miembros»

Tarea individual (para ser completada antes de llegar a la lección)
    El alumno debe responder a las siguientes preguntas:
      a) Escriba tres áreas en las cuales piensa que Dios lo ha capacitado para servir (y por qué piensa eso).
      b) Evalúe los puntos fuertes y débiles de su servicio actual en esas áreas.

c) Escriba 3 ó 4 cosas que puede hacer para usar mejor sus dones (y tres cosas que actualmente están obstaculizando, ya sea el ejercer o mejorar el uso de estos dones o habilidades a plena capacidad).
d) Dé por lo menos algún paso para comenzar a rebasar los obstáculos. [El alumno debe reportar que ha comenzado con el primer paso sin necesariamente revelar los aspectos personales de la tarea.]

Tarea en grupo (para ser completada durante la lección)
El grupo responderá a las siguientes preguntas:
a) ¿Qué hará nuestra nueva iglesia para asegurar (lo mejor posible) que todos estén desarrollando sus habilidades y dones?
b) ¿Cómo vamos a cuidar que nuestra iglesia esté promoviendo la sana doctrina y a la vez desarrollando la capacidad de los miembros para estudiar las Escrituras, obedecer a Dios, y discernir entre la verdad y el error?
c) ¿Qué papel desempeña el conocer nuestros dones espirituales y el realizar nuestras responsabilidades en el cuerpo de Cristo? Por ejemplo, ¿debemos esperar conocer cuál o cuáles son nuestros dones espirituales para comenzar a servir? ¿Qué podemos hacer para que los creyentes practiquen los mandamientos «unos a otros» de los cuales todos somos responsables para hacer? [Véanse por ejemplo algunas de las relaciones «unos a otros» en Romanos 12.10-

13; Efesios 4-5; 1 Tesalonicenses 5.14-18; 1 Pedro 4.7-10.]

Sexta parte: Lección 6 «El plan de Dios requiere de una correcta administración de los recursos económicos del creyente»

Tarea individual (para ser completada antes de llegar a la lección)
  a) El alumno leerá 2 Corintios 8, 9 y escribirá los principios de ofrendar que encuentra allí (debe enumerar cada principio que descubra en forma de oración).
  b) El alumno hará una evaluación de sus ingresos y gastos, tales y como son en la actualidad. [El estudiante no tiene la obligación de revelar los resultados de esta parte. No obstante, sí debe reportar al facilitador que ha completado esta parte de la tarea.]
  c) El alumno leerá algo que le enseñe las «reglas» de cómo llevar una reunión (por ejemplo *Reglas parlamentarias*, por H.F. Kerfoot, Editorial Mundo Hispano) como preparación para la última lección. En ella la nueva iglesia (o empresa) ficticia celebrará la primera reunión de la junta administrativa en la cual presentará conclusiones en las siguientes áreas:
    • El propósito de la iglesia (o de la empresa).
    • La misión de la iglesia (o de la empresa).
    • La visión de la iglesia (o de la empresa).

- El esquema de la estructura administrativa.
- La política de la iglesia o empresa.
- Los recursos (presupuesto) necesarios para realizar el plan de trabajo.

Tarea en grupo (para ser completada durante la lección)
a) El grupo decidirá cuáles son las formas en las que la iglesia dispondrá del dinero y los recursos materiales. [Ejemplo: Broda habla de iglesias para las cuales el dinero representa un factor determinante en los planes de la iglesia y no los propósitos de la misma; hay iglesias que usan tácticas manipuladoras para recoger dinero (el grupo debe decidir qué aceptan y qué no aceptan como motivación para recoger ofrendas); hay iglesias que usan ventas dentro de la misma para recaudar fondos. ¿Cuál será la política de esta nueva organización al respecto?]. El grupo debe prestar atención especial de cómo permanecer «transparentes» ante la congregación y el mundo con referencia al manejo de dinero (¿anuncios del presupuesto en los boletines? ¿reuniones congregacionales?).
b) El grupo decidirá cuánto dinero necesitan para que la iglesia/empresa funcione por un año: salarios, renta del local, impuestos, electricidad, agua, otros costos (pintura, arreglos, mantenimiento del jardín, si hay), materiales (boletines, textos, lecciones de escuela dominical).
c) El grupo decidirá cómo educará a la congregación con respecto a las necesidades de la igle-

sia, la mayordomía cristiana (¿conferencia anual? ¿clases de escuela dominical? ¿cómo parte de la clase de nuevos miembros? ¿por medio de visitas personales del pastor y/o líder)?

Séptima parte: Lección 7 «El plan de Dios requiere que la iglesia capacite a sus miembros»

Tarea individual (para ser completada antes de llegar a la lección)

El alumno reflexionará acerca de las siguientes preguntas (y escribirá sus conclusiones). También debe cumplir la tarea específica asignada:

a) ¿Qué responsabilidad corresponde a la iglesia y qué al individuo con respecto a la capacitación para el servicio? [Por ejemplo, ¿qué debe hacer alguien que piensa que la iglesia o empresa está «poniendo frenos» a su mejoramiento, capacitación y servicio a favor de la misma? ¿Debe buscar otra iglesia? ¿Debe buscar el consejo del pastor y los líderes?]

b) ¿Qué se puede esperar en cuánto a tiempo, esfuerzo y resultados de una persona que trabaja, tiene familia y otras responsabilidades con respecto a lo que pueda dedicar a la iglesia y su obra?

c) ¿Qué estoy haciendo a nivel personal para motivar, ayudar, y edificar a mis hermanos y hermanas en Cristo con el fin de que ellos usen todo lo que Dios les ha dado a su mayor potencial?

d) Esta semana anime a alguien con respecto al uso de sus habilidades y talentos de manera amorosa, amigable y sensible. Piense lo que se podría lograr si convierte esto en un hábito.

Tarea en grupo (para ser completada durante la lección)
a) Desarrollen un plan sencillo que explique o ilustre cómo esta nueva iglesia conducirá a alguien desde el momento en que cree en Jesús o que comienza a asistir a su iglesia (si ya ha creído en Él anteriormente, ya sea en otra iglesia, país, ciudad) hasta la madurez y el servicio cristiano.
b) Escriban ideas creativas, prácticas y alcanzables con el fin de capacitar a la mayor cantidad de creyentes en la iglesia (idealmente a todos) para el servicio al Señor (no olviden de incluir a los niños que han creído, así como también a los creyentes ancianos que piensan que «la juventud es el futuro de la iglesia» y que ellos ya no tienen ningún papel que desempeñar en el ministerio).
c) Identifiquen tres obstáculos que impiden o frenan el crecimiento de las iglesias a nivel de creyente individual, así como también con respecto a la iglesia entera, y las posibles maneras de contrarrestarlos y rebasarlos.

Octava parte: Lección 8 «El plan de Dios requiere que el presupuesto sea representativo del programa de la iglesia»

Tarea individual (para ser completada antes de llegar a la lección)

a) El estudiante identificará tres áreas en las cuáles ha aprendido algo significativo acerca de la administración. El alumno comparará esto con lo que esperaba del curso según lo que escribió al inició del mismo. [El estudiante no tiene la obligación de revelar los resultados de esta parte. No obstante, sí debe reportar al facilitador que ha completado esta parte de la tarea. También puede hacer sugerencias que sean de ayuda para la próxima vez que se imparta el curso.]
b) El estudiante identificará tres ventajas que permitan que las personas trabajen en equipo (sin trabajar en equipo no se puede lograr el plan de trabajo de la iglesia, de manera que esto representa una faceta esencial en la obra del Cuerpo de Cristo).
c) El alumno participará en una reunión administrativa (ficticia) en la cual se decidirán, conjuntamente con los demás estudiantes, los aspectos básicos de esta nueva organización (sobre las cuales han estado reflexionando y estudiando durante las semanas anteriores).

Tarea en grupo (para ser completada durante la lección)
Evaluar y completar (hacer los cambios necesarios para perfeccionar las diversas facetas) el plan completo para la nueva iglesia o empresa:
    El propósito
    La misión
    La visión
    Los objetivos
    La administración [el esquema administrativo]

El administrador
Las metas
El presupuesto y los planes de acción
El capital humano

Cada miembro debe compartir una manera en la cual el curso ha cambiado su forma de pensar, sentir y actuar con respecto a la mayordomía, tanto a nivel personal como a nivel de iglesia y/o empresa.

Cada miembro del grupo debe decir a cada uno de los alumnos restantes alguna cualidad que ellos han observado en ellos en relación con la tarea administrativa y de mayordomía.

Lección 1

**Prólogo y capítulo 1
Conceptos generales sobre administración**

Diez preguntas

1. ¿Qué consecuencia fundamental resulta de la «falta de atención a la correcta administración» de los recursos de la iglesia? (Prólogo)

2. ¿A cuáles dos factores atribuye Broda los serios problemas en la administración de los recursos de las iglesias? (Prólogo)

3. Haga un breve resumen de los nueve detalles que Broda ha observado en sus largos años de experiencia. (Prólogo)

4. Broda relata que comenzó a dialogar con Dios después de ganar una nueva visión para la vida cristiana: ¿Qué siete pilares para su vida adquirió él en el proceso? (Haga una síntesis en una oración de cada uno de ellos.)
¿Qué piensa acerca de cada uno?
¿Hay algo con lo cual está en desacuerdo?
¿Pudiera agregar algunos otros «pilares» para su vida que ha descubierto en las Escrituras?

5. ¿Qué dos realidades descubrió Broda en su trabajo con la mayordomía y las empresas que nos ayudan a comprender, tanto la necesidad de la iglesia como una de las motivaciones para el libro?

6. ¿Qué realidad básica subyace a la necesidad de aprender a administrar bien?

7. ¿Qué definiciones ofrece el autor para la «administración»? Asimismo escriba una definición propia, aunque sea tentativa.

8. ¿Cómo define Broda una empresa u organización, y qué siete aspectos saca a relucir el autor que unidos logran el éxito de una empresa?

9. De acuerdo con el texto:
¿Cuáles son los derechos del obrero?
¿Qué se logra cuando se realiza la plena identificación entre empresa, objetivos y personal?
¿Cuál es el recurso más importante de una empresa y qué relación hay entre el poder creador, la productividad, y el servicio en la administración de una empresa u organización?

10. ¿Cómo compara Broda la administración cristiana y la no cristiana de acuerdo con nuestro texto?
    a) ¿Qué piensa usted al respecto?

b) ¿Hay otras ideas que usted incluiría?
Dibujos explicativos

Estos dibujos o gráficas han sido diseñados a fin de proveerle una manera sencilla de organizar y memorizar 4 puntos esenciales del capítulo. Tome una hoja de papel cualquiera y reproduzca los dibujos entre 5 y 7 veces mientras piensa sobre el significado de cada cuadro. Entonces tome una hoja en blanco y reprodúzcalo de memoria junto con una breve explicación de su significado. Hemos provisto estas sencillas ilustraciones principalmente para aquellos que piensan no saber dibujar bien. Si tiene talento para el dibujo (o deseos de dibujar) cree sus propios diseños a fin de memorizar los puntos principales del capítulo.

¿Espiritual?
Éxodo 18
Hechos 6
1 Corintios 12

• **Explicación:** Algunos se preguntan si es espiritual ocuparse de la administración, las finanzas y la mayordomía. Tal vez debemos preguntar si es espiritual no preocuparse de dichos asuntos. Las Escrituras sacan a relucir la importancia de la administración y la mayordomía en múltiples contextos. Broda destaca la experiencia de José en Egipto y su gran tarea administrativa (Génesis 37—50). Existen otros ejemplos: el suegro de Moisés los instruye en asuntos administrativos que benefician tanto al pueblo como a Moisés (Éxodo 18); en Hechos 6 la iglesia selecciona «siete varones de buen testimonio llenos del

Espíritu Santo y de sabiduría » a fin de resolver un problema que pudiera haber dividido la iglesia; y Pablo habla del don de administración (1 Corintios 12.28). Esto ni siquiera toma en cuenta las parábolas de Jesús que enseñan acerca de la buena administración de aquello que Dios nos ha encomendado. (Le damos una pista para recordar los capítulos: 12 + 6 = 18.)

• Explicación: Broda relata como después de cobrar una nueva visión para la vida cristiana y dialogar con Dios, adquirió 7 principios fundamentales que han sido «pilares» para su vida: 1. Dios es nuestro **D**ueño y debemos hacer Su voluntad; 2. Dios es Dueño de nuestros **b**ienes (lo que soy, lo que sé, y lo que tengo); 3. Debemos estar a **c**uentas con Dios a fin de recibir Su bendición; 4. Debemos ser fieles **m**ayordomos de lo que somos, sabemos, y tenemos; 5. Nuestra **f**idelidad afecta la provisión adicional que Dios nos da; 6. La seguridad y protección que disfrutamos se relaciona a nuestra **o**bediencia; 7. Comprender la **v**oluntad de Dios está relacionado con hacerla. (Las letras destacadas en negritas corresponden a la primera letra de cada «pilar» de Broda. Por cierto, las Escrituras están llenas de «pilares» para nuestras vidas.)

• Explicación: Todos hemos sido encomendados con cosas para administrar: nuestro tiempo, nuestros talentos, nuestros recursos materiales. La activi-dad, ciencia y el arte de utilizar estas cosas para el mayor bien consta de administración. Si todos tenemos algo que administrar entonces somos administradores. Además, como afirma Broda «todo requiere administración» Pero, ¿qué clase de administradores somos? Algunos no hacen nada y tal vez califican de malos administradores (aunque a veces "hacer nada" representa una opción válida para la buena administración). Si queremos ser buenos administradores debemos aprender cómo administrar, ya sea que tengamos el don para hacerlo o no. Administrar representa una responsabilidad para todos y seremos evaluados por el Señor con referencia a cómo hemos administrado aquello que Él nos ha dado.

• Explicación: Nuestro texto enumera 7 facetas de una organización que unidas logran el éxito: la empresa, los objetivos, la admi-nistración, el admi-nistrador, las metas, los planes de acción, y las personas, esto es, el capital humano. Broda pregunta acerca de aquello que tiene más importancia: los bienes materiales o los recursos humanos. El explica que muchos dirán que «primero es el capital económico, luego todo lo demás». Esta actitud equivocada la caracteriza así: «¿La gente? La gente no nos interesa, la conseguimos fácilmente, con la escasez de trabajo que existe no habrá problemas. Cuanto más baja sea nuestra remuneración al capital humano estaremos en mejores condiciones de competir...». Broda aboga que al contrario, «las personas constituyen el recurso de más valor de la organización». Por cierto, él sostiene que las personas deben usar su creatividad para servir la organización a fin de aumentar la productividad de la misma.

Expresión

1. Evaluación: El alumno evaluará la actual forma de administrar su vida respondiendo a las siguientes preguntas:

    ¿Conozco mi responsabilidad ante Dios de ser buen administrador(a)?
    ¿Conozco las áreas en las cuales debo ser buen administrador(a)?
    ¿Conozco alguien que realiza sus tareas administrativas mejor que yo y de quién pudiera aprender cómo hacerlo mejor?

2. Reflexión: Después de haber respondido a las preguntas anteriores, el alumno debe reflexionar acerca de la

manera en la cual está realizando (o dejando de lograr) las tareas administrativas que le pertenecen: ¿bien, mal, pudiera mejorar?

3. Acción: El estudiante hará un cambio positivo (reemplazará un mal hábito con uno bueno) esta semana e informará al facilitador que ha comenzado/completado esta tarea.

Proyecto de administración y liderazgo

Asegúrese de haber completado las instrucciones específicas para esta fase del proyecto (véase instrucciones para la cuarta sección en las páginas 210-223). Además, asegúrese de trabajar en la segunda y tercera sección del proyecto a fin de terminar todo para la última lección. La primera sección del proyecto tiene que terminarse para esta primera lección.

Lección 2

Capítulo 2
La Iglesia, administradora del plan de Dios)

Diez preguntas

1. De acuerdo con la cita que aparece al principio del capítulo, ¿qué sirve como fuente de los principios de administración que utilizan las empresas cristianas? ¿Piensa que se pudieran usar otros recursos que no sean las Escrituras?

2. ¿Por qué afirma el texto que la empresa evangélica es «superior» a los negocios seculares? De acuerdo con el autor, ¿cuál es el propósito de la empresa evangélica y qué dos razones lo respaldan? ¿Está usted de acuerdo? Explique su respuesta.

3. Según Broda, ¿qué dos facetas componen la empresa evangélica?

4. De acuerdo con nuestro texto, ¿qué función cumple la iglesia en el mundo y qué debe hacer a la luz de esto?

5. ¿Por qué dice Broda que hay demora en ganar personas para Cristo y qué respuesta propone?

6. ¿Qué dos razones da Broda del fracaso de muchas empresas cristianas?

7. De acuerdo con el texto, ¿qué concepto a veces se enseña para las empresas del mundo secular? ¿Cómo se distingue el concepto cristiano? Según Broda, ¿qué relación hay entre la posición de uno en la organización o en la empresa y su deber de servir a otros? ¿Qué piensa al respecto?

8. Según Broda, ¿qué función cumple el ejecutivo o administrador con referencia a las familias de los empleados de la empresa? ¿Cómo debe tratar la empresa al capital humano? ¿Cómo debe actuar la empresa con referencia a los salarios?

9. De acuerdo con el texto, los conceptos administrativos «no se refieren solamente a lo económico», sino también a tres facetas de nuestra persona. ¿Cuáles son? ¿Puede pensar en otras aplicaciones de dichos conceptos?

10. Broda presenta dos de las razones por las cuales las ideas a veces no llegan a realizarse en las empresas cristianas. ¿Cuáles son? ¿Con qué frase se recuerdan algunas que han terminado en la «canasta» y qué frases comunes han matado la realización de otras? ¿Puede pensar en otras razones por las cuales las ideas no llegan a convertirse en realidad?

Dibujos explicativos

Estos dibujos o gráficas han sido diseñados a fin de proveerle una manera sencilla de organizar y memorizar

4 puntos esenciales del capítulo. Tome una hoja de papel cualquiera y reproduzca los dibujos entre 5 y 7 veces mientras piensa sobre el significado de cada cuadro. Entonces tome una hoja en blanco y reprodúzcalo de memoria junto con una breve explicación de su significado. Hemos provisto estas sencillas ilustraciones principalmente para aquellos que piensan no saber dibujar bien. Si tiene talento para el dibujo (o deseos de dibujar) cree sus propios diseños a fin de memorizar los puntos principales del capítulo uno.

- **Explicación:** Broda explora la diferencia entre las empresas seculares y las cristianas. Concluye que son iguales en el sentido de que hay principios administrativos que ambas pueden (y deben) usar con provecho y leyes que deben cumplir. Esto es, hay prácticas sanas de negocio que son compatibles con las Escrituras y que toda empresa debe usar. Además, la empresa cristiana debe cumplir con las leyes del país en el cual se encuentra (véase Romanos 13). Por otro lado, Broda afirma que «la empresa evangélica no es distinta a la empresa secular [respecto a la necesidad de buena administración], pero sí es superior». Da cuentas a un Jefe superior, Jesús, el Rey de reyes y tiene un propósito superlativo: hacer la voluntad de Dios. (Véanse Efesios 6.5-9; Colosenses 3.22—4.1; 1 Timoteo 6.1,2.)

• **Explicación:** Broda hace contraste entre la filosofía administrativa del mundo no creyente y la enseñanza del Señor Jesucristo. La primera define la administración como «una manera de hacer el trabajo por medio de otros». Por otro lado, Jesús enseñó: «Sabéis que los que son tenidos por gobernantes de las naciones se enseñorean de ellas y sus grandes ejercen sobre ellas potestad. Pero no será así entre vosotros, sino que el que quiera hacerse grande entre vosotros será vuestro servidor, y el que de vosotros quiera ser el primero, será siervo de todos. Porque el Hijo del Hombre no vino para ser servido, sino para servir, y para dar Su vida en rescate por muchos» (Marcos 10.42b-45). Los discípulos querían tener altas posiciones en la «gloria» del Mesías (v. 37). Jesús nunca les desanimó de la *meta* sino que le instruyó acerca del *medio:* el servicio a otros.

• **Explicación:** Nuestro texto no niega la importancia de principios sabios de administración útiles para manejar empresas. No obstante saca a relucir la faceta sobrenatural de la obra de Dios en la empresa cristiana. Debemos discernir la relación entre ambas con mucha oración y sabiduría. Broda relata como un joven contador público llegó a la conclusión que deberían cerrar la empresa en la cual él se encontraba trabajando. Treinta años después la empresa seguía con sus puertas abiertas. El autor aboga que a dicho joven le faltaba completar sus estudios en la «universidad de la fe». A la vez, afirma que «oración, trabajo, constancia, confianza, y fe son los pilares para las empresas del Señor». De manera que aunque la empresa cristiana debe hacer lo que hacen las no cristianas en términos de esfuerzo y responsabilidad (y, a veces debe cerrar las puertas), sí cuenta con algo adicional: el poder sobrenatural del Señor.

- **Explicación:** Hay varios factores que influyen hacia la realización de nuevas ideas (o la muerte de las mismas). Por un lado, los medios que hacen falta para completar un proyecto que la empresa se propone o sueña con hacer. Broda explica que durante su vida como líder ha visto «tantos proyectos importantes y bien preparados que fueron enviados al "canasto" pues se estimaba que no lograrían obtener los medios que eran necesarios para completar el proyecto». Él aboga a favor de abrir los «ojos de la fe» ya que después muchos de dichos proyectos se recuerdan con las palabras «¡porqué no lo hicimos!». Debemos buscar los recursos que Dios puede proveer antes de dejarnos vencer. Por otro lado, otras ideas mueren a causa de «vivir de las glorias del pasado» y olvidar «los desafíos del presente». Frases como: «antes nunca lo hacíamos así», «no vayas en contra de la marea», y «eso nunca funcionará» han matado muchas ideas. Mejor es buscar la sabiduría y los recursos que Dios provee y llevar a cabo todo proyecto que estamos convencidos que Él quiere que realicemos.

Expresión

1. Evaluación:
    a) El alumno enumerará tareas de la iglesia en las cuales él o ella pudiera contribuir. b) El estudiante compartirá su lista con otros creyentes maduros que le ayuden a evaluar lo que ha escrito.
    c) El alumno consultará con pastores y/o líderes a fin de determinar en qué área va a servir.
2. Reflexión: El estudiante pensará en su lista y en lo que otros le han dicho, y buscará a Dios en oración.
3. Acción: El alumno comenzará a trabajar en (por lo menos) una de estas áreas como prueba, ya sea para validar el proceso de decidir las áreas de servicio o seguir explorando con el fin de descubrir el ministerio idóneo para él o ella.

Proyecto de administración y liderazgo

Asegúrese de haber completado las instrucciones específicas para esta fase del proyecto (véase instrucciones para la cuarta sección en las páginas 210-223). Además, asegúrese de trabajar en la segunda y tercera secciones del proyecto a fin de terminar todo para la última lección.

Lección 3

Capítulo 3
El plan de Dios requiere pastores y líderes capacitados en administración)

Diez preguntas

1. ¿Qué actitud tienen algunos frente a la necesidad de capacitar a los pastores para la tarea de administración? ¿Qué piensan algunos que desean entrar en el ministerio antes de comenzar su tarea y qué descubren al iniciar la obra? ¿Qué clase de preparación recibe la mayoría de los futuros pastores en administración de acuerdo con el texto? ¿Qué piensa usted al respecto?

2. De acuerdo con Broda, ¿qué papel realizan los líderes con respecto a cumplir la instrucción de Pedro: «Cada uno según el don que ha recibido, adminístrelo a los otros, como buenos administradores de la multiforme gracia de Dios» (1 Pedro 4.10)? ¿Qué piensa usted con respecto a la capacitación de creyentes para la obra? ¿Qué clase y cuánta capacitación se necesita? ¿Cómo podemos mejorar la capacitación de creyentes en la iglesia? ¿Qué se hace para mantener a los líderes bien capacitados para servir? ¿Cuándo se debe enviar a un estudiante al seminario teológico?

3. Broda usa los términos «administrador», «mayordomo» y «siervo fiel» como relacionados con la definición de «administración de sus vidas». Escriba su propia definición y señale algunos de los términos significativos que se relacionan con la misma.

4. ¿Qué opina usted del relato del pastor que recibía su salario en «cuotas» y del proceso que usó el autor para mejorar la mayordomía de su congregación? ¿Cuáles son las facetas más significativas en el proceso? ¿Cómo trata su iglesia con el tema?

5. Además del aumento en finanzas, ¿qué otro beneficio recibió la iglesia en el relato? Escriba algunas de las razones por las cuales despreciamos estos recursos en las iglesias.

6. ¿Por qué sugiere Broda que algunos líderes de iglesias temen hablar de la mayordomía y qué solución propone?

7. Según Broda, ¿cuáles son las consecuencias de no practicar la correcta administración y la mayordomía en la iglesia?

8. De acuerdo con el autor, ¿a qué se deben algunos de los contratiempos en las empresas cristianas? ¿Qué se está haciendo para aliviar el problema? ¿Tiene usted otras sugerencias?

9. ¿Qué amonestación le da el autor a los pastores, ya sea porque no están usando su capacidad para admi-

nistrar o porque no han recibido capacitación? ¿Qué dice acerca del pastor que lo quiere «hacer todo»?

10. ¿Qué principio de «proporción» presenta Broda referente a nuestra tarea administrativa?

Dibujos explicativos

Estos dibujos o gráficas han sido diseñados a fin de proveerle una manera sencilla de organizar y memorizar 4 puntos esenciales del capítulo. Tome una hoja de papel cualquiera y reproduzca los dibujos entre 5 y 7 veces mientras piensa sobre el significado de cada cuadro. Entonces tome una hoja en blanco y reprodúzcalo de memoria junto con una breve explicación de su significado. Hemos provisto estas sencillas ilustraciones principalmente para aquellos que piensan no saber dibujar bien. Si tiene talento para el dibujo (o deseos de dibujar) cree sus propios diseños a fin de memorizar los puntos principales del capítulo.

- **Explicación:** Broda afirma que Dios a encomendado a todo creyente y en especial a los que están al frente de las iglesias la tarea de administrar. Por lo tanto, los pastores y líderes de la iglesia deben capacitarse en administración. No obstante, de acuerdo al autor, algunos aún no han quedado convencido de dicha necesidad. Afirma que «los pastores en su mayoría ingresan al ministerio pensando en enfocar y enfatizar la predicación, la oración y una dirección espiritual para su iglesia». Pero, pronto descubren la necesidad de administrar (algo para cual el seminario tal vez no los capacitó lo suficiente). Algunas iglesias tienen recursos para emplear un pastor administrativo que hace más liviana la carga del predicador. Pero no importa quién sirva de administrador principal, todo pastor (y creyente) debe capacitarse para esta importante tarea. Sin esta capacitación podemos malgastar o no usar los recursos que Dios nos ha dado.

• **Explicación:** La tarea de administración le pertenece tanto al pastor como también a cada creyente. Muchas veces escuchamos decir que la iglesia no consta de un edificio sino de un cuerpo de creyentes. Esta verdad subraya la necesidad de que cada miembro administre bien lo que es, lo que sabe, y lo que tiene. El hacerlo facilita que la iglesia progrese y que cada miembro sirva en las funciones específicas para las cuales Dios le ha dotado. La iglesia no es el pastor y éste no puede ni debe hacerlo todo. El apóstol Pedro nos instruye: «Cada uno según el don que ha recibido, minístrelo a los otros, como buenos administradores de la multiforme gracia de Dios» (1 Pedro 4.10).

```
┌─────────────────────┐
│ Enseñar    5        │
│ Desafiar            │
│ Usar                │
│ Informar            │
└─────────────────────┘
```

• **Explicación:** Las iglesias tratan el tema de la mayordomía en varias maneras. En algunas se hace un banquete anual de mayordomía en el cual el creyente (confiando en el Señor) se compromete a ofrendar cierta cantidad (semanal, mensual, o anual). En otras se celebra ya sea una semana o un mes de mayordomía en el cual se desafía a los hermanos a que ofrenden y confíen para que Dios supla sus necesidades. Hay iglesias en las cuales pasan el «plato» y otras que prefieren recolectar las ofrendas con otro método con el fin de no incomodar a los visitantes. Sea cual sea el método todos requieren conocimiento de que Dios es el Dueño de todo, instrucción acerca de nuestra responsabilidad en el área financiera, y fe para dar y confiar que Él suplirá todas nuestras necesidades. Cuatro principios nos ayudan: 1. La iglesia debe **enseñar** acerca de la mayordomía en lugar de regañar a los hermanos por no ofrendar.; 2. Debe **desafiar** pero no manipular a la iglesia a fin de que dé; 3. Debe **usar** bien y no malgastar lo que recibe; y 4. debe **informar** a la iglesia acerca de todos los asuntos financieros y no esconder información lo cual crea desconfianza.

Plan de Mayordomía: Dios → Capacitar → hacer, dar → todos líderes

- **Explicación:** Para que la iglesia marche bien los líderes deben comprender la enseñanza bíblica acerca de la mayordomía y ser responsables en sus vidas privadas y familiares. Por cierto, deben estar ofrendando al Señor y aplicando ellos mismos lo que enseñan a la congregación. Broda sugiere que debemos capacitar a los líderes en la administración y mayordomía a fin de que ellos capaciten a la congregación para hacer lo mismo. La buena administración y mayordomía representa lo que Dios desea de todo creyente e iglesia. Broda explica que «cuando no la practicamos estamos deteniendo el crecimiento y desarrollo de la vida espiritual de los miembros». Debemos recordar que la mayordomía también trata con el tiempo y los talentos. Los hermanos deben ser instruidos y animados a trabajar para el Señor y edificar al Cuerpo de Cristo con sus dones.

Expresión

1. Evaluación: El estudiante escribirá los conceptos acerca de la administración que ya conoce con el fin de evaluar su comprensión actual y reflexionará sobre la siguiente pregunta: ¿Sé cómo administrar o enseñar administración a otros?

2. Reflexión: El alumno pensará en la siguiente pregunta: ¿Qué puedo hacer como individuo y qué podemos hacer como iglesia para levantar el nivel de capacitación y habilidad administrativa de toda la iglesia? El estudiante compartirá sus ideas con el pastor y los líderes, y con el resto del grupo de estudio con el fin de buscar formas de ponerlas en práctica.

3. Acción: El alumno pondrá en acción por lo menos una de las ideas aprobabas como resultado del proceso descrito arriba.

Proyecto de administración y liderazgo

Asegúrese de haber completado las instrucciones específicas para esta fase del proyecto (véase instrucciones para la cuarta sección en las páginas 210-223). Además, asegúrese de trabajar en la segunda y tercera secciones del proyecto a fin de terminar todo para la última lección.

Guía de Estudio

Lección 4

Capítulo 4
El plan de Dios requiere tareas administrativas de la Iglesia

Diez preguntas

1. De acuerdo con el texto, ¿cuáles son las tres áreas que debe administrar la iglesia?

2. El autor explica la forma de gobierno de la iglesia a la cual pertenece y describe cómo se organiza. Describa el estilo de gobierno que emplea su iglesia, la estructura administrativa de la misma y la manera en la cual se seleccionan los líderes.

3. ¿Qué sugiere Broda con referencia a llevar archivos de las reuniones y acontecimientos?

4. ¿Qué sugerencia general presenta Broda para la importante y delicada tarea de administrar las finanzas de las iglesias? ¿Qué recomienda con referencia a los archivos financieros? ¿Qué recomienda para todas las iglesias no obstante el tamaño? ¿Cuál es la función del tesorero? Escriba dos reflexiones o sugerencias propias acerca de la administración de finanzas en la iglesia.

5. ¿Qué es el comité de finanzas, qué debe hacer y qué no debe hacer de acuerdo con Broda? ¿Qué clase de personas deben estar en el comité?

6. Escriba los siete pasos sugeridos para un adecuado control de las finanzas en la iglesia con un breve resumen de cada uno. Reflexione sobre ellos y escriba si concuerda o no con su pensamiento y qué cambiaría usted en el método (si tiene algún cambio en mente).

7. ¿Qué dos sugerencias hace Broda para el paso de recibir las ofrendas?

8. ¿Qué es la administración por objetivos y cuáles son sus beneficios?

9. Nombre y defina los diferentes componentes o pasos que se utilizan en la administración por objetivos.

10. ¿Qué dos resultados afirma el texto que provienen de la buena administración en la iglesia?

Dibujos explicativos

Estos dibujos o gráficas han sido diseñados a fin de proveerle una manera sencilla de organizar y memorizar 4 puntos esenciales del capítulo. Tome una hoja de papel cualquiera y reproduzca los dibujos entre 5 y 7 veces mientras piensa sobre el significado de cada cuadro. Entonces tome una hoja en blanco y reprodúzcalo de memoria junto con una breve explicación de su significado. Hemos provisto estas sencillas ilustraciones principalmente para aquellos que piensan no saber dibujar bien. Si tiene talento para el dibujo (o deseos de dibujar) cree sus propios diseños a fin de memorizar los puntos principales del capítulo.

• **Explicación:** Las diferentes denominaciones e iglesias locales han adoptado diversos estilos de gobierno. Aunque todas en filosofía reconocen a Dios y Su Palabra como la Autoridad final en todo asunto de la iglesia, difieren referente a cómo dicha autoridad es ejercida. Descubrimos 3 formas básicas: a. presbiteriana: dirección por un grupo de ancianos o presbíteros que dirigen y pastorean la iglesia y la representan, esto es, toman en cuenta los deseos de la congregación (en especial con referencia a decisiones significativas como el traer un nuevo pastor); b. congregacional: la autoridad descansa en cada miembro de la congregación y ningún cuerpo externo a la iglesia local tiene autoridad sobre ella; c. episcopal: los obispos cuidan y tienen autoridad sobre varias iglesias a quienes los ministros de dichas congregaciones le rinden cuenta. No obstante el estilo específico de una iglesia podemos afirmar varios puntos: a. el pastor sirve como líder/siervo y no es un autócrata (Marcos 10.35-45); b. cada creyente tiene acceso directo al Padre por medio de Jesucristo (1 Timoteo 2.5-6; Hebreos 4.14-16; 1 Pedro 2.9-10); c. los ancianos, obispos, pastores y diáconos deben haber alcanzado cierta madurez cristiana (1 Timoteo 3.1-13; Tito 1:5-9; 1 Pedro 5.1-4); y d. la iglesia debe obedecer a sus líderes (Hebreos 13.17).

- **Explicación:** Broda hace varias sugerencias referente a los archivos que la iglesia debe guardar. Entre estas hallamos: 1. nombrarse un secretario/a de actas (las iglesias pequeñas pueden nombrar a una sola persona pero a medida que crezca debe haber un secretario para cada ministerio; 2. elaborar un acta en todas las reuniones administrativas donde conste lo resuelto (todo bautismo debe ser anotado); 3. registrar las actas en un libro (o libros) especial(es), cada una con un número correlativo y la fecha de la reunión; 4. numerar y guardar los libros en perfecto orden; y 5. tener un registro de miembros (o ficha individual para cada uno) con los datos personales, foto actualizada, y fecha del bautismo. También debe haber un secretario encargado de la correspondencia. Aunque no es imprescindible usar computadoras en la iglesia, estas pueden facilitar todas estas tareas. Broda afirma que los libros de actas «son patrimonio de la iglesia y forman parte de su historia».

- **Explicación:** Broda sugiere siete pasos para un adecuado control de las finanzas en la iglesia (las letras en negritas corresponden a las de la gráfica):1. **R**ecibir: Depositar todo el dinero en la tesorería de la iglesia, consagrarlo al Señor, y llevarlo a un lugar seguro (el dinero no debe quedarse en casa de nadie); 2. **C**ontar: El tesorero o personas designadas deben contar el dinero y registrar la contribución de cada miembro. Siempre debe haber por lo menos dos personas contando y se debe asignar un número a cada miembro para mantener el anonimato; 3. **D**epositar: llevar el dinero al banco y asegurar que la cantidad contada y depositada coincidan; 4. **E**gresar: Todo pago se debe hacer de acuerdo al presupuesto, se debe pagar en cheque y recibir un comprobante. Para gastos pequeños se puede usar una «caja chica» donde se guarden los comprobantes y el dinero efectivo; 5. **R**egistrar: Llevar un registro preciso de los ingresos y egresos; 6. **I**nformar: Publicar un informe mensual que detalla todos los ingresos y egresos; 7. **R**evisar: Nombrar una comisión para revisar todas las operaciones económicas.

- **Explicación:** La administración por objetivos representa una manera de planificar, dirigir, controlar y disciplinar las tarea de la iglesia y no dejar los asuntos a la improvisación o al azar. Los líderes usan lo que Broda llama el «objetivo definido» (esto es, los propósitos bíblicos para la iglesia) como la base para determinar objetivos, metas y planes que resultan en que se cumpla con aquello que Dios nos instruye hacer. De acuerdo a Broda, dicha clase de administración «nos permite asegurar cada paso de las metas a cumplir y quiénes serán los encargados de realizarlos y controlarlos». La iglesia (y sus departamentos) entonces elaboran objetivos (lo que queremos lograr), descritos en forma general, y que corresponden a los propósitos bíblicos para la iglesia y facilitan su cumplimiento; se deciden metas (que representan objetivos más específicos) que facilitan el cumplimiento de los objetivos; y se crean planes (algunos le llaman «estándares» y otros «procedimientos para realización») que detallan la manera específica en que se cumplirán los objetivos. Broda aboga que si seguimos dicho método «tendremos asegurado cada paso de las metas a cumplir y quienes serán los encargados de realizarlos y controlarlos». Así, dice él, «llevaremos la meta a feliz término».

Expresión

1. Evaluación: El estudiante escribirá cinco maneras en las cuales puede contribuir en la tarea administrativa de la iglesia.
2. Reflexión: El alumno debe reflexionar acerca de las siguientes preguntas y escribir las respuestas: ¿En qué maneras facilitó la tarea administrativa de la iglesia? ¿En qué maneras la obstaculizó? (Como estas preguntas son personales, el alumno no está bajo obligación estricta de compartir sus respuestas con los demás.)
3. Acción: El estudiante debe dejar de hacer aquello que obstaculiza (de acuerdo con lo que descubrió en el paso anterior) y mejorar lo que está haciendo bien.

Proyecto de administración y liderazgo

Asegúrese de haber completado las instrucciones específicas para esta fase del proyecto (véase instrucciones para la cuarta sección en las páginas 210-223). Además, asegúrese de trabajar en la segunda y tercera secciones del proyecto a fin de terminar todo para la última lección.

Lección 5

Capítulo 5
El plan de Dios requiere una adecuada administración de los recursos espirituales de sus miembros

Diez preguntas

1. Broda afirmó anteriormente que debemos ser buenos mayordomos de lo que somos, sabemos y tenemos. En este capítulo él especifica cinco áreas que administramos en nuestras vidas. ¿Cuáles son?

2. ¿Qué descubrió Broda cuando estaba permitiendo que las prioridades del trabajo excluyeran la participación del Señor en la administración de su tiempo? ¿Cómo logró que se estableciera el orden de nuevo en sus asuntos? ¿Cuáles son algunos de los beneficios que resultan de hacer lo que el autor sugiere? ¿Cómo, en particular, puede beneficiar el pastor o líder a la congregación? [Incluya algunos beneficios adicionales que afectarán la vida suya personal en particular.]

3. ¿Qué tres sugerencias hace Broda (además de las anteriores) que ayudarán al pastor a manejar mejor su tiempo? ¿Qué advertencia muy relevante da Broda con referencia al pastor, su familia y su persona? Escriba tres cosas que la iglesia y/o el creyente individual puede hacer para facilitar que el pastor tenga tiempo para

cumplir con sus propias responsabilidades fuera de la iglesia.

4. De acuerdo con el autor, ¿cuál es el «más grave error» en el manejo del tiempo? ¿Qué relación hay entre el buen uso del tiempo y nuestras vidas? Escriba lo que usted considera son las 3 ó 4 cosas más importantes para la vida. Reflexione en su propia vida y evalúe si está usando el tiempo de la manera más provechosa. [Nota: El alumno debe enumerar aquello que considera importante en la vida. No obstante, no tiene que divulgar su respuesta a la última parte de la pregunta, debido a la naturaleza privada e íntima de la misma. El alumno sí debe indicar que ha reflexionado acerca de la pregunta y completado lo que se le pide hacer.]

5. ¿Qué consejo le daría usted a alguien que tiene destreza en las labores manuales y quiere contribuir a la iglesia? ¿Significa que personas con dicha destreza nunca pueden servir en otras capacidades (maestro de escuela dominical, anciano, diácono)? Hay congregaciones en las cuales se espera que además de la preparación de sermones y clases, visitas a los miembros de la congregación y a enfermos, y administración de la iglesia, el pastor también contribuya con fuerzas laborales. ¿Cómo debe responder tanto la congregación como el pastor a dichas situaciones?

6. ¿Cómo respondería usted a alguien que le diga: «Siento que soy parte de ese «gigante dormido» de quien habla el señor Broda. ¿Qué puedo hacer para desper-

tarme yo y contribuir a que otros se despierten también?»

7. ¿Qué consejo le daría usted a alguien que dice lo siguiente: «Por meses he tratado de participar en el trabajo de la iglesia, pero siempre es el mismo grupo el que lo hace todo y no permiten que una persona nueva contribuya. Dicen que necesitan ayuda, pero en la práctica lo niegan. ¿Qué debo hacer?»

8. ¿Qué consejo le daría usted a alguien que le dice lo siguiente: «Necesito ayuda para manejar mi tiempo. ¿Qué ayudas prácticas me puede sugerir?» Además, de sugerencias, ¿hay otras maneras en las cuales pudiera ayudar a la persona?

9. ¿Cómo aconsejaría usted a alguien que siente que no puede contribuir a la obra de la iglesia porque no conoce su don espiritual?

10. ¿Qué consejo le daría usted a alguien que no siente que sus dones y talentos están siendo usados de manera provechosa en la iglesia?

Dibujos explicativos

Estos dibujos o gráficas han sido diseñados a fin de proveerle una manera sencilla de organizar y memorizar 4 puntos esenciales del capítulo. Tome una hoja de papel cualquiera y reproduzca los dibujos entre 5 y 7 veces mientras piensa sobre el significado de cada cuadro. Entonces tome una hoja en blanco y reprodúzcalo de memoria junto con una breve explicación de su significado. Hemos provisto estas sencillas ilustraciones principalmente para aquellos que piensan no saber dibujar bien. Si tiene talento para el dibujo (o deseos de dibujar) cree sus propios diseños a fin de memorizar los puntos principales del capítulo.

- **Explicación:** Nuestro texto especifica cinco áreas que debemos admi-nistrar diariamente: nuestro tiempo, talentos, dones, conocimientos y capacidades. Aplicado a la iglesia, él afirma que los creyentes de las iglesias son un ejército de dichos recursos pero que «a veces ese ejército está dormido, como aletargado, dando una impresión de impotencia». Broda explica que tenemos un «gigante dormido» que debemos despertar. Pero, ¿cómo hacerlo? Comenzar con darnos cuenta de que tenemos a Dios con nosotros, y con Su ayuda administrar bien lo que Él nos ha dado. El autor afirma que «las iglesias necesitan despertar a la realidad de que deben capacitar a sus miembros y desarrollarlos para alcanzar el éxito que presupone tener a Dios con nosotros». ¿Cómo define el «éxito» la iglesia dónde usted asiste? ¿Cómo están usando todos los recursos que Dios les ha dado? ¿Están concientes de que el Señor está allí?

- **Explicación:** El tiempo representa uno de los recursos más valiosos que la iglesia tiene. Es tan significativo que en realidad representa nuestra vida y la manera en la cual la estamos invirtiendo. No podemos amontonar el tiempo, y por lo tanto debemos usarlo bien entregándoselo a Dios y dependiendo de Él para Su ayuda. Broda aboga a favor de dedicarle tiempo especial a Dios (cuenta cómo él usaba los domingos para sus asuntos y aun así no progresaba), usar una agenda programada de acuerdo a las necesidades, y dedicarle tiempo a nuestras familias y a nuestra salud. Otros recomiendan un plan sencillo de hacer una lista diaria con las 10 tareas más importantes que se deben realizar. Entonces se hace lo más importante, y lo que queda se le agrega a la enumeración del próximo día. También se ha sugerido que lo más importante no se debe hacer primero necesariamente sino en el tiempo en el cual las capacidades de uno estén más alertas o en su mejor estado para completar esa tarea significativa.

- **Explicación:** Broda afirma que ha «visto muchos pastores y directivos de empresas muy activos en sus respectivos minis-terios pero que han descuidado sus familias y el cuidado de su propio cuerpo». Entonces amonesta: «¡Cuidado! Podemos tener una iglesia floreciente y un hogar con problemas, o podemos tener una iglesia floreciente, un buen hogar, pero nosotros estamos destruidos físicamente». Los círculos colocados en orden en la gráfica representan los intereses de la iglesia bien balanceados mientras que los del hogar se encuentran en desorden relativo. Pero una situación así sólo puede durar por un tiempo. Un hogar desordenado afectará tanto nuestro ministerio en la iglesia como también el testimonio de todos (nosotros, nuestra familia, y nuestra congregación). Los líderes de la iglesia (y la congregación) deben asegurar que el pastor tenga suficiente tiempo para su familia y sus asuntos personales (a los pastores les cuesta decir «no»). Muchas iglesias tienen el concepto que el pastor debe ser el padre, la madre, el doctor, y el proveedor para todas las familias de la congregación. ¡No es así! El pastor está para ayudar que todos sean responsables de sus *propias* familias. Esto es, él debe promover la responsabilidad y no la irresponsabilidad. Pablo afirma: «pues el que no sabe gobernar su propia casa, ¿cómo cuidará de la iglesia de Dios?» (1 Timoteo 3.5). Si el hogar no anda bien, tampoco lo hará la iglesia.

- **Explicación:** La parábola de los talentos no hace referencia a una medida de dinero ni a «talentos» como cantar o tocar el piano. No obstante, puede representar todo lo que Dios nos proporciona para hacer Su obra (lo cual puede incluir cada faceta de nuestras vidas: tiempo, talentos, dones, cargos, posesiones, y más). En la parábola a cada uno se le da diferente cantidad de talentos, pero todos tienen oportunidad de recibir la buena compensación del Señor: «Bien, buen siervo y fiel; sobre poco has sido fiel, sobre mucho te pondré; entra en el gozo de tu señor» (Mat. 25.21, 23). Esto nos ayuda a no preocuparnos por la cantidad de talentos que otros tienen y ocuparnos de nuestra responsabilidad. Somos responsables para hacer lo que Dios nos ha encomendado a nosotros. (Esto no quita que también debemos edificar a otros como se nos instruye en 1 Corintios 12—14). La parábola hace referencia a la recompensa futura del creyente. Nuestra fidelidad ahora tendrá fruto eterno.

Expresión

1. Evaluación: El estudiante evaluará sus recursos espirituales: tiempo, habilidades, dones, talentos. (Enumerará todos los que conoce y orará para que Dios le muestre los que aún no ha tomado en cuenta.)

2. Reflexión: El alumno reflexionará acerca de la siguiente pregunta: ¿Cómo estamos usando (o desperdiciando) los dones, las habilidades y otros recursos que Dios nos ha dado.
3. Acción: El estudiante comenzará a hacer algo (o todo) de lo siguiente:

- Ejercer sus dones de mejor manera.
- Remover los obstáculos que impiden el buen uso de los recursos que el Señor ha dado.
- Recibir mejor o más capacitación con el fin de usar los recursos a su máximo nivel.
- Determinar las prioridades en nuestro uso del tiempo y otros recursos.
- Comenzar a ejercer algún servicio en la iglesia (ya sea que «conozcamos nuestro don» o no).

Proyecto de administración y liderazgo

Asegúrese de haber completado las instrucciones específicas para esta fase del proyecto (véase instrucciones para la cuarta sección en las páginas 210-223). Además, asegúrese de trabajar en la segunda y tercera secciones del proyecto a fin de terminar todo para la última lección.

Lección 6

Capítulo 6
El plan de Dios requiere de una correcta administración de los recursos económicos del creyente

Diez preguntas

1. De acuerdo con Broda, ¿qué relación existe entre las ofrendas de los creyentes, sus vidas y la responsabilidad de la iglesia? ¿Qué piensa al respecto? Además, escriba sus perspectiva actual acerca del diezmo y las ofrendas ya que existen diversas interpretaciones al respecto.

2. ¿Qué afirma el texto con respecto a la transparencia y qué tres pasos sugiere para la iglesia que desea manejar las finanzas a la luz de su carácter «sagrado», y del sacrificio que los hermanos hacen para ofrendar? Escriba tres ideas adicionales que puedan ayudar a la iglesia a manejar los fondos con transparencia.

3. Escriba tres prácticas referentes a la forma de recoger ofrendas que no corresponden al espíritu apropiado para las mismas. Además, escriba tres ideas originales que sirvan para ayudar, tanto al adorador a ofrendar con un espíritu apropiado como también a la congregación. [Por ejemplo, antes de ofrendar podemos repasar en nuestra mente cómo es Dios: omnipotente,

bondadoso, omnisciente, con el fin de colocar nuestras contribuciones en el contexto correcto.]

4. Escriba algunas de las cosas para las cuales la iglesia no debe usar sus fondos. (Ejemplo: Algunas iglesias contribuyen a causas políticas o relacionadas con el medio ambiente. ¿Representa esto un uso correcto o incorrecto de las ofrendas de las congregación.) Entonces escriba tres de sus propios criterios que faciliten determinar si el dinero se está usando o no para extender el reino.

5. Escriba tres acciones que contribuyen a que las personas duden de un ministerio y su uso del dinero. Escribas tres de sus propios criterios que faciliten el manejo de las finanzas de acuerdo con el principio de transparencia.

6. ¿Cómo trata el autor la cuestión de la «prosperidad» en relación con la mayordomía. ¿Qué piensa usted al respecto y por qué?

7. ¿Qué relación existe entre la comprensión por parte de los miembros del propósito de la iglesia y la manera en la cual ellos responden en ofrendar? Escriba tres ideas creativas que ayuden a comunicar a la congregación de manera regular cuál es el propósito de la iglesia.

8. ¿Cómo afecta a la mayordomía el hecho de que el Señor Jesucristo sea la cabeza de la Iglesia?

9. De acuerdo con el texto ¿cómo se maneja «en la mayoría de los casos» la enseñanza acerca de la mayordomía?

10. Escriba un pequeño bosquejo de ideas creativas que sirvan para capacitar a la congregación en el área de la mayordomía general (tiempo, dones, dinero).

Dibujos explicativos

Estos dibujos o gráficas han sido diseñados a fin de proveerle una manera sencilla de organizar y memorizar 4 puntos esenciales del capítulo. Tome una hoja de papel cualquiera y reproduzca los dibujos entre 5 y 7 veces mientras piensa sobre el significado de cada cuadro. Entonces tome una hoja en blanco y reprodúzcalo de memoria junto con una breve explicación de su significado. Hemos provisto estas sencillas ilustraciones principalmente para aquellos que piensan no saber dibujar bien. Si tiene talento para el dibujo (o deseos de dibujar) cree sus propios diseños a fin de memorizar los puntos principales del capítulo.

• **Explicación:** Hechos 5 relata el pecado en Ananías y Safira al vender una heredad y traer sólo una parte del precio a los pies de los apóstoles. Allí aprendemos que ellos no estaban obligados a traer todo el dinero. El pecado de ellos fue mentirle al Espíritu Santo, mentirle a Dios (Hechos 5.3,4). El apóstol Pedro le dijo: «reteniéndola [esto es, la heredad], ¿no se te quedaba a ti? y vendida, ¿no estaba en tu poder?» Es decir, Ananías tenía control sobre la propiedad y el precio que adquirió por ella. Podía haber dado lo que él quisiera sin tener que mentir al respecto. Por otro lado, nuestro texto afirma que no estamos dando nada de lo nuestro sino de lo recibido de parte de Dios. Broda afirma que el dinero que recibimos «no es el dinero de los hombres, sino de Dios. Ha sido dado por Él para que nosotros lo traslademos a la iglesia, en donde se convierte por obra y gracia del poder de Dios en parte del ministerio de la iglesia». Ambas cosas son ciertas. Todo lo que tenemos le pertenece a Dios. Por otro lado, Él nos ha hecho responsables por nuestras posesiones. De manera que Dios quiere que ofrendemos voluntariamente, de buena voluntad, con corazón gozoso. Pablo (con referencia a la ofrenda para los santos en Jerusalén) escribió: «Porque la ministración de este servicio no solamente suple lo que a los santos falta, sino que también abunda en muchas acciones de gracias a Dios» (2 Corintios 9.12). Así, lo que tenemos viene de Dios, lo ofrendamos motivados por Él, y como consecuencia Él recibe alabanza por la provisión que vino de Su mano.

- **Explicación:** La siguiente cita de Sobrinho que aparece en nuestro texto nos abre los ojos a la gran responsabilidad de los líderes en el área de mayordomía: «El sentimiento de entrega de los miembros de la iglesia en el momento de ofrendar nunca podrá superar la creencia y práctica de los líderes de la iglesia en cuanto a mayordomía». Esto subraya la importancia de capacitar y motivar al los líderes en esta área. A veces se da el caso de que la iglesia quiere lograr más de aquello que los líderes desean hacer. Esto puede causar muchos problemas en una congregación: frustración, chismes, críticas, y divisiones. Mejor capacitar tanto a los líderes como también a la congregación a fin de que seamos buenos mayordomos y veamos las bendiciones del Señor crecer cada vez más como resultado de Su provisión y la fidelidad en ofrendar a Él y para Su obra.

- **Explicación:** Broda afirma que las iglesias deben emplear el dinero en aquello que tiende a extender el reino de Dios. Para lograr esto él explica que «las iglesias deben preparar presupuestos adecuados, bien estudiados, con la participación de los departamentos de la iglesia y de las respectivas comisiones que participan del programa de trabajo.» Broda además afirma que «una inadecuada administración no sólo se basa en el mal manejo de fondos, sino también en la realización de actividades totalmente ajenas al deber de la iglesia. Presupuestos que no corresponden a la tarea específica de la iglesia. Olvidos de planes que tiendan al cumplimiento de la Gran Comisión. Falta de desafíos para la obra misionera de la iglesia, distorsionan el ministerio de la iglesia y equivale a una administración fallida». Por cierto, el presupuesto tiene que tomar en cuenta necesidades dentro de la misma iglesia y no sólo en el mundo no alcanzado. No obstante, el presupuesto debe prepararse de manera que facilite y no olvide o ignore los propósitos de Dios para la iglesia.

Transparencia

• **Explicación:** La transparencia representa una faceta necesaria en la absoluto en el manejo de las finanzas de las iglesias. Desafortu-nadamente ha habido suficientes casos de ministerios que malgastan (o tristemente han robado) los fondos para que las personas no confíen mucho en las iglesias. De manera que se hace imprescindible que manejemos los fondos con integridad y comuniquemos todo lo que se hace con los mismos. Broda afirma que los creyentes reciban informes todos los meses que revelen el destino de los fondos y cómo se van cumpliendo los distintos programas de la iglesia. Los presupuestos deben ser tanto claros como comunicados a todos. Nuestro texto afirma: «todo lo que se haga de espaldas a la membresía, podrá ser conveniente para alguien en particular, pero escapa totalmente a la verdad bíblica y contribuye a que mucho pongan en duda la veracidad de la administración económica de la iglesia».

Expresión

1. Evaluación: El alumno evaluará lo que está haciendo a nivel personal con su dinero, lo que se hace a nivel congregacional y lo que se podría hacer (es decir, «soñar» acerca del presente y del futuro).
2. Reflexión: El estudiante pensará en la siguiente pregunta y escribirá sus reflexiones: ¿Qué se puede hacer de manera legítima (legal, sin manipulación y con las prioridades bien establecidas) para aumentar los recursos, tanto a nivel personal como congregacional?
3. Acción: El alumno debe comenzar a realizar por lo menos una de las buenas ideas que ha surgido como consecuencia de los pasos escritos anteriormente.

Proyecto de administración y liderazgo

Asegúrese de haber completado las instrucciones específicas para esta fase del proyecto (véase instrucciones para la cuarta sección en las páginas 210-223). Además, asegúrese de trabajar en la segunda y tercera secciones del proyecto a fin de terminar todo para la última lección.

Lección 7

**Capítulo 7
El plan de Dios requiere que la iglesia capacite a sus miembros**

Diez preguntas

1. ¿Qué principio sencillo ofrece el texto con referencia a la participación de creyentes en la «empresa de Dios». Escriba tres maneras en las cuales negamos dicho principio en nuestras vidas.

2. Además de capacitar al creyente en la administración, ¿qué más hacemos cuando le enseñamos acerca de la mayordomía? ¿Qué beneficios recibe la iglesia? Escriba algunos beneficios adicionales de capacitar a los creyentes en la administración y la mayordomía, ya sea para el individuo, la iglesia o ambos.

3. En el relato del hermano comerciante en Argentina y el pastor que necesitaba ayuda, ¿qué factores contribuyeron a que dicho hermano no participara con sus habilidades en la obra de la iglesia? ¿Qué piensa que debe necesitar alguien, además de la capacidad para realizar una tarea, para servir como un obrero en la iglesia?

4. ¿Qué tres factores contribuyeron al éxito del hermano en el relato anterior? ¿Qué pudo comprobar el hermano como resultado y qué beneficios recibió él?

5. De acuerdo con el texto, ¿cuáles son algunas de las cosas que podemos hacer para «recuperar capital» en la iglesia? Escriba otras ideas propias a fin de lograr dicha meta.

6. ¿Qué factor significativo en el liderazgo califica de indispensable para que la iglesia comience a trabajar? ¿Qué acción adicional debe seguir a dicho factor?

7. Broda menciona cuatro funciones principales en las cuales los miembros de la iglesia deben estar capacitados. ¿Cuáles son? ¿Puede pensar en alguna otra área adicional?

8. En relación con la responsabilidad de servir como buenos administradores de nuestras vidas, ¿cómo enfoca Broda el papel del individuo, la familia y la iglesia?

9. ¿Qué principios presenta el autor para el éxito en la administración? [Escríbalos con sus propias palabras y agregue cualquier otro principio que haya aprendido (junto con la justificación o razón para el mismo).]

10. ¿Qué sugiere Broda con referencia a la comprensión y solución de conflictos en la iglesia? ¿Qué principios adicionales puede sugerir?

Dibujos explicativos

Estos dibujos o gráficas han sido diseñados a fin de proveerle una manera sencilla de organizar y memorizar 4 puntos esenciales del capítulo. Tome una hoja de papel cualquiera y reproduzca los dibujos entre 5 y 7 veces mientras piensa sobre el significado de cada cuadro. Entonces tome una hoja en blanco y reprodúzcalo de memoria junto con una breve explicación de su significado. Hemos provisto estas sencillas ilustraciones principalmente para aquellos que piensan no saber dibujar bien. Si tiene talento para el dibujo (o deseos de dibujar) cree sus propios diseños a fin de memorizar los puntos principales del capítulo.

Cuadro familiar

- **Explicación:** Broda afirma que «con mejores familias tendremos mejores iglesias». Las familias son formadas por individuos. A medida que la iglesia le ministra a personas a fin de que formen hogares más fuertes, las congregaciones pueden mejorar y ser fortalecidas. Sin dudas, la iglesia no debe ni menospreciar, ni olvidar, ni ignorar a las personas o padres solteros. No obstante, la pareja matrimonial y su salud representa lo más determinante en la familia (después de la relación individual de cada persona con Dios). De manera que debemos ayudar a fortalecer a los matrimonios (lo cual estabiliza la familia entera) y a los individuos que forman o formaran la unidad familiar (ya sean padres solteros o personas aún no casadas). A medida que la iglesia capacite a sus miembros para «que sean cada día mejores componentes de la familia» tendremos iglesias de mayor impacto en la comunidad, la nación y el mundo.

Vidas
Gobierno
Dones
Bienes
administradores
4

- **Explicación:** Nuestro texto enseña que hay cuatro puntos que debemos administrar bien a fin de llegar «a ser verdaderos y buenos administradores de la gracia de Dios». Broda presenta las siguiente cuatro áreas: Nuestras vidas; el gobierno de la iglesia; los dones espirituales; y nuestros bienes materiales. Con referencia a la vida personal afirma que debemos comenzar la tarea de preparar a las personas para la vida familiar con los niños. Con respecto a la administración de la iglesia debemos ayudar a aquellos que están capacitados para servir en el campo «secular» a hacerlo en la iglesia de acuerdo al estilo bíblico. En relación a los dones la iglesia debe dar oportunidad a los miembros a ponerlos en uso. Y, acerca de los bienes se afirma que el uso que le demos demuestra cómo andamos en nuestra relación con el Señor.

- **Explicación:** Broda presenta seis principios acerca de cómo enseñar a la iglesia acerca de la administración. Dichos principios tienen que ver con la relación entre los líderes y los miembros (representados por las letras L y M, respectivamente). Los seis principios de administración corresponden a las letras en la rueda del tren: **L**iderazgo —«como son los líderes serán los que aprenden de ellos»; **E**xpectativa —«las respuestas o reacciones del pueblo no sobrepasarán el nivel de las expectativas de sus líderes»; **P**articipación —«el nivel de dedicación de los miembros no sobrepasará el correspondiente nivel de su participación»; **P**ertenecer —«formar parte de la iglesia del Señor es una experiencia de pertenecer»; **I**ntegridad —La iglesia debe «informar a sus miembros honrada y gozosamente sobre los negocios de la iglesia». También debe demostrar fidelidad a su misión; **F**ranqueza —«Las personas tienen derecho a saber todo lo que desean saber sobre los asuntos de la iglesia» (no sobre las vidas privadas de los hermanos) conforme a la libertad y competencia del individuo. El autor afirma que «si aplicamos estos principios en los programas de capacitación de nuestros miembros estoy seguro de que tendremos asegurado el éxito para lograr buenos administradores».

- **Explicación:** Nuestro texto presenta 12 ayudas acerca de cómo manejar conflictos en la iglesia: 1. a veces causas injustas causan los conflictos; 2. debemos asegurar que algo no es rumor; 3. a veces es sólo un malentendido; 4. hay que escuchar ambas partes con equidad; 5. no debemos dar nuestra opinión en frente de un solo bando; 6. debemos analizar todos los antecedentes sin apresurarnos a juzgar; 7. escuche todas las opiniones; 8. no dejarse llevar por parentescos o amistades; 9. pedir ayuda a Dios para tomar las decisiones; 10. tener la Biblia como la regla para actuar de manera justa; 11. no demorar en intervenir; y 12. siempre demostrar amor. Tal vez pudiéramos hacer un resumen: Debemos buscar toda la **información** que podamos a fin de hacer una **evaluación** completa del asunto. Debemos tratar a todos con **equidad**, y debemos **intervenir** lo más pronto de manera sabia. En todo debemos pedir sabiduría a **Dios**, actuar conforme a Su **Palabra**, y siempre demostrar **amor** para con todos.

Expresión

1. Evaluación: El estudiante completará las siguientes evaluaciones:

    - ¿Cómo anda el ministerio de capacitación de mi iglesia?

- ¿En qué áreas u obras necesitan que se realice más capacitación de los hermanos y las hermanas?
- ¿Qué se está haciendo para capacitar a creyentes de diferentes edades?
- ¿Dónde puedo yo capacitar a otros?

2. Reflexión: El alumno reflexionará sobre la siguiente pregunta: ¿Siento felicidad y entusiasmo al pensar que puedo ayudar a otros a ser y hacer lo mejor que pueden, o la envidia y el celo de los talentos de otros (que tal vez son los mismos que yo tengo) me impiden capacitarlos para la realización de sus habilidades con excelencia?

3. Acción: El estudiante debe hacer lo siguiente:

- Pedir a Dios que examine su vida para descubrir cualesquiera disposiciones negativas (envidia, pereza, desilusión, falta de ánimo) que impiden que ayude a otros con el fin de que usen todos los recursos que Él les ha dado. Confesar dicha disposición al Señor (véase 1 Juan 1.5-2.2).
- Escribir una lista de cosas que puede hacer para animar a otros en el uso de sus talentos (por ejemplo, elogiarlo, enviarle una tarjeta para animarlo, ofrecerle ayuda u otra idea).
- Comenzar a animar/capacitar a otros por hacer por lo menos una de las cosas enumeradas en el ejercicio de anterior.

Proyecto de administración y liderazgo

Asegúrese de haber completado las instrucciones específicas para esta fase del proyecto (véase instrucciones para la cuarta sección en las páginas 210-223). Además, asegúrese de trabajar en la segunda y tercera secciones del proyecto a fin de terminar todo para la última lección.

Lección 8

Capítulo 8
El plan de Dios requiere que el presupuesto de la iglesia sea representativo de una buena administración

Diez preguntas

1. ¿Qué seis detalles ha observado Broda con referencia a la iglesia y los presupuestos?

2. De acuerdo con el texto, ¿qué representa en realidad un presupuesto y cuáles son las dos partes que lo componen?

3. De acuerdo con Broda, ¿qué dos realidades nos ayudan a establecer una visión, ministerio (y presupuesto correspondiente), que sean amplios y que reflejen mirar hacia adelante y hacia arriba?

4. De acuerdo con el texto, ¿cómo responden las personas a un presupuesto que se enfoca en el «hacer» de la iglesia? ¿Qué piensa al respecto?

5. ¿Cuáles son las ocho categorías sencillas de orientaciones que Broda sugiere en el desarrollo del presupuesto? ¿Cuáles de las preguntas (o afirmaciones) bajo las categorías mencionadas, le llamó más la atención como algo en lo cual no había pensado mucho ante-

riormente? [Para la segunda parte de la pregunta el estudiante sólo tiene que seleccionar una de las preguntas o afirmaciones bajo cada categoría general.]

6. ¿Qué sugiere nuestro texto en caso de que no haya suficientes fondos para cumplir el presupuesto?

7. Broda afirma que «en algunas iglesias se acompaña la reunión de aprobación del presupuesto con una especie de exhibición, donde los ministerios, con pancartas, carteles y maquetas, presentan su plan de trabajo, de manera que cada miembro pueda informarse con mayor amplitud del alcance de lo que se piensa realizar si se aprueba el presupuesto». ¿Cómo dice él que el pastor puede utilizar esa oportunidad? ¿En qué otras maneras piensa que se pudiera usar una actividad como la que se describe aquí? [Ejemplo: Para orientar a los nuevos miembros con respecto a los diferentes ministerios de la iglesia en los cuales pueden, tanto participar como contribuir con ellos.]

8. ¿Qué principios ofrece el autor en relación con el respaldo del pastor y los obreros de la iglesia? Escriba tres ideas personales acerca de cómo se puede mejorar el respaldo para los obreros.

9. En su opinión, ¿cuáles son los tres obstáculos principales con respecto a proveer sostén adecuado para el pastor y/o los obreros de la iglesia? ¿Qué tres respuestas correspondientes pudieran servir de soluciones posibles?

10. En su opinión, ¿cuáles son las tres maneras principales en las cuales puede contribuir este año a promover mejor mayordomía en su vida personal, familiar, en el trabajo y en la iglesia? [Escriba tres opiniones bajo cada categoría (no está en la obligación de revelar sus respuestas, pero sí de completar la pregunta.]

Dibujos explicativos

Estos dibujos o gráficas han sido diseñados a fin de proveerle una manera sencilla de organizar y memorizar 4 puntos esenciales del capítulo. Tome una hoja de papel cualquiera y reproduzca los dibujos entre 5 y 7 veces mientras piensa sobre el significado de cada cuadro. Entonces tome una hoja en blanco y reprodúzcalo de memoria junto con una breve explicación de su significado. Hemos provisto estas sencillas ilustraciones principalmente para aquellos que piensan no saber dibujar bien. Si tiene talento para el dibujo (o deseos de dibujar) cree sus propios diseños a fin de memorizar los puntos principales del capítulo.

- **Explicación:** Broda afirma que hay grupos que se enorgullecen «si el presupuesto que confeccionan llega ser el "más bajo posible"» Por otro lado, «hay iglesias que formulan un presupuesto con una verdadera preocupación por rendir un servicio cristiano que sea significativo». Esta segunda clasificación de iglesia no tiene las miras o las metas en alcanzar el presupuesto más bajo posible. Más bien «su principio normativo es ¿Hasta qué punto podemos extendernos en el desarrollo de una tarea que sea digna del alto llamado que hemos recibido?» Broda afirma que dichos grupos miran «hacia adelante y arriba». ¿Hacia dónde mira usted y la iglesia a la cual pertenece? Dios es infinito. Debemos contar con Él a fin de lograr todo lo que Él quiere que realicemos en la iglesia y en el mundo.

• **Explicación:** El autor pregunta: ¿qué es en realidad un presupuesto? Responde que representa el «hacer» de la iglesia, esto es la tarea que la iglesia realizará durante el año. Esta entonces se compone de dos facetas: el ministerio que se logrará y el costo de lo que se va a hacer. Con referencia a la primera, Broda afirma que «la visión de la iglesia debe ser amplia, mirando siempre hacia adelante y hacia arriba». Nos anima haciéndonos recordar que «contamos con el poder de nuestro Dios». Con referencia a la segunda afirma que «el "hacer" de la iglesia solo podrá llevarse a cabo a través de una inversión económica». Pero dicha inversión debe hacerse de acuerdo a la enseñanza bíblica por medio de ofrendas y contribuciones. No por «impulsos surgido de presiones, sino de enseñanzas que muestran cuales son las responsabilidades que el Señor nos demanda».

- **Explicación:** Nuestro texto sugiere los siguientes pasos en caso de que no haya suficientes fondos para cumplir el presupuesto (por dificultades económicas u otra causa): 1. atender primero a los gastos y compromisos fijos que no se pueden eludir; 2. dar la preferencia a los ministerios impostergables; 3. después de cumplir con los primeros dos, distribuir a los demás ministerios «según el porcentaje neto que queda»; 4. en casos de insuficiencia de fondos la comisión debe actuar inmediatamente tanto distribuyendo fondos como también buscando cómo regularizar los aportes; y 5. la iglesia debe «supervisar el cumplimiento de su presupuesto por medio de sus revisores de cuentas o síndicos» En resumen, debemos ocuparnos de nuestras prioridades y buscar como restablecer la regularidad lo más pronto posible.

- **Explicación:** Broda instruye acerca de cómo manejar el sostén del pastor y otro personal de la iglesia. Entre los principios que afirma encontramos los siguientes: 1. Debemos tener toda la documentación que se requiere; 2. Debemos respetar la ley, tener todos los documentos legales en orden, y no hacer nada en oculto; 3. Debemos dar reconocimiento económico adecuado a todos (el autor nos llama a recordar el trato que se le daba a los levitas); 4. Debemos cumplir con todo el personal de acuerdo a lo establecido. Debemos hacer las cosas ordenadas en cumplimiento de las leyes, proveer como se debe a los pastores y empleados, y cumplir con todos los contratos con los cuales acordamos. Los creyentes debemos dar un buen ejemplo como cumplidores fieles de las leyes que reconocen el esfuerzo y lo recompensan como es debido.

Expresión

1. Evaluación: El alumno escribirá las maneras en que la iglesia a la cual asiste motiva realmente a los creyentes en cuanto a la obra del ministerio.
   - ¿Enfatizan las posibilidades del ministerio (o subrayan los obstáculos y problemas de la obra)?
   - ¿Se comunica con claridad, frecuencia y creatividad lo que la iglesia debe y quiere lograr?
   - ¿Se manejan las finanzas con sabiduría, transparencia y confianza en el Señor?
   - ¿Se explica todo lo que se puede lograr con más recursos y con el buen uso de lo que ya se posee? (Un pastor preguntó: ¿Por qué quieres más si no estás usando bien lo que ya tienes?)

2. Reflexión: El estudiante debe pensar acerca de las siguientes preguntas: ¿Soy yo un creyente que enfatizo

todas las posibilidades de la obra o siempre ando preocupado por el presupuesto? ¿Soy un creyente a quien no le importa la buena administración de los recursos o que tiene un concepto no realista del presupuesto? ¿Sé cómo discernir entre metas o propuestas espirituales que Dios respalda (y para las cuales el Señor provee) y planes fantásticos que surgen de una imaginación carnal?

3. Acción: El alumno debe decidir mejorar en las siguientes áreas: emoción, planificación y acción a favor de todo lo que Dios puede y quiere hacer con la iglesia, y un concepto razonable, responsable y espiritual acerca del presupuesto.

Proyecto de administración y liderazgo

Asegúrese de haber completado las instrucciones específicas para esta fase del proyecto (véase instrucciones para la cuarta sección en las páginas 210-223). Además, asegúrese de trabajar en la segunda y tercera secciones del proyecto a fin de terminar todo para esta lección.

Manual para el facilitador

Introducción

Este material se preparó tanto para el uso individual como para grupos o peñas guiados por un facilitador, el cual orienta a un grupo de cinco a diez estudiantes a fin de que completen el curso. La tarea demandará esfuerzo de su parte, ya que, aun cuando el facilitador no es el instructor en sí (el libro de texto sirve de «maestro»), debe conocer bien el material, animar y dar aliento al grupo, y modelar la vida cristiana delante de los miembros de la peña.

La recompensa del facilitador vendrá, en parte, del buen sentir que experimentará al ver que está contribuyendo al crecimiento de otros, del privilegio de entrenar a otros y del fruto que llegará por la evangelización. El facilitador también debe saber que el Señor lo recompensará ampliamente por su obra de amor.

A continuación encontramos las tres facetas principales del programa FLET: las lecciones, las reuniones y las expresiones.

1. **Las lecciones:** Ellas representan el aspecto del programa del cual el alumno es plenamente responsable. Sin embargo, aunque el estudiante debe leer el capítulo indicado y responder las preguntas, también debe reconocer que necesitará la ayuda de Dios para sacar el mayor provecho de cada porción del texto. Usted, como facilitador, debe informarles a los estudiantes que la calidad de la reunión será realzada o minimizada según la calidad del interés, esfuerzo y comunión con Dios que el alumno

tenga en su estudio personal. Se ofrecen las siguientes guías a fin de asegurar una calidad óptima en las lecciones:

a. El alumno debe tratar (si fuese posible) de dedicar un tiempo para el estudio a la misma hora todos los días. Debe asegurarse de tener a la mano todos los materiales que necesite (Biblia, libro de texto, cuaderno, lápices o bolígrafos); que el lugar donde se realice la tarea tenga un ambiente que facilite el estudio con suficiente luz, espacio tranquilidad y temperatura cómoda. Esto puede ayudar al alumno a desarrollar buenos hábitos de estudio.

b. El alumno debe proponerse la meta de completar una lección por semana (a no ser que esté realizando otro plan, ya sea más acelerado o más lento, véase las páginas 195-197).

c. El alumno debe repasar lo que haya aprendido de una manera sistemática. Un plan factible es repasar el material al segundo día de estudiarlo, luego el quinto día, el décimo, el vigésimo y el trigésimo.

2. **Las reuniones:** En las reuniones o peñas, los estudiantes comparten sus respuestas, sus dudas y sus experiencias educacionales. Para que la reunión sea grata, de provecho e interesante se sugiere lo siguiente:

a. La reunión debe tener entre cinco y diez participantes: La experiencia ha mostrado que el número ideal de alumnos es de cinco a diez. Esta cantidad asegura que se compartan suficientes ideas para que la reunión sea interesante como también que haya suficiente oportunidad para que todos puedan expresar-

se y contribuir a la dinámica de la reunión.
También ayuda a que el facilitador no tenga muchos problemas al guiar a los participantes en una discusión franca y espontánea, aunque también ordenada.

b. Las reuniones deben ser semanales: El grupo o peña debe reunirse una vez a la semana. Las reuniones deben ser bien organizadas a fin de que los alumnos no pierdan su tiempo. Para lograr esto se debe comenzar y concluir a tiempo. Los estudiantes pueden quedarse más tiempo si así lo desean, pero la reunión en sí debe observar ciertos límites predeterminados. De esta manera los estudiantes no sentirán que el facilitador no los respeta a ellos ni a su tiempo.

c. Las reuniones requieren la participación de todos. Esto significa no solo que los alumnos no deben faltar a ninguna de ellas, sino también que todos participen en la discusión cuando asistan. El cuerpo de Cristo, la Iglesia, consiste de muchos miembros que se deben ayudar mutuamente. La reunión o peña debe proveer un contexto idóneo para que los participantes compartan sus ideas en un contexto amoroso, donde todos deseen descubrir la verdad, edificarse y conocer mejor a Dios. Usted, como facilitador, debe comunicar el gran valor de cada miembro y de su contribución particular al grupo.

3. **Las expresiones:** Esta faceta del proceso tiene que ver con la comunicación creativa, relevante, y eficaz del material que se aprende. La meta no es sencillamente llenar a los estudiantes de conocimientos, sino prepararlos para utilizar el material tanto para la edificación de creyentes como para la evangelización de

los no creyentes. Es cierto que no todo el material es «evangelístico» en sí, pero a veces se tocan varios temas durante el proceso de la evangelización o del seguimiento y estos conocimientos tal vez ayuden a abrir una puerta para el evangelio o aun mantenerla abierta. Las siguientes consideraciones servirán para guiar la comunicación de los conceptos:

a. La comunicación debe ser creativa: La clave de esta sección es permitir que los alumnos usen sus propios talentos de manera creativa. No todos tendrán ni la habilidad ni el deseo de predicar desde un púlpito. Pero tal vez algunos tengan talentos para escribir poesías, canciones, o coros, o hacer dibujos o pinturas que comuniquen las verdades que han aprendido. Otros quizás tengan habilidades teatrales que pueden usar para desarrollar dramatizaciones que comuniquen principios cristianos de manera eficaz, educativa y entretenida. Y aun otros pueden servir de maestros, pastores o facilitadores para otros grupos o peñas. No les imponga límites a las diversas maneras en las cuales se puede comunicar la verdad de Dios.

b. La comunicación debe ser clara: Las peñas proveen un contexto idóneo para practicar la comunicación de las verdades cristianas. En este ambiente caracterizado por el amor, el aliento y la dirección se pueden hacer «dramatizaciones» en las cuales alguien formule «preguntas difíciles», mientras otro u otros tratan de responder como si fuera una situación real. Después los demás en la peña pueden evaluar tanto las respuestas que se dieron como la forma en la cual se desenvolvió el proceso y el resultado. La evaluación debe tomar en cuenta aspectos como la apariencia, el manejo del material, y el carácter o disposición con que fue comunicado. Se puede hacer una dramatización, algo humorística, donde un cristiano con buenas intenciones, pero no muy «presentable», trata de comunicarse con un incrédulo bien vestido, perfumado y limpio. Después, la clase puede participar en una discusión amigable acerca del papel de la apariencia en la evangelización.

c. La comunicación debe reflejar el carácter cristiano. Usted como facilitador debe modelar algunas de las características cristianas que debemos reflejar cuando hablemos con otros acerca de Jesucristo y la fe cristiana. Por ejemplo, la paciencia, la humildad y el dominio propio deben ser evidentes en nuestras conversaciones. Debemos también estar conscientes de que dependemos de Dios para que nos ayude a hablar con otros de manera eficaz. Sobre todo, debemos comunicar el amor de Dios. A veces nuestra forma de actuar con los no cristianos comunica menos amor que lo que ellos reciben de sus amistades que no son cristianas. Las peñas proveen un contexto amigable, eficaz y sincero para evaluar, practicar y discutir estas cosas.

Cada parte del proceso ya detallado contribuye a la que le sigue, de manera que la calidad del proceso de la enseñanza depende del esfuerzo realizado en cada paso. Si la calidad de la lección es alta, esto ayudará a asegurar una excelente experiencia en la reunión, ya que todos los estudiantes vendrán preparados, habiendo hecho buen uso de su tiempo personal. De la misma manera, si la reunión se desenvuelve de manera organizada y creativa, facilitará la excelencia en las expresiones, es decir, las oportunidades que tendremos fuera de las reuniones para compartir las verdades de Dios. Por lo tanto, necesitaremos la ayuda de Dios en todo el proceso a fin de que recibamos el mayor provecho posible del programa.

Instrucciones específicas

Antes de la reunión: *Preparación*
A. Oración: Es la expresión de nuestra dependencia de Dios.
   1. Ore por usted mismo
   2. Ore por los estudiantes
   3. Ore por los que serán alcanzados e impactados por los alumnos

B. Reconocimiento
   1. Reconozca su identidad en Cristo (Romanos 6—8)
   2. Reconozca su responsabilidad como maestro o facilitador (Santiago 3.1-17)
   3. Reconozca su disposición como siervo (Marcos 10.45; 2 Corintios 12.14-21)

C. Preparación
   1. Estudie la porción del alumno sin ver la guía para el facilitador, es decir, como si usted fuese uno de los estudiantes.
      a. Tome nota de los aspectos difíciles, así se anticipará a las preguntas.
      b. Tome nota de las ilustraciones o métodos que le vengan a la mente mientras lee.
      c. Tome nota de los aspectos que le sean difíciles a

fin de investigar más usando otros recursos.
2. Estudie este manual para el facilitador.
3. Reúna otros materiales, ya sea para ilustraciones, aclaraciones, o para proveer diferentes puntos de vista a los del texto.

Durante la reunión: *Participación*

Recuerde que el programa FLET sirve no solo para desarrollar a aquellos que están bajo su cuidado como facilitador, sino también para edificar, entrenar y desarrollarlo a usted mismo. La reunión consiste de un aspecto clave en el desarrollo de todos los participantes, debido a las dinámicas de la reunión. En la peña, varias personalidades interactuarán, tanto unas con otras, como también ambas con Dios. Habrá personalidades diferentes en el grupo y, junto con esto, la posibilidad para el conflicto. No le tenga temor a esto. Parte del curriculum será el desarrollo del amor cristiano. Tal vez Dios quiera desarrollar en usted la habilidad de resolver conflictos entre hermanos en la fe. De cualquier modo, nuestra norma para solucionar los problemas es la Palabra inerrante de Dios. Su propia madurez, su capacidad e inteligencia iluminadas por las Escrituras y el Espíritu Santo lo ayudarán a mantener un ambiente de armonía. Si es así, se cumplen los requisitos del curso y, lo más importante, los deseos de Dios. Como facilitador, debe estar consciente de las siguientes consideraciones:

A. El tiempo u horario
1. La reunión debe ser siempre el mismo día, a la misma hora, y en el mismo lugar cada semana, ya que eso evitará confusión. El facilitador siempre debe tratar de

llegar con media hora de anticipación para asegurarse de que todo esté preparado para la reunión y para resolver cualquier situación inesperada.
2. El facilitador debe estar consciente de que el enemigo a veces tratará de interrumpir las reuniones o traer confusión. Tenga mucho cuidado con cancelar reuniones o cambiar horarios. Comunique a los participantes en la peña la responsabilidad que tienen unos con otros. Esto no significa que nunca se debe cambiar una reunión bajo ninguna circunstancia. Más bien quiere decir que se tenga cuidado y que no se hagan cambios innecesarios a cuenta de personas que por una u otra razón no pueden llegar a la reunión citada.
3. El facilitador debe completar el curso en las semanas indicadas (o de acuerdo al plan de las otras opciones).

B. El lugar
1. El facilitador debe asegurarse de que el lugar para la reunión esté disponible durante las semanas correspondientes al término del curso. También deberá tener todas las llaves u otros recursos necesarios para utilizar el local.
2. Debe ser un lugar limpio, tranquilo y tener buena ventilación, suficiente luz, temperatura agradable y espacio a fin de poder sacarle provecho y facilitar el proceso educativo.
3. El sitio debe tener el mobiliario adecuado para el aprendizaje: una mesa, sillas cómodas, una pizarra para tiza o marcadores que se puedan borrar. Si no hay mesas, los estudiantes deben sentarse en un círculo a fin de que todos puedan verse y escucharse. El lugar com-

pleto debe contribuir a una postura dispuesta para el aprendizaje. El sitio debe motivar al alumno a trabajar, compartir, cooperar y ayudar en el proceso educativo.

C. La interacción entre los participantes
1. Reconocimiento:
   a. Saber el nombre de cada persona.
   b. Conocer los datos personales: estado civil, trabajo, nacionalidad, dirección, teléfono.
   c. Saber algo interesante de ellos: comida favorita, cumpleaños, etc.
2. Respeto para todos:
   a. Se deben establecer reglas para la reunión: Una persona habla a la vez y los demás escuchan.
   b. No burlarse de los que se equivocan ni humillarlos.
   c. Entender, reflexionar o pedir aclaración antes de responder lo que otros dicen.
3. Participación de todos:
   a. El facilitador debe permitir que los alumnos respondan sin interrumpirlos. Debe dar suficiente tiempo para que los estudiantes reflexionen y compartan sus respuestas.
   b. El facilitador debe ayudar a los alumnos a pensar, a hacer preguntas y a responder, en lugar de dar todas las respuestas él mismo.
   c. La participación de todos no significa necesariamente que tienen que hablar en cada sesión (ni que tengan que hablar desde el principio, es decir, desde la primera reunión), más bien quiere decir, que antes de llegar a la última lección todos los alumnos

deben sentirse cómodos al hablar, participar y responder sin temor a ser ridiculizados.

Después de la reunión: *Evaluación y oración*

A. Evaluación de la reunión y la oración:
1. ¿Estuvo bien organizada la reunión?
2. ¿Fue provechosa la reunión?
3. ¿Hubo buen ambiente durante la reunión?
4. ¿Qué peticiones específicas ayudarían a mejorar la reunión?

B. Evaluación de los alumnos:
1. En cuanto a los alumnos extrovertidos y seguros de sí mismos: ¿Se les permitió que participaran sin perjudicar a los más tímidos?
2. En cuanto a los alumnos tímidos: ¿Se les animó a fin de que participaran más?
3. En cuanto a los alumnos aburridos o desinteresados: ¿Se tomó especial interés en descubrir cómo despertar en ellos la motivación por la clase?

C. Evaluación del facilitador y la oración:
1. ¿Estuvo bien preparado el facilitador?
2. ¿Enseñó la clase con buena disposición?
3. ¿Se preocupó por todos y fue justo con ellos?
4. ¿Qué peticiones específicas debe hacer al Señor a fin de que la próxima reunión sea aun mejor?

Ayudas adicionales

1. Saludos: Para establecer un ambiente amistoso, caracterizado por el amor fraternal cristiano, debemos saludarnos calurosamente en el Señor. Aunque la reunión consiste de una actividad más bien académica, no debe adolecer del amor cristiano. Por lo tanto, debemos cumplir con el mandato de saludar a otros, como se encuentra en la mayoría de las epístolas del Nuevo Testamento. Por ejemplo, 3 Juan concluye con las palabras: La paz sea contigo. Los amigos te saludan. Saluda tú a los amigos, a cada uno en particular. Saludar provee una manera sencilla, pero importante, de cumplir con los principios de autoridad de la Biblia.

2. **Oración:** La oración le comunica a Dios que estamos dependiendo de Él para iluminar nuestro entendimiento, calmar nuestras ansiedades y protegernos del maligno.

El enemigo intentará interrumpir nuestras reuniones por medio de la confusión, la división y los estorbos. Es importante reconocer nuestra posición victoriosa en Cristo y seguir adelante. El amor cristiano y la oración sincera ayudarán a crear el ambiente idóneo para la educación cristiana.

3. **Creatividad:** El facilitador debe esforzarse por emplear la creatividad que Dios le ha dado tanto para presentar la lección como para mantener el interés durante la clase completa. Su ejemplo animará a los estudiantes a esforzarse en comunicar la verdad de Dios de manera interesante. El Evangelio de Marcos reporta lo siguiente acerca de Juan el Bautista: Porque Herodes temía a Juan, sabiendo que era varón justo y santo, y le guardaba a salvo; y oyéndole, se quedaba muy perplejo, pero le escuchaba de buena gana (Marcos 6.20). Y acerca de Jesús dice: Y gran multitud del pueblo le oía de buena gana (Marcos 12.37b). Notamos que las personas escuchaban «de buena gana». Nosotros

debemos esforzarnos para lograr lo mismo con la ayuda de Dios. Se ha dicho que es un pecado aburrir a las personas con la Palabra de Dios. Hemos provisto algunas ideas que se podrán usar tanto para presentar las lecciones como para proveer proyectos adicionales útiles para los estudiantes. Usted puede modificar las ideas o crear las suyas propias. Pídale ayuda a nuestro Padre bondadoso, todopoderoso y creativo a fin de que lo ayude a crear lecciones animadas, gratas e interesantes.

Conclusión

El beneficio de este estudio dependerá de usted y de su esfuerzo, interés y relación con Dios. Si el curso resulta una experiencia grata, educativa y edificadora para los estudiantes, ellos querrán hacer otros cursos y progresar aun más en su vida cristiana. Que así sea con la ayuda de Dios.

Estructura de la reunión

1. Oración e introducción: Comience la reunión con intercesión. Dé la bienvenida a los alumnos y ore para que el Señor calme las ansiedades, abra el entendimiento, y se obre en las vidas de los estudiantes y el facilitador. Con anticipación seleccione una de las introducciones sugeridas (véase el Manual para el facilitador), o cree su propia introducción original.

2. Interacción con las **Diez preguntas**: Comparta con los alumnos algunas de las preguntas de la lección junto con las respuestas. No es necesario tratarlas todas. Más bien se pueden considerar aquellas que dieron más dificultad, que fueron de mayor edificación. o que expresan algún concepto con el cual están en desacuerdo. Traten de alcanzar algunas conclusiones (aun si son tentativas).

3. Interacción con la sección **Expresión**: Queremos que los alumnos expresen sus conocimientos tanto en conducta como también en comunicación con otros, ambos creyentes y no creyentes. También esperamos que expresen sus peticiones y pensamientos íntimos a Dios. Asegúrese de permitir que varios estudiantes compartan los principios que desarrollaron y descubrieron. Anime a los alumnos a ayudarse mutuamente en mejorar la expresión de dichos principios (hacerlos más concisos, creativos, o precisos). También asegúrese de hablar acerca de cualesquiera contactos evangelísticos o de edificación cristiana que haya tenido durante la semana. Deseamos que los alumnos hagan lo correcto, y que no solo hablen de hacerlo. Por último, asegúrese de que uno, o varios, oren por el grupo de estudio, las iglesias o iglesia representada, y las personas con las quienes se está teniendo interacción evangelística o de edificación cristiana.

4. Conclusión y oración: Concluya la lección con una nota de ánimo y esperanza como también gratitud por los buenos esfuerzos de los alumnos y ánimo para aquellos que necesitan ser motivados y alentados. Por fin, pida que alguien ore por la iglesia y su liderazgo, los estudiantes, la comunidad que desean alcanzar. Incluya las necesidades específicas sacadas a relucir en la reflexión concerniente la sección Expresión.

[Nota: Asegúrese de coleccionar las tareas semanales al principio de la lección. Después de la reunión asegure que el alumno haya cumplido con las tareas que se piden (3 preguntas, 4 conceptos y tres desafíos. Véase la página 201-202). El trabajo debe evidenciar reflexión, precisión bíblica, y coherencia. Se otorgará 10 puntos por cada pregunta, concepto y principio que complete, de manera que el estudiante que cumpla con todo lo que se pide recibirá una calificación de 100. Esta calificación debe registrarse en una copia de la hoja de calificaciones que aparece en la página 357 y enviarse a la sede de FLET junto con el examen final y los requisitos para acreditación de las páginas 200-203. El estudiante debe ser informado del puntaje obtenido en esta área.

Calificaciones

Véase la Hoja de calificaciones al final del libro. Allí debe poner la lista de los que componen la peña o grupo de estudio. Cada cuadro pequeño representa una reunión. Allí debe poner la puntuación que el alumno sacó, de acuerdo con la manera en que respondió o en que hizo su trabajo. La mejor calificación equivale a 100 puntos. Menos de 60 equivale al fracaso.

Lección 1

Conceptos generales sobre la administración
(Prólogo y capítulo 1)

Sugerencias para comenzar la clase

1. Comience la lección con la siguiente tarea: Nuestro autor describe la situación en su adolescencia como hijo de un pastor en Argentina con las siguientes palabras:

«Eran los años de comienzo de la obra evangélica en el país y la situación económica de la población no era muy floreciente. La iglesia estaba formada por miembros de clase media hacia abajo, sin mayores posibilidades de mejorar mucho su situación. Las ofrendas, como consecuencia, eran el fiel reflejo de esa condición. Comencé en esa época a sentir una preocupación que se fue acrecentando con el transcurrir del tiempo: ¿Cómo lograríamos hacer un impacto con el evangelio en nuestro país con tan escasos recursos? ¿Deberíamos depender siempre de las ofrendas provenientes de países donde la obra estuviera más desarrollada? ¿Cómo lograron ellos desarrollarse y llegar a tener iglesias grandes y fuertes económicamente? ¿Las bendiciones del Señor estarían supeditadas a algunos países solamente?»

Entonces, pida tres voluntarios para que representen el papel de una persona pesimista, otra pragmática hasta lo extremo, y una que supuestamente represente la respuesta bíblica a la situación. Instruya a cada voluntario a que se dirija a los otros hermanos y hermanas de la iglesia (es decir, al resto del grupo de alumnos) a fin de presentar las soluciones al problema. Cuando cada voluntario haya hecho su presentación, permita que el resto de los alumnos (incluso los voluntarios pesimista y pragmático) haga preguntas a los mismos. Después de unos minutos de compartir ideas, perspectivas y sugerencias posibles para la situación, prosigan con el resto de la lección.

2. Al principio de la lección lea el siguiente extracto del texto de Broda:

«¡Dios es grande y quería que nosotros nos enfermáramos de grandes cosas! Que tomáramos la iniciativa por fe.... Con esta nueva visión de la vida cristiana comencé a dialogar con Dios de una manera positiva sintiéndome siempre «triunfador», no por mis capacidades, sino por Su presencia en mi vida. ¡Pensando siempre en grandes cosas para Su obra! ¡Así como Él es!».

Pida a los alumnos que opinen acerca de las siguientes preguntas que la cita de Broda saca a relucir:
    a) ¿Qué relación hay entre nuestro concepto de Dios y lo que logramos tanto en nuestras vidas como en el ministerio de la iglesia?
    b) ¿Qué significa «pensar en grandes cosas»? ¿Tener los edificios más grandes de la ciudad?
    ¿Testificar a muchos acerca de la salvación gratuita que Dios ofrece en base a la muerte de Je-

sucristo a nuestro favor? ¿Discipular a muchos para que sean creyentes maduros que reflejan el carácter de Jesús en todas las facetas de sus vidas?

c) ¿Cómo podemos saber si lo que nosotros pensamos que son las grandes metas para la iglesia son las mismas que Dios desea que realicemos?

Deje que los estudiantes reflexionen acerca de estas y otras preguntas relacionadas con el carácter de Dios y Sus propósitos para la iglesia. Después de unos minutos de interacción significativa, pasen al próximo paso de la lección.

3. Seleccione una de las siguientes opciones:
a) Comience la lección leyendo la siguiente respuesta de Broda a las preguntas mencionadas arriba (véase la página 13 del texto para ver el contexto completo):

«Dios debe tener una respuesta, —me cuestionaba—, y en ese interés por hallar solución a mis inquietudes, busqué en la Biblia contestación a mis interrogantes. ¡Qué sorpresa me llevé! Dios hablaba en Su Palabra de un pueblo ¡grande, fuerte, victorioso, avasallador, rico! Todo eso contrastaba con la realidad que yo vivía. ¡Éramos triunfantes por la fe en Jesucristo!»

A continuación pida a los alumnos que reflexionen acerca de lo que han escuchado y que opinen con respecto a las siguientes preguntas:

- ¿Bendice Dios a las iglesias de pocos medios? (Véase la Epístola de Santiago.)
- ¿Cuál es la definición bíblica de la pobreza y de la riqueza material? (Véase 1Timoteo 6.)
- ¿Cuál es la definición cultural (en su contexto) de las mismas?
- ¿Cuál es la diferencia entre pobreza por irresponsabilidad y pobreza por circunstancias fuera de nuestro control?
- ¿Qué principios deben gobernar la actuación de las iglesias con muchos recursos con respecto a aquellas que sufren empobrecimiento? (Véanse como ejemplo 2 Corintios 8-9; Romanos 15.22-33.)
- ¿Cuál es la diferencia entre lo que Broda propone y la teología de prosperidad, según la cual se confiesa algo y se recibe sin fallo, si supuestamente hay suficiente fe?

Discutan cómo dichos conceptos puede que afecten el pensamiento y las acciones de las personas. Después de un tiempo de reflexión y discusión avivada, prosigan con el resto de la lección.

b) Antes de comenzar la lección escriba, ya sea en una pizarra o en otro medio disponible, la siguiente pregunta:

¿Cuál es la diferencia entre la administración y la administración cristiana? [Como alternativa se puede presentar una dramatización pequeña (que puede ser humorística) que represente a dos personas dialogando sobre el tema. Una piensa que no hay diferencias (la buena administración significa lo mismo para el creyente que para el no creyente) y el otro piensa que hay diferencias (el creyente tiene recursos que el no cristiano no puede esperar tener)].

Deje que los alumnos reflexionen sobre el tema y entonces discútanlo por algunos minutos. Asegúrese de que se traten los siguientes aspectos como parte de la discusión:

- ¿Por qué hay empresas no cristianas mejores organizadas y más productivas que las cristianas?
- ¿Cómo se explica que hay obreros en las iglesias y/o agencias y ministerios cristianos que no son diligentes y cumplidores, y son perezosos e irresponsables?
- ¿Por qué hay personas que prefieren pagarle a un no creyente para hacer un trabajo en vez de a un cristiano?
- ¿Qué pueden hacer las empresas cristianas para servir de buen testimonio ante el mundo no cristiano?

Después de unos minutos de interacción constructiva prosigan con el resto de la lección.

4. Desarrolle su propia idea para comenzar la clase.

Manual para el facilitador

Comprobación de preguntas

1. Una consecuencia fundamental de la falta de atención a la administración es que «hay una cantidad de dones y talentos que están dormitando en las congregaciones». Dios ha otorgado dichos dones para que la iglesia pueda cumplir su cometido. La mala administración hace que la iglesia no funcione como el Señor ha ordenado que lo haga.

2. El autor atribuye los serios problemas en la administración de los recursos de las iglesias, ya sea a la negligencia o al conocimiento inadecuado.

3. Entre lo que el autor ha observado encontramos las siguientes nueve realidades: (Ver en las referencias bíblicas algunas de ellas, y en la definición de «estar a cuentas».)

- Iglesias que se despreocupan por la administración pensando que representa un tema de negocios y no algo espiritual.
- Miembros de la iglesia que no se ocupan de sus finanzas y que no han sido enseñados acerca de la mayordomía.
- Líderes que no tienen mucho interés en la correcta administración de la iglesia ni tampoco en que los miembros tengan participación muy activa en la misma.
- Líderes que ignoran la importancia de la administración y la mayordomía (en particular, que la

administración económica sirve como «termómetro» de la vida espiritual).
- Líderes con el problema opuesto, es decir, demasiado énfasis en el dinero, falta de administración prudente y, como consecuencia, un mal testimonio ante otros.
- Personas responsables para los asuntos administrativos, pero que carecen del entrenamiento adecuado (tampoco hay preocupación por parte de los líderes de la iglesia para preparar a dichas personas para la buena administración).
- Falta de transparencia en el manejo de la economía de la iglesia y pérdida del interés correspondiente por parte de los miembros.
- Creyentes que no sienten mucho interés por la economía y la administración por no considerarlos como algo espiritual, sino que piensan que es cuestión de cubrir gastos solamente.
- Iglesias que sí han progresado y organizado correctamente el área administrativa.

4. Broda destaca los siguientes siete pilares para su vida:

- Dios es su Dueño y, por lo tanto, debemos estructurar nuestras vidas de acuerdo con Su voluntad. [Este principio en realidad tiene que ver con todo lo que el Señor manifiesta nos corresponde hacer de acuerdo con las Escrituras.]
- Dios es Dueño de nuestros bienes (lo que soy, lo que sé y lo que tengo).
- Debemos estar a cuentas con Dios a fin de recibir Su bendición.

- Debemos ser fieles mayordomos de lo que somos, sabemos, y tenemos.
- La proporción de nuestra fidelidad influye en lo que Dios adicionalmente nos da (capacidades, conocimientos y bienes).
- La seguridad y protección que disfrutamos está en relación con nuestro cumplimiento de los mandamientos de Dios.
- Comprender la voluntad de Dios está relacionado con cumplirla.

[Nota: Asegúrese de que el alumno responda a las dos preguntas que siguen de manera coherente y que muestre evidencia de reflexión y pensamiento lógico, conforme a la enseñanza bíblica.]

5. Broda descubrió dos cosas que nos ayudan a comprender, tanto la necesidad de la iglesia como también una de las motivaciones para el libro: 1) Tanto la enseñanza para una adecuada administración de la vida como también la capacitación para la correcta administración de nuestras iglesias son dos materias pendientes aún; y 2) Se ha avanzado en estas áreas pero falta mucho todavía. Él explica que desea ayudar a los hermanos a reconocer que debemos realizar la administración de ambas «con toda sabiduría y eficiencia».

6. La realidad básica de que todos somos administradores sirve como buena razón para aprender a administrar bien los recursos que Dios nos ha confiado. Broda explica que «aun el que no hace nada es administrador», ya que administra mal su vida y tiempo.

7. Broda ofrece las siguientes definiciones para la administración:

   a) Es la necesaria actividad de ejecutivos cumpliendo órdenes, desarrollando y posibilitando la realización de esfuerzos de un grupo de personas con el fin de lograr un propósito (se ha señalado que el propósito debe representar algo para lo cual hay acuerdo mutuo).
   b) Es un arte y una ciencia.

   [Nota: Para la segunda parte de la pregunta, asegúrese de que el alumno responda de manera coherente y que muestre evidencia de reflexión y pensamiento lógico, conforme a la enseñanza bíblica.]

8. Broda define una empresa u organización como la «combinación de personas, equipo, comodidades, materiales y herramientas ensambladas en una sistemática y efectiva coordinación, con el propósito de lograr ciertos y definidos objetivos». Los siete aspectos que saca a relucir son los siguientes:

   a) La empresa
   b) Los objetivos
   c) La administración
   d) El administrador
   e) Las metas
   f) Los planes de acción
   g) El capital humano, las personas.

9. Broda expresa cinco derechos del personal:

    - El derecho de ser tratado como individuo y persona.
    - El derecho de tener voz en sus propios asuntos (según el autor, esto incluye el poder contribuir con sus conocimientos más profundos a resolver problemas comunes).
    - El derecho a gozar de un reconocimiento para su contribución a la empresa.
    - El derecho de desarrollar y usar sus mejores capacidades para beneficio de la organización.
    - El derecho de gozar de equidad y justicia en sus relaciones con sus superiores.

    Cuando el administrador logra tener la plena identificación entre empresa, objetivos y personal puede alcanzar los mayores éxitos, ya que los obreros lo apoyarán y lo ayudarán a cumplir los objetivos de la empresa. Broda afirma que el capital humano representa el más importante en una organización. El texto expresa que cuando la empresa se preocupa por usar el poder creador de sus empleados, la productividad aumenta. Si la empresa anima a los empleados a ejercer su impulso creador y a ser innovadores estos pondrán sus habilidades y destrezas al servicio de la empresa.

10. Broda básicamente piensa que ni las empresas cristianas ni las no cristianas deben violar las leyes existentes (ya sean matemáticas, económicas o del gobierno, por ejemplo). Es decir, hay principios que se

aplican tanto en una empresa cristiana como también en una que no lo es. [Por cierto, la «empresa» en sí no es cristiana, sino que las personas pueden actuar conforme a los principios de las Escrituras.] Por otro lado, los creyentes cuentan con la presencia de Dios y la diferencia debe ser vista. [Tristemente, algunas empresas «no cristianas» son más organizadas y usan mejor sus recursos que algunas administradas por creyentes.]

[Nota: Para la segunda y tercera partes de la pregunta, asegúrese de que el alumno responda a las dos preguntas que siguen de manera coherente y que muestre evidencia de reflexión y pensamiento lógico, conforme a la enseñanza bíblica.]

Lección 2

La Iglesia, administradora del plan de Dios
(Capítulo 2)

Sugerencias para comenzar la clase

1. Con anticipación, pida a uno de los alumnos (que esté bien preparado) que represente el papel de un administrador que sólo mira las condiciones económicas y permite que ellas determinen sus «sueños» para la empresa. Por otro lado, pida a otro estudiante que represente el papel de alguien que piensa que Dios proveerá y que las finanzas no son de gran importancia, ya que «el Señor es Dueño de todo» y proveerá para todos los proyectos que se les ocurra. Oriente a la clase a observarlos y reflexionar sobre la posición de ambos. Después de unos minutos de ver y escuchar la discusión entre los dos personajes, permita que los alumnos (incluso los dos «actores») opinen. Asegúrese de que los alumnos traten con las siguientes preguntas en su discusión y reflexión:

- ¿Es la fe ilógica e irrazonable? [Nota: A veces se usa el ejemplo de Josué y Jericó como muestra de algo sin sentido que demostraba la fe. Pero, ¿por qué llamarles acciones irrazonables?]
- ¿Es cierto que preocuparse por la buena administración siempre representa una falta de fe?
- ¿Qué debemos decir si el supuesto «sueño» no se cumple?

- ¿Siempre indica falta de fe para realizarse o puede ser que la persona se equivocó en lo que pensaba que Dios quería que hiciera? ¿Qué papel desempeña una junta administrativa?

Después de una grata y significativa interacción completen el resto de la lección.

2. Comience la lección con el siguiente relato de Broda:

«En una oportunidad en que me desempeñaba como administrador de una empresa cristiana, mis superiores, para estar seguros de que todo marchaba bien, solicitaron a un joven recibido de contador público, que realizara una auditoria interna. Este joven, con la mejor buena voluntad y basándose en los estudios seculares realizados, llevó adelante su tarea de control. Gentilmente me presté a toda investigación y análisis que quisiera hacer de las actividades de la empresa para permitirle realizar su trabajo de la mejor manera posible. Cuando terminó su investigación preparó su dictamen, citó al director general de la empresa y a mí en lo que era su oficina y nos dio su parecer.

»Estábamos en el mes de noviembre y nos dijo que de acuerdo con sus cálculos la empresa debería cerrar sus puertas a más tardar en el mes de marzo del año siguiente. Siempre recordaré la mirada sorpresiva e inquisitiva con que el director general me miró, como diciendo: "Aldo, ¿qué estás haciendo con la administración de la empresa?" Yo le sonreí y le dije que todos los cálculos y controles realizados eran correctos, pero que se había omitido un detalle muy importante: Nosotros estamos administrando una empresa de Dios y no una empresa nuestra, esto no fue tenido en cuenta en los cálculos y controles, por lo tanto, el informe es cierto sólo en parte, pues le falta la participación del Señor de la empresa.

»El contador no sabía qué responder. Eso no se lo habían enseñado en la universidad. Para él era algo fuera de toda lógica. No lo podía comprender. Pensaba más bien que los que administraban esa empresa eran dementes o faltos de lógicos conocimientos técnicos contables. Yo le respondí: "A usted le falta completar sus estudios en la universidad de la fe." Han pasado más de 30 años desde aquel día y la empresa sigue aún con sus puertas abiertas.»

Asegúrese de abordar las siguientes preguntas:
- ¿Cuál es el significado pleno de la afirmación de Broda: «Nosotros estamos administrando una empresa de Dios y no una empresa nuestra»?
- ¿Cómo debe dicho principio afectar la administración de una empresa? ¿De la iglesia? ¿De nuestras vidas (y de aquellas que Dios ha puesto bajo nuestro cuidado?
- ¿Cómo debemos tratar con personas que usan la verdad presentada arriba para ser menos y no más responsables?

Dedique suficiente tiempo para que los estudiantes respondan a y opinen acerca de las ideas presentadas. Después de un tiempo de interacción significativa, prosigan con el resto de la lección.

3. Comience la lección con la siguiente afirmación de Broda: «La empresa evangélica no es distinta a la empresa secular, pero sí es superior». Entonces escriba los números del 1 al 10 en la pizarra (o pida a los alumnos que cada uno tome una hoja de papel y la numere) y dígales que en grupo piensen entre 10 y 15 maneras en las cuales las empresas cristianas pueden ser «superiores». Traten de hacerlo con alguna rapidez a fin de que puedan opinar acerca de la lista cuando la acaben de completar. Haga las siguientes preguntas:

- ¿Cuáles fueron las mejores sugerencias y por qué?
- ¿Cuáles representan puntos fuertes y/o débiles en la administración de muchas iglesias?
- ¿Cómo se pueden implementar algunas de las buenas ideas sin causar división y pleitos en la iglesia?
- ¿Qué proceso puede usar la iglesia para implementar buenas ideas?

Después de un tiempo de discusión completen el resto de la lección.

4. Desarrolle su propia idea creativa para comenzar la lección.

Comprobación de preguntas

1. De acuerdo con la cita al principio del capítulo, la Biblia sirve como fuente de los principios de administración que utilizan las empresas cristianas. Cualquier otra fuente que se use debe ser evaluada a través de los «lentes» de las Escrituras con el fin de discernir su compatibilidad con la verdad revelada de Dios.

2. Nuestro texto afirma que la empresa evangélica es superior a los negocios seculares porque la dirige el Rey de reyes y por el propósito que la anima. Dicho propósito o motivo, de acuerdo con el autor, consiste en «anunciar el plan de Dios para la humanidad» y presenta dos razones como respaldo: a) Dios creó motivos para la existencia de la empresa evangélica (anunciar el plan de salvación). b) Dios llamó al hombre redimido para la realización de esos motivos (el Anunciador del plan de Dios).

   [Nota: Asegúrese que en su respuesta a la segunda parte de la pregunta el alumno incluya la gloria de Dios como el propósito más alto para la iglesia y facetas específicas que lo glorifican tales como la adoración, la instrucción, el compañerismo y comunión, la evangelización y acción social.]

3. De acuerdo con Broda, el propósito eterno de Dios y la persona a quien Él utiliza componen dos facetas de la empresa evangélica.

4. Nuestro texto aboga porque «la iglesia es la administradora del plan de Dios para la humanidad». La iglesia debe organizarse, desarrollarse y actuar de manera que pueda realizar las tareas que Dios le ha encomendado.

5. Broda afirma que hay demora por dos razones: no estamos dando el testimonio adecuado al mundo y nuestro ejemplo no convence a las personas. Por lo tanto, debemos tratar de que nuestra manera de vivir pueda servir de ejemplo para aquellos que «piensan encontrar a Jesús a través del espejo de nuestras vidas». [Nota: Por cierto, el testimonio de nuestras vidas en sí no convertirá a nadie. Dios salva a la persona que cree en la promesa de Jesús de que todos los que crean en Él tienen vida eterna (véase Juan 5.24-25; 6.47). No obstante, nuestro testimonio puede servir de atracción u obstáculo para aquellos que aún no han creído en Jesús para la vida eterna.]

6. Según Broda, el fracaso de muchas empresas cristianas se debe a dos factores: a) Piensan más bien en cosas espirituales y no le prestan mucha atención a la administración responsable. b) Tienen una administración responsable pero se olvidan de la dirección y participación de Dios en la empresa.

7. De acuerdo con el texto, el concepto que a veces se enseña es que la administración representa «una manera de hacer el trabajo por medio de otros». Broda señala que, aunque hay excepciones, los administra-

dores de las empresas del sistema secular a menudo «emplean su autoridad y poder para enseñorearse sobre todos los que se encuentran bajo sus órdenes». En contraste con esto, «el administrador cristiano está obligado a servir a sus empleados ayudándoles a ser lo más eficaces posible». Broda además piensa que cuanto más elevada sea la posición de alguien en la organización, mayor será su obligación de servir. [Nota: Para la última parte de la pregunta asegúrese de que el alumno responda a las dos preguntas que siguen de manera coherente y que muestre evidencia de reflexión y pensamiento lógico, conforme a la enseñanza bíblica.]

8. De acuerdo con Broda, el administrador debe preocuparse por el bienestar de los empleados de la empresa. Piensa que Dios usa a los ejecutivos para bendecir a las familias (que están ligadas a la empresa por medio de los trabajadores) a través del ministerio de los mismos. El capital humano debe ser respetado y valorado. Al personal se le debe pagar a tiempo y con justicia.

9. De acuerdo con el texto, los conceptos administrativos reúnen tres facetas de nuestra persona y posesiones: a) lo que somos; b) lo que sabemos; y c) lo que tenemos. [Nota: Para la última parte de la pregunta asegúrese de que el alumno responda a las dos preguntas que siguen de manera coherente y que muestre evidencia de reflexión y pensamiento lógico, conforme a la enseñanza bíblica.]

10. El texto saca a relucir dos de las razones por las cuales las ideas no llegan a realizarse: a) falta de medios con la falta de fe correspondiente; y b) acostumbrándonos a vivir de las glorias del pasado y olvidándonos de los desafíos del presente. La frase característica con la cual se recuerdan algunas de esas ideas que terminaron en la «canasta» es: «¡por qué no lo hicimos!». Las frases que han destruido la realización de otras son tales como: «antes nunca lo hacíamos así», «no vayas en contra de la marea», y «eso nunca funcionará».

[Nota: Para la última parte de la pregunta asegúrese de que el alumno responda a las dos preguntas que siguen de manera coherente y que muestre evidencia de reflexión y pensamiento lógico, conforme a la enseñanza bíblica.]

Lección 3

El plan de Dios requiere pastores y líderes capacitados en administración
(Capítulo 3)

Sugerencias para comenzar la clase

1. Comience la lección con la ilustración y preguntas siguientes:

   «Un pastor predicó un sermón en el cual preguntaba a sus oyentes: «¿Por qué quieres que Dios te dé más, si no estás usando lo que ya te ha dado?» A veces escuchamos la crítica de no creyentes que los cristianos piensan tanto en el cielo que se olvidan de lo terreno. Esto es, que demuestran ya sea irresponsabilidad, negligencia o ignorancia de las obligaciones financieras y cotidianas en las cuales todos deben ocuparse. ¿Es una crítica válida? ¿Por qué piensan o actúan así algunos creyentes? ¿Por qué se piensa que es algo «mundano» ocuparse de la buena administración? ¿Hay pasajes bíblicos que tratan el tema? ¿Qué puede hacer la iglesia para aliviar la situación?»

   Después de leer lo anterior (o algo similar) pida a los alumnos que opinen al respecto. Además, anímelos a pensar en un área de sus vidas a la cual se aplica dicha evaluación y que se propongan cambiar (comenzando ese mismo día). Después de que varios estudiantes expresen su opinión y se provea un breve tiempo para reflexión personal, prosigan al próximo paso en la lección.

2. Inicie el tiempo leyendo el Proverbio 24.30-34:

 «Pasé junto al campo del hombre perezoso,
 Y junto a la viña del hombre falto de entendimiento;
 Y he aquí que por toda ella habían crecido los espinos,
 Ortigas habían ya cubierto su faz,
 Y su cerca de piedra estaba ya destruida.
 Miré, y lo puse en mi corazón;
 Lo vi, y tomé consejo.
 Un poco de sueño, cabeceando otro poco,
 Poniendo mano sobre mano otro poco para dormir;
 Así vendrá como caminante tu necesidad,
 Y tu pobreza como hombre armado.»

Invite a los alumnos a que reflexionen acerca del proverbio y sus enseñanzas. Asegúrese de tratar los siguientes temas: ¿Cómo sabemos si estamos siendo perezosos por un lado o adictos al trabajo por el otro? ¿Cómo podemos ayudar a hermanos y hermanas en la fe que están siendo negligentes respecto a sus responsabilidades? (Véase 1 Tesalonicenses 5.1-23; 2 Tesalonicenses 3.6-15.) Elijan a alguien para que sirva de secretario(a) a fin de que escriba las buenas ideas y principios que salgan a relucir. Después de un tiempo de interacción edificante sigan con el resto de la clase.

3. Con suficiente anticipación, pida a tres alumnos que preparen una pequeña dramatización que represente a tres personajes con puntos de vista diferentes. El primer personaje debe pensar que la administración representa la tarea principal de los líderes (ya que la mala administración estorba el poder cumplir bien con las otras responsabilidades). El segundo, que la enseñanza y la evangelización representan las responsabilidades primordiales y que la administración se ocupa de sí misma. El tercer protagonista debe defender la posición de que los líderes deben capacitarse para administrar bien y enseñar a los miembros de la iglesia a hacer lo mismo (capacitarse para capacitar a otros). Deje suficiente tiempo para que los estudiantes reaccionen y opinen acerca de las posiciones respectivas de los personajes (los «actores» también deben participar en la discusión). Después de un tiempo de reflexión y de compartir ideas, prosigan a completar el resto de la lección.

4. Desarrolle su propia idea creativa para comenzar la lección.

Comprobación de preguntas

1. Algunos aún no están convencidos de la necesidad de capacitar a pastores para la administración (tal vez no lo consideran algo «espiritual». Broda afirma que los pastores en su mayoría ingresan al ministerio pensando en enfocar y enfatizar la predicación, la oración y el dar dirección espiritual para su congregación. Pero, pronto descubren que deben administrar y que el se-

minario tal vez no los capacitó lo suficiente (el texto dice que «salvo excepciones, ocupa un pequeño espacio dentro de la enseñanza de eclesiología»). Para la última parte de la pregunta asegúrese de que el alumno responda a las dos preguntas que siguen de manera coherente y que muestre evidencia de reflexión y pensamiento lógico, conforme a la enseñanza bíblica. [Nota: Asegúrese de que los alumnos comprendan que la buena administración facilita el poder cumplir con las otras tareas pastorales. El pastor que no sabe administrarse a sí mismo, a su familia y a la iglesia que Dios le ha encomendado, pronto o se enfermará, o no tendrá iglesia, o dejará el ministerio por otra ocupación más sencilla de manejar. De manera que la buena administración complementa las tareas pastorales, no compite contra las mismas.]

2. De acuerdo con Broda, se necesita un proceso de capacitación para que los creyentes lleguen a ser buenos administradores de la «multiforme gracia de Dios». En este proceso los líderes dirigen sus esfuerzos hacia «capacitar el Cuerpo de Cristo». Broda afirma que los líderes deben ser capacitados para administrar eficientemente (tarea que algunos seminarios e institutos bíblicos no cumplen en la medida necesaria) y entonces ellos capaciten a los creyentes para que también sean buenos administradores. La iglesia no está para que algunos disfruten «el espectáculo del evangelio», sino más bien para que los creyentes trabajen en conjunto. Para la últimas preguntas asegúrese de que el alumno responda de manera coherente y que

muestre evidencia de reflexión y pensamiento lógico, conforme a la enseñanza bíblica.

3. Las respuestas variarán de acuerdo con el alumno.

4. Las respuestas serán diferentes. No obstante, asegúrese de que se destaque lo siguiente: a) los líderes fueron convencidos y entrenados antes que la congregación; b) todos recibieron una copia del presupuesto (en algunas iglesias dicha información se mantiene secreta y los hermanos no se sienten confiados en poder ofrendar); y c) la enseñanza fue seguida por aplicación de aquello que se aprendió.

5. La iglesia aprendió cómo los hermanos querían servir al Señor. Para la segunda parte de la pregunta asegúrese de que el alumno responda de manera coherente. [Nota: En algunas iglesias se especifican las áreas y ministerios que necesitan ayuda y los hermanos seleccionan en qué desean ayudar. En otras, nace el sueño de un ministerio particular (a los niños de las calles, a las madres solteras o a otro grupo señalado) en el corazón de algún creyente y la iglesia le ayuda a realizar su deseo.]

6. Broda afirma que algunos temen hablar de mayordomía, ya que algunos nuevos creyentes llegan de instituciones donde les cobraban por los servicios. Dichos líderes no quieren dar la misma impresión a estos recién convertidos. El autor también señala que no es cuestión de «presentar un evangelio basado principalmente en la prosperidad económica». Al contrario,

Broda sugiere enseñar la posición que proviene de la Palabra de Dios bien interpretada. El autor pregunta: «Por qué no dejamos que Dios haga su voluntad? ¿Es tan difícil hablar a los creyentes con sinceridad y con la Biblia en la mano?»

7. Cuando no practicamos la correcta administración y la mayordomía en la congregación detenemos el crecimiento de la iglesia y el desarrollo de la vida espiritual de sus miembros. Además, no permite que cumplamos con la Gran Comisión.

8. De acuerdo con el autor algunos de los contratiempos en las empresas cristianas se deben a que ponen a teólogos, pastores, misioneros o evangelistas a hacer el trabajo de ejecutivos. O sea, colocan a personas que tal vez no están capacitadas para administrar en puestos que requieren destreza en la administración. Broda afirma que algunos institutos y seminarios están incluyendo la materia de administración y que este mismo texto sirve como evidencia de que nos estamos preocupando por el asunto. [Nota: El hecho de que alguien sea pastor, misionero, evangelista o teólogo no lo condena a ser mal administrador. En realidad, todos ellos necesitan ser capacitados para la tarea aunque no sirvan como ejecutivos de alguna empresa cristiana. Por otro lado, no debemos poner a personas con dones en otras áreas a servir de administradores cuando sus talentos rinden mayor provecho en otro campo del ministerio.] El alumno debe responder de manera coherente a la última pregunta.

9. Broda anima al pastor, ya sea porque no está ejerciendo su capacidad para administrar o porque no ha aprendido a estudiar de inmediato y capacitar a otros líderes. El pastor que quiere hacer todo, no va a poder contar con una iglesia numerosa porque le falta tiempo y capacidad para manejar todos los asuntos.

10. Broda explica que hay una responsabilidad para cada persona y para cada pastor o líder. Afirma que nuestra capacidad para administrar nuestra propia vida y servir de consejero para los demás aumentará en proporción a lo que hacemos por educarnos para educar.

Lección 4

El plan de Dios requiere tareas administrativas de la iglesia
(Capítulo 4)

Sugerencias para comenzar la clase

1. Para comenzar la lección instruya a los alumnos a que piensen en un evento o proyecto muy eficaz que recuerden que se haya celebrado en cualquiera de las iglesias a las que ellos han asistido (es decir, no tiene que ser donde asisten ahora) y que escriban brevemente dos o tres cosas que contribuyeron a que este funcionara. Pueden señalar tanto resultados espirituales como detalles administrativos y cualitativos. Entonces pida que varios (o todos) compartan lo que observaron en dichos proyectos o eventos exitosos. Después de algunos minutos de interacción, presente el tema de la lección y prosigan al próximo paso de la clase.

2. Presente la clase leyendo la cita de Broda que aparece a continuación y pidiendo a los alumnos que reflexionen acerca de su significado:

    «Si en las empresas del Señor que Él me ha permitido administrar, el comité de finanzas me hubiera rechazado cualquier proyecto elevado por el directorio, simplemente porque no había fondos, al día siguiente estaría buscando una nueva ocupación.»

Pida a los estudiantes que opinen al respecto. ¿Cuál es la función del comité de finanzas? ¿Cómo habrá llegado el directorio, en el relato, al convencimiento de que Dios quería que la iglesia hiciera algún proyecto dado? ¿Qué señala la falta de fondos en la iglesia? ¿Cuáles son las fuentes válidas de las cuales la iglesia debe buscar recursos? [Nota: En esta conexión se debe leer 3 Juan 5-8 y Génesis 14.18-24]. Después de un tiempo de interacción provechosa completen el resto de la lección.

3. Antes de que lleguen los alumnos a la clase escriba en la pizarra (o provea en fotocopias) las siguiente cuatro frases que tratan sobre el tema de las finanzas de la iglesia, el recoger ofrendas y la instrucción de la congregación en cuanto a la mayordomía:

>   Enseñar, no regañar.
>   Retar, no manipular.
>   Usar, no malgastar.
>   Informar, no esconder.

Pida a los estudiantes que reflexionen acerca de cada una y que expliquen su posible significado e implicaciones para las prácticas financieras de la iglesia. Permita que varios opinen y prosiga con el resto de la lección.

4. Desarrolle su propia idea creativa para comenzar la lección.

Comprobación de preguntas

1. De acuerdo con el texto, la iglesia debe administrar las siguientes tres áreas: a) administración de los valores espirituales de los creyentes: sus dones, talentos, conocimiento y tiempo; b) administración de los valores económicos: bienes y recursos; c) administración del gobierno de la iglesia: la organización de la misma, los asuntos administrativos generales, y los asuntos económicos contables.

2. Las respuestas variarán de acuerdo con el estudiante.

3. Broda sugiere que se tome en cuenta lo siguiente referente a las reuniones de la iglesia:

- Debe nombrarse a un secretario(a) de actas para cada ministerio (en las iglesias pequeñas se puede nombrar a una sola persona, pero a medida que crezca, se debe designar a un secretario(a) para cada comisión, departamento o ministerio.
- Debe levantarse un acta en todas las reuniones administrativas donde conste lo que se determinó.
- Las actas deben registrarse en un libro especial.
- Cada acta debe llevar un número correlativo y la fecha de la reunión.
- El libro (o libros) de actas deben ser numerados y guardados en perfecto orden.
- Debe levantarse un acta por cada reunión donde se realicen bautismos (debe incluirse el día, mes, año y los nombres de las personas bautizadas).

- Se puede (debe) tener un registro de miembros y/o una ficha individual para cada miembro con los datos personales, foto actualizada y fecha del bautismo.

4. Broda hace algunas sugerencias que corresponden al tamaño y la necesidad real de una iglesia. Para una iglesia pequeña recomienda a un tesorero y un pro-tesorero. A medida que la iglesia crezca, necesitará un comité de finanzas, y cuando crezca aún más, un departamento de mayordomía y finanzas. Con respecto a los archivos financieros, Broda explica que la iglesia pequeña puede comenzar con un libro contable de entradas y salidas (ordenado y prolijo, con la firma de las personas responsables). A medida que la iglesia crece se necesitan libros más completos como el libro de bancos, el libro de inventario y el libro de registro de ofrendas. Después, cuando sea mayor, puede usar control por computadora y la participación de contadores.
Independientemente de la etapa de crecimiento en que se encuentre la iglesia, Broda afirma que la iglesia debe producir informes periódicos, claros, sencillos y transparentes. Además, la iglesia debe nombrar una comisión revisora de cuentas encargada de controlar las operaciones contables y rubricarlas dando su conformidad o desacuerdo con la información económica.
Con referencia al tesorero, Broda explica que no es el dueño del dinero, sino el responsable del manejo de las finanzas.
[Nota: Asegúrese de que el alumno responda a la última parte de la pregunta de manera coherente y que

muestre evidencia de reflexión y pensamiento lógico, conforme a la enseñanza bíblica.]

5. El comité de finanzas es el comité encargado de ordenar y lograr buscar los recursos que la iglesia necesita para cumplir con su ministerio. Broda señala que no debe confundirse con un tribunal de consulta. Piensa que un comité no debe tener el poder para deshacer los propósitos que Dios desea que la iglesia cumpla. Broda piensa que sus miembros deben ser los que planeen cómo conseguir los ingresos necesarios para realizar los proyectos de la iglesia.

6. Los siete pasos sugeridos para un adecuado control de finanzas en la iglesia son los siguientes:

   a) Recibir: Todo dinero debe depositarse en la tesorería de la iglesia, se debe consagrar al Señor y llevarse a un lugar seguro.
   b) Contar: El tesorero, el comité de finanzas o las personas nombradas especialmente para hacer la tarea, deben contar el dinero y llenar planillas con la contribución de cada miembro. Asignar un número a cada miembro permite archivar sus donaciones sin saber su nombre.
   c) Depositar: Se debe depositar el dinero en el banco asegurando que corresponda a la cantidad contada y depositada.
   d) Egresar: Todo pago se debe hacer de acuerdo con el presupuesto, se debe pagar en cheque y recibir un comprobante. Para gastos pequeños se puede usar una «caja chica» cuya cantidad

debe mantenerse igual que la presupuestada, ya sea con dinero en efectivo o con una combinación de comprobantes y de dinero en efectivo que quede.
e) Registrar: El tesorero o persona designada debe llevar un registro preciso de los ingresos y egresos.
f) Informar: El tesorero debe publicar un informe mensual que detalle todos los ingresos y egresos. Dicho informe debe colocarse en el boletín y/o en algún lugar visible en la iglesia (pizarra de anuncios, etc.).
g) Revisar: La iglesia nombra una comisión revisora para revisar todas las operaciones económicas.

[Nota: Asegúrese de que el alumno responda a la última parte de la pregunta de manera coherente y que muestre evidencia de reflexión y pensamiento lógico, conforme a la enseñanza bíblica.]

7. Broda hace dos sugerencias para el paso de recibir las ofrendas: a) recoger la ofrenda durante la parte del culto dedicada a la adoración, en un momento especial caracterizado por responsabilidad y entrega; b) recoger la ofrenda desde el fondo de la iglesia hacia delante, con el fin de evitar que alguien entre por las puertas de atrás y se la robe. [Nota: La Biblia no presenta un método específico para recoger la ofrenda, pero sí enseña acerca de la disposición del dador. Algunas iglesias «pasan el plato» y otras colocan una caja en la cual los que ofrendan pueden poner su dine-

ro en cualquier momento del culto (u otra ocasión en la semana).]

8. La administración por objetivos representa una manera de planificar, dirigir, controlar y disciplinar las tarea de la iglesia, y no dejar los asuntos a la improvisación o al azar. Los líderes usan lo que Broda llama el objetivo definido (esto es, los propósitos bíblicos para la iglesia) como la base para determinar objetivos, metas y planes que resultan en que se cumpla con aquello que Dios nos instruye hacer. De acuerdo con Broda, dicha clase de administración «nos permite asegurar cada paso de las metas a cumplir y quiénes serán los encargados de realizarlos y controlarlos».

9. Los diferentes componentes o pasos que se utilizan en administración por objetivos

- El primer componente de la administración por objetivos consta del objetivo definido. En nuestro texto, este puede identificarse con los cinco objetivos que, Broda explica, muchas iglesias intentan lograr: evangelizar, enseñar, capacitar, enviar, ayudar.

- La iglesia y sus departamentos entonces elaboran sus objetivos, los cuales representan deseos o cosas que se quieren lograr, descritos en forma general y que corresponden al (o facilitan el cumplimiento del) objetivo definido.

- La iglesia y sus departamentos deciden metas que representan objetivos más específicos, que facilitan el cumplimiento de los objetivos, y en torno al propósito definido.

- La iglesia y sus departamentos crean planes (algunos le llaman «estándares» y otros, «procedimientos para realización») donde detallan la manera específica en que se cumplirán los objetivos.

- Se imprimen formularios que detallan los objetivos, metas y planes para que «su uso sea práctico y su implementación sea la adecuada».

- Se deben enviar copias al pastor para que esté plenamente enterado de todo.

10. Broda concluye con dos resultados de administrar por objetivos: Se hace mucho más, y se evita el desorden.

Lección 5

El plan de Dios requiere una adecuada administración de los recursos espirituales de sus miembros

(Capítulo 5)

Sugerencias para comenzar la clase

1. Con suficiente anticipación, pida a dos o tres alumnos (en dependencia del tamaño de la clase) que preparen una pequeña dramatización que represente la idea que encierra la siguiente cita de Broda:

   «Cuántas veces al referirnos al tiempo expresamos: ¡No me alcanza para nada!» «¡Nunca tengo tiempo para hacer todo lo que quiero!» «¡Tengo tanto por hacer que no hay tiempo que alcance!» ¿Es esto una verdad? ¿Es en realidad la verdad de lo que nos ocurre?»

   Deje suficiente tiempo para que los estudiantes puedan opinar y expresar, ya sea los problemas que tienen con el manejo del tiempo o algunas ideas que han sido beneficiosas para administrarlo bien. Pida que alguien sirva de secretario(a) con el fin de escribir, tanto los problemas como las posibles soluciones. Dicha información después se puede utilizar para incluirla en el boletín, usarla para un sermón o desarrollar una conferencia o clase de escuela dominical acerca de la mayordomía. Después de una interacción provechosa, completen la lección.

2. Comience la lección con la siguiente cita de Broda:

«Los creyentes de las iglesias son un ejército de dones, talentos, capacidades, conocimientos y tiempo. Pero a veces ese ejército está dormido, como aletargado, dando una impresión de impotencia. Lejos de avasallar al enemigo somos amedrentados por él. Tenemos con nosotros al Rey de reyes y Señor de señores, al Dios de todo poder, pero esa capacidad no se nota en el ambiente en que actuamos. Quienes están a nuestro alrededor no se percatan de esa capacidad que está de nuestro lado. Salvo excepciones, en la mayoría de los casos la situación es así. ¿Cuál es el problema?»

Pida a los alumnos que reflexionen acerca del retrato que pinta Broda y la pregunta que hace. Pida que alguien sirva de secretario(a) con el fin de escribir razones por las cuales despreciamos tantos recursos y maneras posibles de enfrentar el problema. Asegúrese de tratar preguntas como las siguientes: ¿Qué estamos haciendo para ayudar a otros a desarrollar sus dones? ¿Cómo facilita nuestra iglesia los ministerios y el servicio de los miembros? ¿Hay un proceso o método específico por el cual los capacitan? ¿Cómo aseguramos la calidad de las clases dominicales, las conferencias, los sermones? Anime a los alumnos a proponerse reflexionar más y procurar, con la ayuda de Dios, cambiar en algún área significativa de sus vidas con el fin de mejorar su servicio al Señor y el de otros también. Después de unos minutos de interacción beneficiosa prosigan con el resto de la lección.

3. Comience la lección por leer las dos siguientes citas de Broda:

«No hace mucho, al revisar mi calendario de bolsillo, después de anotar lo que había hecho diariamente durante las últimas semanas, me di cuenta que estaba repasando los principales sucesos de mi vida. Noté con ansiedad que el paso del tiempo significaba el paso de la vida y, pensando así, vi el tiempo con una nueva importancia y significado. Pensé que las personas que tienen problemas en la distribución de su tiempo tienen en realidad problemas para aprovechar sus vidas.»

«He visto a muchos pastores y directivos de empresas muy activos en sus respectivos ministerios, pero que han descuidado a sus familias y el cuidado de su propio cuerpo.... Puedo hablar de esto con autoridad, pues he sido hijo de pastor y he sufrido en carne propia algunos de los problemas que menciono y he visto deteriorarse la salud de mi padre en su afán por hacer una milla más de la debida.»

Entonces pida a los alumnos que comparen las dos citas. ¿Hay alguna relación entre ambas? ¿Hay más de una forma de perder la vida? ¿Cómo podemos discernir cuándo decir que no y cuándo decir que sí (en especial a cosas que son buenas)? Pida a los alumnos que contribuyan con sus pensamientos de manera breve (pero significativa). Después que varios hayan opinado, prosigan al próximo paso de la clase.

4. Desarrolle su propia idea creativa para comenzar la lección.

Comprobación de preguntas

1. Broda especifica cinco áreas que debemos administrar diariamente: nuestro tiempo, talentos, dones, conocimientos y capacidades.

2. El autor descubrió que cuando dejaba a Dios fuera de su trabajo, no progresaba a pesar del esfuerzo adicional que ejercía. Decidió poner a Dios como prioridad y comenzó a planear el tiempo en consulta con el Señor. Broda afirma que el Señor le ayudó a establecer orden. ¿Qué beneficios resultan de dicha decisión? El autor menciona algunas:

   - Nuestra agenda del tiempo será más ordenada.
   - El Señor nos orientará a administrar el tiempo de manera que podamos lograr más.
   - La agenda ordenada facilita que el día alcance para lograr todo lo que debemos hacer.
   - No perderemos el tiempo en cosas que nos impiden realizar nuestras tareas en orden.

   El pastor o líder puede beneficiar en particular a la congregación, ya que puede influir en los miembros en gran manera para que lo imiten y también reciban enseñanza provechosa. [Nota: Para la última parte de la pregunta asegúrese de que el alumno responda de manera que demuestre reflexión, sinceridad y coherencia.]

3. Broda hace tres sugerencias generales:

> El pastor debe dar prioridad a su trabajo en la iglesia y dejar de hacer otras cosas que tal vez sean buenas, pero que obstaculizan y no contribuyen al mismo (por ejemplo, actuar en organizaciones denominacionales, interdenominacionales, enseñar en institutos y seminarios). [Nota: Broda no afirma que necesariamente haya que dejarlo todo, sino que hay responsabilidades como estas que otros pueden asumir para que podamos prestarle la atención necesaria a la iglesia.]

> La iglesia debe estar consciente del tiempo del pastor si por necesidades económicas él tiene que tener otro trabajo (además de pastorear) para sustentar a su familia. [Nota: La iglesia debe hacer lo posible para arreglar esto lo antes posible.]

> El pastor debe delegar algunas tareas, ya sea a un co-pastor, a diáconos o líderes, con el fin de poder cumplir con las demandas del ministerio.

4. El autor afirma que «dejar de hacer algo importante por falta de tiempo es el más grave error». [Nota: Sin duda esto demanda sabiduría del Señor y a veces las personas no siempre comprenderán las decisiones que tomamos. No obstante, si nuestra congregación la mayoría de las veces está en desacuerdo con nuestro uso del tiempo, esto significa que existe un problema, ya sea con nuestra administración, los valores de la iglesia o ambos. El pastor debe cuidar de algunas facetas básicas que mantienen el ministerio progre-

sando: debe preparar bien su sermón, asegurar que los enfermos sean visitados [algunas iglesias tienen equipo de visitación, lo cual sirve para que más personas participen en el ministerio, así como también para liberar un poco de tiempo para el pastor (los hermanos pueden llevarle al enfermo un casete con el último sermón del pastor, ya que tal vez no pudo asistir a causa de su aflicción)], y asegurar que la administración de la iglesia marche bien, aun cuando tenga un pastor administrativo como parte del equipo pastoral. El pasar del tiempo es el pasar de la vida, de manera que debemos aprovechar bien nuestro tiempo y así vivir de manera que agrade al Señor.

5-10. Para estas preguntas asegúrese de que el alumno responda de manera que demuestre reflexión, sinceridad y coherencia. Si el estudiante utiliza textos bíblicos para respaldar sus respuestas, examine si está citando los fragmentos de las Escrituras en contexto o no.

Lección 6

El plan de Dios requiere de una correcta administración de los recursos económicos del creyente
(Capítulo 6)

Sugerencias para comenzar la clase

1. Presente la lección con la siguiente pregunta: «¿Debe la iglesia vender mercancía o entrar en negocios con el fin de recaudar fondos, o depender solo de las donaciones de creyentes?». Permita que los alumnos reflexionen acerca de las diferentes implicaciones de la pregunta. Por ejemplo: ¿Qué pensarán los visitantes no creyentes que han escuchado que la iglesia es «un negocio» y que sólo se usa para conseguir dinero? ¿Hay enseñanza bíblica al respecto? ¿Vale la pena recaudar fondos a costa del testimonio de la iglesia? ¿Qué se debe hacer con librerías que operan como parte de la iglesia? Permita que varios alumnos opinen. [Nota: Se ha sugerido como alternativa a vender mercancía en la iglesia, que los hermanos pueden vender cosas por su cuenta y donar los fondos a la iglesia. También se ha dado el caso de una iglesia que vendía para dar las ganancias a los pobres, pero no para quedarse ellos con el dinero.] Después de una interacción avivada y edificadora, completen el resto de la lección.

Manual para el facilitador

2. Comience la lección con la siguiente cita de Broda:

«En los cultos debemos crear un ambiente propicio para la entrega del dinero que el Señor envía por nuestro intermedio para su iglesia. Es un momento solemne, de adoración profunda, cuando damos la oportunidad a los hermanos congregados para que den sus diezmos y ofrendas. Ellos vienen con profundo sentido de su responsabilidad, reconociendo a Dios como el dador de toda dádiva, a entregar con alegría los recursos que harán posible que la obra del Señor pueda continuar. Debe crearse un ambiente espiritual en ese momento.»

A continuación pida a los alumnos que tomen una hoja de papel, la numeren del 1 al 5, y escriban de manera breve cinco ideas que faciliten que la ocasión de recoger ofrendas (o la instrucción acerca de lo mismo si representa una iglesia en la cual no se «pasa el plato») sea una ocasión santa, solemne y de júbilo. Por ejemplo, si la persona decide antes de llegar a la iglesia cuánto va a ofrendar, no tiene que sentir la ansiedad de saber que se acerca el «plato» y aún si no ha decidido qué va a poner en él. Deje suficiente tiempo para que los alumnos compartan sus mejores ideas (las mejores pueden ser sugeridas al pastor y al comité de finanzas o adoración para que sirvan, ya sea para modificar la manera en la cual actualmente se recogen las ofrendas o como ideas para el boletín, los sermones o las clases de escuela dominical). Después de un tiempo de reflexión y discusión prosigan con el resto de la lección.

3. Hay visitantes que se enojan cuando visitan una iglesia y se habla de finanzas o dinero. Comience la lección con una exploración de dicha dinámica y con un tiempo para desarrollar o pensar en ideas que ayuden a tratar dicha circunstancia. [Por ejemplo, se puede usar la clase de nuevos miembros para instruir acerca de la mayordomía; se puede señalar que el ofrendar representa un privilegio para los creyentes y que no deben sentirse obligados a dar si no conocen a Jesucristo como Salvador; se puede proveer una hoja en el boletín que detalle los gastos de la iglesia y los ministerios que son ayudados con las ofrendas (o los nuevos ministerios o pastores potenciales que podrían agregarse al presupuesto de la iglesia si hubiera más fondos); se puede contactar a los hermanos por medio de cartas o visitas personales cuando haya necesidad de refrescar la memoria con respecto a las finanzas]. Instruya a los estudiantes a reflexionar sobre las preguntas y a opinar. Designen a un secretario(a) para que escriba las mejores ideas que surjan de la discusión. Entonces, prosigan con el resto de la lección. [Nota: Una iglesia en Miami, Florida, no recogía ofrendas el día que enseñaban acerca de la mayordomía y lo anunciaban antes de comenzar el sermón con el fin de comunicar que no estaban tratando de manipular a las personas para dar, sino de instruirlas acerca de la enseñanza bíblica al respecto.]

Comprobación de preguntas

1. Broda afirma que existe la siguiente relación entre las ofrendas de los creyentes, sus vidas y la responsabili-

dad de la iglesia. El dinero ofrendado representa parte de la vida misma del creyente, ya que este invirtió su esfuerzo, tiempo, dones, etc. para obtenerlo. Ese dinero ofrendado, después «se transforma por obra y gracia de la sabiduría divina en un verdadero ministerio, pues con él se realiza la planificación del sostén de la obra del Señor». Por lo tanto, «la iglesia tiene la gran responsabilidad de una administración seria y ordenada». [Asegúrese de que el alumno haya respondido las últimas preguntas con coherencia y evidencia de reflexión.]

2. El autor enfatiza que el dinero que la iglesia administra le pertenece a Dios y debemos manejarlo con «total transparencia». Sugiere los siguientes tres pasos: 1. Asegurar que las contribuciones sean entregadas con espíritu de «ofrenda» y no de «demanda»; 2. Usar el dinero para actividades que extienden el reino de Dios; y 3. Administrar el dinero correctamente «evitando las malas interpretaciones». [Asegúrese de que el alumno haya respondido a la última parte de la pregunta con coherencia y evidencia de reflexión.]

3. Asegúrese de que el alumno responda con coherencia y de manera que demuestre reflexión adecuada acerca de la pregunta.

4. Asegúrese de que el alumno responda con coherencia y de manera que demuestre reflexión adecuada acerca de la pregunta.

5. Asegúrese de que el alumno responda con coherencia y de manera que demuestre reflexión adecuada acerca de la pregunta.

6. Broda afirma que la «prosperidad» resulta de hacer lo que Dios nos pide, no sólo dar de nuestros recursos materiales, y que representa el resultado de un proceso en contraste con «una obra milagrosa espontánea». El autor también afirma que «lo que éramos cuando conocimos al Señor y lo que somos ahora en todos los órdenes, espiritual, material, conocimiento, capacidad, vida ordenada, respeto por el prójimo, amor a las almas,... es prosperidad producida por la obra y gracia del Señor». [Nota: Para la segunda parte de la pregunta el estudiante debe responder de manera coherente y conforme a las enseñanzas bíblicas.]

7. La comprensión por los miembros del propósito de la iglesia, determina de manera significativa cómo es que ellos responden con sus ofrendas. Puede ser difícil que las personas contribuyan a aquello que no comprenden y de lo cual no ven la razón de ser.

8. El área de mayordomía cae bajo la autoridad del Señor Jesucristo como cabeza de la Iglesia. Así, no podemos «manejar los fondos a nuestro capricho». Debemos respetar al Señor Jesucristo en esta como en todas las áreas.

9. De acuerdo con el texto, en la mayoría de las iglesias la enseñanza acerca de la mayordomía se guía por el siguiente criterio: «Hay suficiente dinero... no hable-

mos de mayordomía.... Los ingresos son insuficientes... invitemos a alguien para que nos hable de mayordomía».

10. El estudiante debe responder de manera coherente, creativa y conforme a las enseñanzas bíblicas.

Lección 7

El plan de Dios requiere que la iglesia capacite a sus miembros

(Capítulo 7)

Sugerencias para comenzar la clase

1. Inicie la lección con la siguiente cita (la cual puede escribir en la pizarra): «Los jóvenes son el futuro de la iglesia». Entonces pida a los alumnos que opinen al respecto. Como parte de la discusión deben tratarse los siguientes aspectos: ¿Limita la Biblia los dones espirituales a alguna edad en particular (jóvenes, adolescentes, ancianos)? ¿Están exentos los niños que han confiado en Jesús de participación en el cuerpo de Cristo? ¿A qué edad se puede «jubilar» un creyente del servicio a Cristo? [Nota: La pregunta no intenta negar que alguien pueda retirarse de un puesto oficial en la iglesia.] Después de un tiempo de discusión provechosa prosigan con el resto de la lección.

2. Con suficiente anticipación pida a dos o tres alumnos (en dependencia del tamaño de la clase) que preparen una dramatización que ilustre como hermanos de varias edades y con diversos dones pueden contribuir a la obra del Señor. Recuerde dejar suficiente tiempo para que los alumnos puedan opinar acerca de lo que ocurrió en la dramatización. Después de un tiempo de interacción y de compartir ideas, pasen al próximo paso de la lección. [Nota: Si los alumnos desarrollan una

dramatización de alta calidad tal vez, con el permiso del pastor, se pueda utilizar como ilustración para un sermón o para alguna conferencia o clase de escuela dominical acerca de la mayordomía.]

3. Pida a alguien que sirva de secretario(a) para que tome notas de las ideas que se mencionen. Entonces instruya a los alumnos a que piensen en todas las ideas creativas que le vengan a la mente (sin detenerse a pensar si son buenas, excelentes o mediocres) sobre las posibles maneras de motivar y capacitar a los creyentes en el uso de sus capacidades para servir al Señor en la iglesia. Déjeles saber que tendrán cinco minutos para esto y que deben tratar de sacar a relucir la mayor cantidad de ideas que puedan en el tiempo establecido. Cuando pasen los cinco minutos, la persona designada para tomar notas puede leer la lista. Los alumnos pueden comentar acerca de algunas de las más atractivas y posibles de lograr. Se le puede dar una lista de las mejores ideas al pastor, a los líderes o a los encargados del área de educación, con el fin de quizás implementar algunas de ellas en la capacitación en el área de la mayordomía. Después de un tiempo de reflexión y discusión avivada prosigan con el resto de la clase.

4. Desarrolle su propia idea creativa para comenzar la lección.

Comprobación de preguntas

1. El texto ofrece el siguiente principio sencillo: «ningún creyente debe estar excluido de su privilegio de cooperar en la empresa de Dios». [Nota: Para la segunda parte de la pregunta asegúrese de que el estudiante responda de manera coherente y que demuestre suficiente reflexión acerca de la cuestión.]

2. De acuerdo con el texto, además de capacitar a los creyentes sobre la mayordomía y administración estamos haciendo lo siguiente: desarrollando sus talentos, afirmándolos en la fe y las doctrinas bíblicas, y consolidando su posición y sus creencias. Igualmente, cuando la iglesia participa en programas con el objetivo de capacitar a los creyentes en la mayordomía «crece, tiene vida, el pastor y los líderes ven que su administración va por caminos correctos, y crece la vida espiritual de los creyentes.» [Nota: Para la última parte de la pregunta asegúrese de que el estudiante responda de manera coherente y que demuestre suficiente reflexión acerca de la cuestión.]

3. Podemos ver por lo menos tres factores que evitaban que el hermano sirviera: 1. El pastor no había pensado en ningún miembro que lo pudiera ayudar; 2. El hermano no pensaba que tenía habilidades para servir en la iglesia; 3. Nadie lo había desafiado. [Nota: Para la última parte de la pregunta asegúrese de que el estudiante responda de manera coherente y que demuestre suficiente reflexión acerca de la cuestión.]

4. Tal vez varios factores contribuyeron al éxito del hermano en el relato, pero podemos nombrar los siguientes: a) el hermano se convenció de que debería ayudar en esa capacidad; b) fue presentado a y aprobado por la iglesia (o sea, no fue una decisión autócrata); y c) recibió lecciones para que sea mejor capacitado para la tarea. El hermano pudo comprobar que «Dios podía hacer mucho a través de él». Además, mejoró la situación en la iglesia, Dios bendijo al hermano con más responsabilidades, y comenzó a crecer en su vida espiritual al poner en acción sus habilidades.

5. Para «recuperar capital» en la iglesia el texto sugiere lo siguiente: desafiar a los creyentes a poner en acción sus talentos; administrar correctamente a la congregación; preocuparnos porque la iglesia funcione; orar a Dios para que nos despierte; y capacitarnos a nosotros mismos con el fin de poder capacitar a otros. [Nota: Para la última parte de la pregunta asegúrese de que el estudiante responda de manera coherente y que demuestre suficiente reflexión acerca de la cuestión.]

6. Para que la iglesia comience a trabajar, el pastor debe llegar al convencimiento de que hay que preparar líderes para que ellos a su vez puedan capacitar al resto de los miembros. Pero tener líderes capacitados no resuelve todo el problema. Dichos líderes deben entonces capacitar a otros para que a su vez también enseñen a otros a hacer lo mismo. Broda de nuevo afirma que el pastor tiene la responsabilidad de desafiar a los líderes para que cumplan esa función.

7. Broda menciona cuatro funciones principales en las cuales los miembros de la iglesia deben estar capacitados: a) en la administración de sus vidas; b) en la administración del gobierno de la iglesia; c) en la administración de sus dones espirituales; y d) en la administración de sus bienes materiales. [Nota: Para la última parte de la pregunta asegúrese de que el estudiante responda de manera coherente y que demuestre suficiente reflexión acerca de la cuestión.]

8. Broda explica que existe una interrelación entre el individuo, la familia y la iglesia. Con referencia al individuo, afirma que la mayoría de los hispanos necesitamos aprender a ser ordenados en todos los actos de nuestras vidas (cosa que un alto porcentaje de nuestros países no ha logrado). De manera que la iglesia «tiene una tremenda responsabilidad en este sentido». Con respecto a la familia explica que «la iglesia debe secundar la labor del hogar, pero nunca reemplazarla» y que debe «educar a sus miembros para que sean cada día mejores componentes de la familia». A medida que la iglesia capacite a sus miembros para «que sean cada día mejores componentes de la familia» tendremos iglesias de mayor impacto en la comunidad, la nación y el mundo.

9. El texto presenta los siguientes principios para el éxito en la administración: Liderazgo: «los que aprenden llegan a ser como los líderes que les enseñan»; Expectativa: «las expectativas de los líderes limitan e influyen en el nivel que el pueblo alcanza»; Participación: «el nivel de dedicación de los miembros corresponde

al nivel de su participación»; Pertenecer: «el pertenecer representa la experiencia de formar parte de una iglesia»; Integridad: la iglesia debe dejar saber a sus miembros sobre los negocios con júbilo, naturalidad y transparencia; Franqueza: los creyentes tienen derecho a saber todo lo que quieran saber sobre los asuntos de la iglesia (no sobre las vidas privadas de los hermanos) conforme a la libertad y competencia del individuo. [Nota: Para la última parte de la pregunta asegúrese de que el estudiante responda de manera coherente y que demuestre suficiente reflexión acerca de la cuestión.]

10. Broda sugiere lo siguiente con respecto a la comprensión y solución de conflictos en la iglesia: a veces causas injustas causan los conflictos; debemos asegurar que algo no es rumor; a veces es sólo un malentendido; hay que escuchar ambas partes con equidad; no debemos dar nuestra opinión frente a un solo bando; debemos analizar todos los antecedentes sin apresurarnos a juzgar; escuche todas las opiniones; no dejarse llevar por parentescos o amistades; pedir ayuda a Dios para tomar las decisiones; tener la Biblia como la regla para actuar de manera justa; no demorar en intervenir; y siempre demostrar amor. [Nota: Para la última parte de la pregunta asegúrese de que el estudiante responda de manera coherente y que demuestre suficiente reflexión acerca de la cuestión.]

Lección 8

El plan de Dios requiere que el presupuesto de la iglesia sea representativo de una buena administración

(Capítulo 8)

Sugerencias para comenzar la clase

1. Comience la lección con el siguiente ejercicio: «Un benefactor cristiano acaba de donar 50.000 dólares a su iglesia. Decidan las tres áreas principales en las cuales se van a utilizar los fondos». Permita que los estudiantes reflexionen y opinen acerca de cómo piensan que se debe usar la contribución. Después de algunos minutos de interacción, presente el tema del estudio y complete el resto de la lección.

2. Con suficiente anticipación, pida a dos alumnos que cada uno prepare (por separado) una pequeña dramatización que represente la enseñanza de la siguiente cita de Broda:

«El presupuesto de la iglesia no es una simple cuenta de gastos, sino que representa el programa de la iglesia y su costo. En otras palabras, su ministerio, y por lo tanto adquiere una importancia fundamental en la vida de la iglesia. Esta forma de proceder hace que el énfasis principal del presupuesto recaiga más en lo que se ha de lograr con el «hacer», que con la cantidad de dinero a obtener. Al creyente le agrada dar sus aportes a causas bien concretas, por lo que es difícil que dé dinero a un «fondo» o a un «presupuesto» a secas.»

Uno de los alumnos representará el papel de un líder que desafía a la iglesia con respecto a la mayordomía de manera general, que refleje la segunda forma de proceder presentada por Broda. El otro estudiante representará la primera manera, en la cual el presupuesto representa el «plan de trabajo» o el «hacer» de la iglesia. Comience la lección con los dos «desafíos» (cada uno de los cuales no debe tomar más de 2 ó 3 minutos). Deje suficiente tiempo para que todos los alumnos expresen su opinión. ¿En cuál de las dos presentaciones se sintieron más motivados? ¿Por qué? ¿Qué sugerencias le pudieran dar a los dos «oradores»? Después de un tiempo provechoso de participación pasen al próximo paso de la lección.

3. Broda explica que «en algunas iglesias se acompaña la reunión de aprobación del presupuesto con una especie de exhibición, donde los ministerios, con pancartas, carteles y maquetas, presentan su plan de trabajo, de manera que cada miembro pueda informarse con mayor amplitud del alcance de lo que se piensa realizar si se aprueba el presupuesto». Comience la lección leyendo la cita y pidiendo que los alumnos contribuyan con otras ideas creativas para informar a la congregación (y a los miembros nuevos o potenciales) acerca de lo que logra la iglesia y sus diversos programas durante el año. Es decir, los estudiantes deben pensar en maneras de mantener dichos ministerios o programas en la mente, el corazón y las oraciones de

los miembros el año entero. Pida que alguien sirva de secretario(a) para escribir las buenas ideas que surjan. Después de un tiempo edificativo de interacción y contribución prosigan con el resto de la lección.

4. Desarrolle su propia manera creativa para comenzar la lección.

Comprobación de preguntas

1. Broda presenta las siguientes observaciones: a) muchas iglesias en lugar de tener un presupuesto que representa el plan de trabajo, más bien tienen una «cuenta de gastos»; b) el presupuesto o «plan de cuentas» (en algunos casos) se confecciona sin la participación de los «organismos de la iglesia»; c) para cubrir saldos en rojo los tesoreros piden auxilio en lugar de apelar al cumplimiento de un plan de trabajo; d) en la mente de algunos miembros el presupuesto se considera como una carga; e) algunas iglesias se vanaglorian de confeccionar un presupuesto «lo más bajo posible» y/o muchas veces, cuando crecen, mantienen el mismo criterio que tenían cuando eran pequeñas (miran más para atrás que «hacia adelante y hacia arriba»; f) algunas iglesias se preocupan por «rendir un servicio cristiano que sea significativo» y formulan su presupuesto conforme a ese propósito.

2. De acuerdo con el texto, el presupuesto representa el «hacer» o el programa de la iglesia y se compone del ministerio que se va a realizar (Dios mediante) y el costo del mismo.

3. Broda explica que debemos tener una amplia visión del gran desafío que Jesús nos ha dejado y saber que podemos contar con el poder de Dios.

4. El texto afirma que «al creyente le agrada dar sus aportes a causas concretas» en lugar de ofrendar a un «fondo» o «presupuesto a secas». Además, cuando hacemos que el presupuesto enfatice lo que la iglesia intenta lograr con la ayuda de Dios, dicho presupuesto destaca el «hacer» y no la cantidad de dinero que quieren obtener. [Nota: Para la última parte de la pregunta asegúrese de que el estudiante responda de manera coherente y que demuestre suficiente reflexión acerca de la cuestión.]

5. Broda presenta las siguientes ocho orientaciones: a) conceptos previos; b) análisis de programas y necesidades reales; c) preparación de propuestas de ministerios; d) evaluación de las propuestas de ministerios; e) coordinación de propuestas de ministerios; f) aprobación del presupuesto; g) control del presupuesto; y h) cumplimiento del presupuesto. [Nota: Para la última parte de la pregunta asegúrese de que el estudiante responda de manera coherente y que demuestre suficiente reflexión acerca de la cuestión.]

6. Nuestro texto sugiere los siguientes pasos en caso de que no haya suficientes fondos para cumplir el presupuesto (por dificultades económicas u otra causa): a) atender primero los gastos y compromisos fijos que no se pueden eludir; b) dar la preferencia a los ministerios impostergables; c) después de cumplir con los dos pri-

meros, distribuir a los demás ministerios «según el porcentaje neto que queda»; d) en casos de insuficiencia de fondos, la comisión debe actuar inmediatamente, tanto distribuyendo fondos como buscando cómo regularizar los aportes; y e) la iglesia debe «supervisar el cumplimiento de su presupuesto por medio de sus revisores de cuentas o síndicos»

7. Broda afirma que en dicha actividad (en contexto vinculada con la aprobación del presupuesto) el pastor y también los líderes pueden «desafiar a los miembros a participar en las distintas actividades de los ministerios y respaldar su realización con el aporte de sus bienes». [Nota: Para la última parte de la pregunta asegúrese de que el estudiante responda de manera coherente y que demuestre suficiente reflexión acerca de la cuestión.]

8. El texto ofrece los siguientes principios en relación con el respaldo del pastor y los obreros de la iglesia: a) debemos tener toda la documentación que se requiere; b) debemos respetar la ley, tener todos los documentos legales en orden y no hacer nada en oculto; c) debemos dar reconocimiento económico adecuado a todos (el autor nos llama a recordar el trato que se le daba a los levitas); d) debemos cumplir con todo el personal de acuerdo con lo contratado; e) debemos publicar un modelo de presupuesto para asegurar que el pastor pueda cubrir sus necesidades; y f) debemos ser fieles en cumplir las leyes y dar un buen ejemplo. [Para la segunda parte de la pregunta tal vez se pudiera sugerir que exista un plan para que el salario del

pastor se ajuste en correspondencia con los aumentos del costo de vida. También quizás se pudiera establecer un fondo para el cumpleaños del pastor y de los obreros (o para un regalo de Navidad o como reconocimiento de un trabajo bien hecho), de manera que en dos o tres ocasiones en el año se les pueda reconocer con algo adicional más allá del salario.

9. [Nota: Para esta pregunta asegúrese de que el estudiante responda de manera coherente y que demuestre suficiente reflexión acerca de la cuestión.]

10. El alumno debe completar esta pregunta, pero no tiene la obligación de revelar sus respuestas.

Hoja de calificaciones

Nombre	Calificaciones								Nota final
	Peña 1	2	3	4	5	6	7	8	